배틀그라운드

낙태죄를 둘러싼 성과 재생산의 정치

배틀그라운드
낙태죄를 둘러싼 성과 재생산의 정치

1판1쇄 | 2018년 11월 19일
1판3쇄 | 2020년 5월 25일

기획 | 성과재생산포럼
지은이 | 백영경, 이유림, 윤정원, 최현정, 나영, 류민희,
        김선혜, 조미경, 황지성, 박종주, 나영정, 최예훈

펴낸이 | 정민용
편집장 | 안중철
책임편집 | 강소영
편집 | 윤상훈, 이진실, 최미정

펴낸곳 | 후마니타스(주)
등록 | 2002년 2월 19일 제300-2003-108호
주소 | 서울 마포구 신촌로14안길 17, 2층 (04057)
전화 | 편집_02.739.9929/9930 영업_02.722.9960
팩스 | 0505.333.9960
블로그 | humabook.blog.me
트위터, 페이스북, 인스타그램 | @humanitasbook
이메일 | humanitasbooks@gmail.com

인쇄 | 천일문화사_031.955.8083
제본 | 일진제책사_031.908.1407

값 15,000원

ISBN 978-89-6437-315-6 03300

이 도서의 국립중앙도서관 출판시도서목록(CIP)은 e-CIP홈페이지(http://www.nl.go.kr/ecip)와
국가자료공동목록시스템(http://www.nl.go.kr/kolisnet)에서 이용하실 수 있습니다.
(CIP제어번호: CIP2018034867)

배틀그라운드

낙태죄를 둘러싼 성과 재생산의 정치

성과재생산포럼 기획

백영경

이유림

윤정원

최현정

나영

류민희

김선혜

조미경

황지성

박종주

나영정

최예훈

후마니타스

낙태죄 폐지가 시대의 상식이 되기까지

백영경

2018년 7월 7일, 수천 명이 서울 종로구 광화문 광장에 모여 낙태죄(형법 제269조 제1항과 제270조 제1항) 위헌 여부를 심리 중인 헌법재판소를 향해 낙태죄 위헌 판결을 촉구했다. "낙태죄, 여기서 끝내자"라는 구호를 내건 '모두를위한낙태죄폐지공동행동'을 주축으로 55개 단체가 연합하여 개최한 이날 집회의 참가 인원은 이제껏 국내에서 열린 낙태죄 폐지 시위 가운데 최대 규모였다. 낙태죄 폐지가 더 이상 소수 운동 세력의 요구가 아니며 대중적인 차원에서 끓어오르고 있음은 2017년 9월 30일, 청와대 국민청원 게시판에 올라온 '낙태죄 폐지와 자연유산 유도약 합법화 및 도입을 부탁드립니다'라는 글에 23만 5000명이 넘는 국민들이 동참했을 때부터 예견된 바였다. 이 변화는 2009년 이후, 소위 '낙태 정국'과 비교하면 놀라운 것이다. 당시 인공임신중절 수술을 하는 의사와 여성들에 대한 고발이 일어나고 곧이어 2012년 낙태죄 합헌 판결이 이루어지면서, 많은 여성이 인공임신중절을 할 곳을 찾지 못하거나 턱없이 비싼 시술비로 고통받던 시간이 있었다. 이때 여성의 경험을 들어야 한다는 목소리가 곳곳에서 터져 나왔고, 인공임신중절 합법화에 대한 요구도 높아졌지만, 모자보건법 개정안을 둘러싼 논란 속에 묻히며 대중운동으로 이어지지는 못했다.

한국에서는 2016년 보건복지부가 인공임신중절 수술을 '비도덕적 진료 행위'로 규정하고 시술 의사의 처벌을 강화하는 것을 골자로 한 의료법 개정안을 발표하면서, 낙태 처벌에 대한 대중적 저항이 처음으로 확산되었다. 2016년 10월 15일, 낙태 전면 금지 조치에 반대하는 폴란드의 '검은 시위'와 연대하여 낙태죄 폐지를 요구하는 집회가 열리기 시작했고, 이후 대중 시위가 꾸준히 이어지고 있다. 한국여성정책연구원이 2018년 4월 전국 만 16~44세 여성 가운데 성관계 경험이 있는 여성 2006명을 대상으로 '임신중단에 관한 경험 및 낙태죄에 대한 인식 조사'를 실행한 결과에 따르면, 낙태죄 폐지에 찬성한다는 응답이 77.3퍼센트, 유산유도약 합법화에 찬성한다는 응답이 68.2퍼센트에 달하는 것으로 나타났다. 국회입법조사처의 이슈페이퍼[1] 또한 임신·출산을 직접 체험하고 생명과 스스로의 처지 사이에서 고민할 여성의 입장에서 낙태 문제를 바라본다면 헌법적 담론의 차원에서 임부의 자기결정권을 존중하여 낙태 규제를 완화하는 것은 그 자체로서 설득력이 있다고 보면서, 기본권 보장의 관점에서 볼 때, 태아의 생명권도 중요하지만 임부의 자기결정권 및 건강권에 대한 배려 역시 무시할 수 없다고 주장하고 있다.

이런 변화는 일견 매우 급작스러운 것으로 보이지만, 실제로는 오래전부터 꾸준히 재생산권 문제를 논의해 온 여성운동의 역량 축적에 힘입은 것이며, 지난 몇 년 동안 일어난 페미니즘의 대중적 성장과 흐름 속에서 가능해진 변화이다. 또한 이 운동은 폴란드를 비롯해 아일랜드, 아르헨티나 등 세계 곳곳에서 터져 나오고 있는 낙태죄 폐지의 도도한 흐름과 맥을 같이하는 것일 뿐만 아니라, 실제로 그러한 국제적 연대 속에서 성장해 왔다. 그런 면에서 지금의 낙태죄 폐지 운동의 성과는 어느 한 단체나 개인의 기여를 넘어서는 것임에는 틀림없지만, 이런 변화를 이끌어 내는 데 있어서 '성과재생산포럼'이 일정하게 해온 역할도 컸다고 우리는 믿고 있다. 이 책은 성과재생산포럼이 그동안 해온 활동의 기록이자 지향해 온 바에 대한 선언이며, 동시에 앞으로 이끌어 내고자 하는 변화에 대한 요청을 담고 있다.

---

1 도규엽, "낙태죄에 대한 외국 입법례와 시사점", 『이슈와 논점』 1458호, 국회입법조사처, 2018.

성과재생산포럼과 재생산권 패러다임의 변화

2016년 성과재생산포럼이 처음 출범했을 당시만 해도, 여성운동 내부에서조차 낙태죄 폐지를 주장하면서도 사회경제적 사유에 의한 인공임신중절을 합법화해야 한다는 수준에 머무르는 경우가 많았다. 당시 맥락에서 여성의 재생산권을 제대로 확보하기 위해서는 무엇보다 낙태죄 자체를 폐지해야 함을 강조하고, 재생산을 여성의 권리 차원이 아닌 인구정책의 틀에서 바라보는 국가정책을 비판하고, 한국 여성의 재생산권에 걸림돌이 되는 요인들을 분석하면서 실천적인 대안을 모색하고자 한, 성과재생산포럼의 활동은 선구적인 바가 있었다. 이는 한마디로 한국의 재생산권 논의에서 패러다임의 변화라 할 만한 것이었다. 이런 변화가 어떻게 가능했는지를 설명하기 위해서는 우선 성과재생산포럼이 출범하게 된 과정을 잠시 살펴볼 필요가 있다. 성과재생산포럼이 이끌어 낸 시각의 변화는 '장애 여성의 재생산권을 어떻게 확보할 것인가'라는 고민으로부터 시작했기 때문이다.

장애 여성의 재생산권에 대한 논의를 주도해 온 것은 '장애여성공감'이었다. 1998년 장애 여성 인권 문제를 위해 활동하기 시작한 장애여성공감은 중증 장애를 가진 회원 여성들의 성, 결혼, 임신, 출산, 양육의 과정을 함께 겪으면서 장애 여성의 재생산권에 대한 문제의식을 키워 나가기 시작했다. 흔히 재생산권을 모성권으로 축소, 이해하는 경우도 많지만, 장애 여성의 재생산권은 단지 강제 불임시술이나 모자보건법의 우생학적 사유로 인한 임신중절 허용 조항 등으로 대표되는 명백한 인권침해를 금지하는 것만으로 확보될 수 있는 성격이 아니며, 장애 여성의 삶에서 출현하는 다양한 맥락의 문제들을 고려하지 않으면 안 된다는 것이 이들의 생각이었다. 이에 따라 장애여성공감은 2015년 '장애/여성 재생산권 새로운 패러다임 만들기 기획단'을 조직하고 네 차례의 연속 포럼을 거쳐, 그해 10월 22일, '장애/여성 재생산권 새로운 패러다임 만들기 종합 토론'을 진행했다. 그 결과 모아진 의견은 '생명권 대 선택권 구도'를 넘어서 국가의 인구정책에 대한 분석을 수행할 필요가 있으며, 생명권 논의에 내재된 생명의 위계와 정상성 개념을 비판하고 기존에 비장애/이성애/기혼 여성의 출산 중심으로 진행된 재생산권 담론의 관점을 전환하고, 재생산권을 임신·출산의 사건이 아닌 생애 전 과정 속에서 확보되어야 할 권리로 넓혀 볼 필요가 있다는 점이었다.

이듬해인 2016년 성과재생산포럼의 결성은 바로 '장애/여성 재생산권 새로운 패러다임 만들기 기획단'의 성과에 바탕을 두고 출발한 것이었다. 다시 말해, 여성의 출산할 수 있는 권리나 낙태할 수 있는 권리에 한정되지 않은 다양한 사회적 맥락을 고려하고, 정상성, 이성애, 기혼 여성 중심의 틀에 갇힌 담론만으로는 재생산권을 확보할 수 없다는 인식을 고양하며, 단순히 모자보건법상의 우생학적 조항 철폐나 낙태 처벌 반대에 그치지 않

기로 결의하는, 재생산권을 둘러싼 패러다임의 전환을 이끌어
낸 것이다.

성과재생산포럼이 이뤄 낸 패러다임의 전환은 크게 세 가지로
나눠 볼 수 있는데, 첫째는 이제까지 정부의 인구정책에 대한 비
판과 지원 요구 사이에서 어정쩡하게 자리 잡았던 기존의 논의
와 단절하고, 인구정책의 틀에서 재생산권을 바라보는 것 자체
에 대해 비판하기 시작했다는 점이다. 따라서 정부의 정책에 따
라 출산을 강요받거나 낙태를 강요받는 것이 아니라, 국가가 원
하는 방식의 출산과 성의 통제가 편의적인 지원 정책과는 교환
할 수 없다는 사실을 강조한다. 두 번째로는 재생산권이 '내 몸의
권리는 나에게 있다'는 자기결정권의 문제로만 환원될 수 없음
을 분명히 한다. 또한 단지 재생산을 임신과 출산이라는 사건에
한정하지 않는다는 정도로는 재생산권을 폭넓게 본다고 할 수
없음을 강조한다. 다시 말해, 재생산의 문제에는 한국 사회의 역
사적 경험 문제, 섹슈얼리티와 정상성의 문제 그리고 현대 과학
기술과 의료 지식이 가져오는 변화와 불확실성 문제가 중첩되어
있다. 따라서 낙태죄를 폐지하려면 낙태 문제가 가진 이런 복잡
한 차원에 대해 구체적으로 사유하고 실천하지 않으면 안 되는
부담이 있고, 그만큼 중요한 역사적 과제임을 주지해야 한다. 마
지막으로, 이제 낙태를 여성이 변명하거나 그 사유를 정당화해
야 할 무엇이 아니라 시민으로서 여성의 동등한 권리와 인간으
로서의 존엄성, 그리고 여성의 생명을 지키기 위해서 없어서는

안 될 권리로서 선언하는 데로 나아갈 수 있었다는 점을 들 수 있다. 처음 논의가 출발할 때는 합법적인 인공임신중단의 여지를 거의 두지 않고 대부분의 여성을 언제나 잠재적 범죄자로 만들 수밖에 없는 현재의 법률 체계 속에서 임신중단의 허용 사유를 어떻게 얼마만큼 확대할 것인가를 고민하기도 했다. 그러나 안전한 임신중단 방법을 확보하기 위해서라도 여성이 낙태를 부끄러워하거나 변명하게 해서는 안 된다는 사실이 점점 분명해졌다. 이런 변화는 낙태죄 폐지에 대한 대중적 요구가 높아진 현재 시점에 와서는 당연한 듯 보이지만, 사실 수년 전만 해도 진보적인 여성운동 내부에서조차 합의되기 어려웠던 내용이다.

첫 번째 변화, 인구정책의 틀에서 독립하다

"내 자궁은 나의 것" "내 자궁에서 손 떼" "내 자궁은 공공재가 아니다" 이는 모두 최근의 낙태죄 폐지 시위에서 나왔던 구호들이다. 2000년대 중반 저출산 위기론이 이어지면서 실효도 없는 저출산 대책에 대한 피로감과 분노가 극에 달하고 있다. 게다가 인공임신중단에 대한 처벌이 이뤄지면서 여성은 출산을 억제하거나 지원하는 국가의 인구정책 속에서 출산의 도구일 뿐이라는 인식이 분명해졌으며, 인구정책이나 국가 개입 자체에 대한 거부감 역시 커졌다. 국가 주도의 인구 통제가, 심지어는 가족계획과 출산 장려라는 상반된 방향으로 지속되면서 오랜 시간 재생산과 관련된 여성의 자율적 결정과 권리 행사를 억압해 왔음은 자명하다. 그러나 인구 정치가 어려운 이유는 인구적인 사고를 무조건 배격하고 국가의 개입을 거부해서 되는 일이 아니라는 사실 때문이다. 인구라는 것이 이미 국가 통치에서뿐만 아니라 일반인들의 일상에서도 현실을 파악하는 하나의 방식이 되었으며, 결국 사회적인 행위일 수밖에 없는 출산과 보육에 대해 국가가 적절한 지원을 하지 않았을 때 생기는 문제들이 있기 때문이다. 안전하게 임신을 중단하고 적절한 의료적 처치를 받을 수 있는 권리는 국가가 지원하고 보장해야 할 권리이다. 지금 한국은 국가가 여성 시민들의 권리를 보장하기보다는 국가주의와 민족주의적 전망에 기초한 특정한 방식의 인구정책으로 여성의 몸을 도구화함으로써, 공동체 구성원으로서 함께 꿈꿀 만한 미래를 만들어 내지 못한다는 점에서, 인구정책의 실패를 보여 준다. 따라서 성과재생산포럼은 국가 개입이나 인구 자체를 배척하기보다는, 현재의 인구정책이 왜 문제인지를 꼼꼼히 따져서 마치 객관적인 사실인 듯 제시되는 통계 숫자들과 거기에 기반을 둔 정책을 비판적으로 살피되, 재생산권 확보를 위해 필요한 방향으로 정책을 전환해 갈 것을 제안한다.

실제로 국가 수립 이후 남한의 인구는 계속해서 문제였고, 이는 단지 출생률이 높거나 낮아서 벌어지는 문제라기보다는 남북 대결과 관련된 정치적 전망의 문제였다. 일제강점기의 일본은 제국을 위한 노동력과 병력을 생산하는 데 치중했고, 이에 따라 적극적인 출산 장려 정책을 시행했다. 그런데 종전 이후 일본은 산아제한 정책을 도입했고, 1940년대 이래로 국제 인구 관련 기관들이 하나같이 가족계획 프로그램의 도입을 권고했음에도 불구하고 박정희 정권 이전에는 이에 소극적이었다. 이는 인구 비례에 따라 이루어질 남북한 총선거에서 인구로 북한을 압도하여 통일을 이루는 것이 먼저라는 생각 때문이었다. 결국 가족계획이 시작된 것은 박정희 정권이 등장해 통일을 포기하면서 남한 단독 정부가 일시적인 것이 아니라는 사실이 분명해지면서였다. 인구과잉은 빈곤의 원인이자 공산주의를 양산하는 온상일 뿐이었고, 따라서 가족계획을 통한 인구 억제는 수단과 방법을 가리지 않고 이루어야 할 목표였다. 안전성이 확보되지 않은 자궁 내장치, 제대로 된 동의 없이 이루어진 복강경 시술이나 갖가지 이유로 묵인되고 권장되기조차 한 인공임신중절 시술은 모두 가족계획에 국가와 민족의 미래가 달렸다는 생각 때문에 일어난 일이었다.

반면 한국의 인구 위기론은 IMF 경제 위기 이후 중단 없는 성장 경제라는 신화가 무너지고, 공동체의 미래를 담지하고 있다고 간주되는 아이들이 더는 충분히 태어나지 않는다는 사실이 한국 사회가 당면한 여러 문제들을 포괄적으로 상징하게 되면서 등장했다. 한국 사회에 만연한 저출산에 대한 위기감은 가족 구조의 변화, 도시와 농촌의 격차, 농촌의 초고령화 현상, 인구 집중, 이주 인구의 증가, 노인 빈곤 등 다양한 것을 포괄하는 것이었다. 생산 인구가 줄어들면 국가와 민족의 미래가 불안하다는 발상은 정부로 하여금 다양한 문제에 대한 대응책을 모두 저출산 대책이라는 이름으로 포괄하게 만들었다. 이렇게 정부 정책의 상당수가 저출산 대책의 이름을 달게 되는 상황에서 여성단체들 역시 출산과 보육에 대한 지원을 확대하려는 목적으로 이를 활용하고자 했다. 그런데 대표적인 정책인 일·가정 양립 정책이나 난임 부부 지원 정책은 혜택을 받는 사람이 없다고는 할 수 없었으나, 여성단체가 나서서 이성애/정상가족 모델 중심의 정책을 지지하고 차별과 배제의 논리를 강화한다는 비판, 여성의 시민권을 출산 여부에 달린 것으로 상정해 여성을 이등 시민으로 만드는 데에 동조하고 있다는 비판 역시 만만치 않았다. 심지어 저출산 위기론 자체가 생산 인구 감소에 대한 불안에 근거하고 있었다는 사실은 저출산 대책에 대한 주도권을 경제 부처가 장악하고 국가 경제의 논리로 평가하게 되면서 그나마 출산과 양육 지원 정책마저 충분하지 못하게 만드는 질곡이 되었다.

이런 경험은 언뜻 보기에 여성의 재생산권 확보에 도움이 되는 듯 보이는 지원책이라 할지라도 재생산권 자체가 목적이 아니라 국가 인구정책에 종속된다면, 그 한계가 분명할 수밖에 없다는 깨달음을 주었다. 이에 따라 정부의 인구정책에 대해 비판한다고 하면서도 그 틀 안에서 받을 수 있는 더 많은 지원 때문에 흔들리던 양상에서 벗어나, 성과 재생산 권리의 보장 그 자체를 추구하게 된다. 사실 성과 재생산 권리를 보장하는 것 자체가 인구정책의 주요한 부분이라는 점에서 인구정책 자체를 부정하거나 거부한다는 표현은 적절하지 않다. 그보다는 그때그때의 정치적 목표나 위기감에 따라 성과 재생산 권리의 보장 여부가 흔들리기를 원하지 않는다는 것이고, 정부 정책의 우선순위 때문에 차별과 배제가 조장되는 것을 거부한다는 의미이다. 다시 말해, 국가가 원하는 방식의 출산과 성의 통제는 편의적인 지원 정책과는 교환할 수 없다는 사실을 분명히 한 것이며, 이것이야말로 성과재생산포럼이 이루어 낸 첫 번째 패러다임의 변화라고 하겠다.

두 번째 변화, 자기결정권의 틀을 넘다

국가 인구정책이 그 안에 내재한 이성애 중심주의와 지나치게 좁은 방식으로 규정된 정상성으로 인해 차별을 심화시키기도 한다는 인식이 확산되면서 재생산권을 이해하는 방식에도 전환이 일어나고 있다. 재생산권이 좁은 의미로 사용될 때는 임신과 출산의 권리로 제한되어 이해되곤 하며, 관련해서도 누구의 권리인지 어떤 방식의 임신과 출산이 정당화될 수 있는지, 정당화될 수 없는 방식은 어떤 것인지와 같은 질문은 이루어지지 않는다. 하지만 재생산은 어느 사회에서든 단지 구성원을 수적으로 충원한다는 의미에 그치지 않으며, 한 사회의 문화와 제도, 가치 등을 생산하는 과정이기 때문에, 성과 재생산 권리라고 이야기되는 내용은 고정된 것이 아니라 시대와 사회마다 차이가 있다. 이는 결국 성과 재생산의 권리를 요구하는 것만으로는 충분하지 않고 권리를 둘러싼 정치 자체를 문제 삼아야 함을 보여 준다. 이 책에 실린 글들이 문제 삼고자 하는 것은 바로 이 교차성의 지점이다.

한 사회의 문화와 제도, 가치를 재생산하는 과정으로 본다면, 임신과 출산 행위를 직접 수행하지 않는 사람도 모두 한 사회의 재생산에 참여하고 있는 것이 된다. 그런 의미에서 결국 재생산 이란 공동체의 문제일 수밖에 없고, 이는 필연적으로 재생산에 있어 자기결정권이란 무엇인가에 대한 질문으로 이어진다. 재생산을 좁은 의미에서 여성 몸에서 일어나는 생식 현상이라고 보지 않고 나면, 재생산 권리 역시 내 문제니까 내 마음대로 하겠다는 자유주의적 권리 개념으로 보기 어렵게 되는 것이다. 하지만 재생산권이 여성 개인의 신체에 대한 권리이자 배타적으로 소유할 수 있는 권리가 아니라고 해서, 다른 누구에게 귀속되는 권리가 아닌 것도 분명하다. 태아에게 장애가 있다고 해서 임신한 여성 마음대로 인공적인 임신중단을 할 수 있는 것은 아니지만, 그렇다고 해서 임신한 여성의 처지나 생각을 무시하면서 다른 가족 구성원이나 국가가 그의 출산 또는 임신중단을 결정해도 되는 것은 아닌 것과 마찬가지이다.

사실 '재생산권'이라는 용어가 나타나 힘을 발휘하게 된 배경을 살펴보면, 그것은 직접 출산과 양육을 담당하는 여성에게 가해지는 제약과 통제에 대한 저항의 의미였지, 개인주의적 권리를 말하기 위함은 결코 아니었음을 알 수 있다. 결국 재생산권이라는 용어의 의미는 구체적인 맥락이나 현장을 두고 지금 여기에서 이 여성이 스스로 자신의 몸에서 일어나는 일을 결정할 수 있는 권리를 억압하고 있는 것은 누구인가를 묻는 데 있다. 실제로 재생산을 둘러싼 결정에서 누가 권리를 행사하는지, 누구의 재생산은 환영받고 누구의 재생산은 사회적으로 문제시되는지 그 양상은 매우 불평등하고 불균등하다. 다시 말해 여성이라고 다 같은 처지인 것은 아니며, 인종, 나이, 계급, 장애 여부에 따라 재생산 과정에서 누릴 수 있는 권리나 사회적으로 인정받는 자격이 매우 불평등하기 때문에, 교차성을 고려할 수 있는 재생산 정치가 중요해지는 것이다.

결국 재생산권은 재생산 정치와 함께 문제 삼을 때에만 의미가 있다. 누가 여성의 권리 행사를 가로막고 있으며, 누가 여성의 몸에 대해 권리를 행사하고 결정을 하려고 하는가, 그 과정에서 여성들 사이의 차등화는 어떻게 이루어지는지 등에 대한 구체적인 분석이 결여된 채, 단순하게 "내 몸의 주인은 나"라고 외치는 자유주의적인 재생산권 담론은 그 자체로 문제를 낳는다. 성과 재생산에 대한 권리는 어느 개인이든 당연히 누릴 수 있는 권리가 아니며, 많은 경우 국가가 지원을 해주기만 한다고 해서 완전하고 독립적인 권리로 구성될 수 있는 것도 아니다. 현실에서 권리를 인정받지 못하는 주체들과의 복합적인 상황을 드러냄으로써 인구정책과는 독립된 권리를 구성하면서도, 동시에 기존의 권리 담론의 한계를 넘어서기 위해 노력해야만 한다.

세 번째 변화, 낙태에 변명은 필요치 않다

임신중단 권리와 관련하여 이전 시기 운동에 비해 2016년 이후 낙태죄 폐지 운동이 가장 크게 변화한 부분은 최소한의 개혁이 아니라 최대한의 지향을 상상하고 외치기 시작했다는 점이다. 낙태가 문제될 때마다 여성의 목소리를 들어야 된다는 이야기가 반복되지만, 실제로 이전 시기라고 해서 낙태 경험을 듣고자 하는 노력이 전혀 없었던 것은 아니다. 그보다 이 문제를 여성운동의 중요한 쟁점으로 밀고 나가는 데 있어 두려움을 가지고 있었고, 그러다 보니 여성이 왜 임신을 중단할 수밖에 없는지에 대한 변명조의 설명 방식을 벗어나지 못했다. 그러나 2016년 이후의 낙태죄 폐지 운동에서 이제 별다른 변명 없이 여성의 권리로서 주장하기 시작했다. 운동의 요구에서도 모자보건법의 개정이나 일부 문제 조항의 폐지가 아니라 낙태죄 자체를 폐지하고 대신 여성 권리의 일부로서 명문화하기를 요구하고 있는 것이다.

이 과정에서 분명해진 것은 임신을 중단할 수 있는 낙태의 권리가 여성의 삶 전반을 규정하는 중요한 권리이자, 여성 시민이 평등한 삶을 살아갈 수 있는 출발점이지, 그 자체로 종착점은 아니라는 사실이다. 그렇기 때문에 최소한의 목표라고 할 수 있을 안전한 임신중단 방법을 확보하기 위해서라도 임신을 중단할 수 있는 여성의 권리를 명시하는 것이 중요하다. 이는 수년 전만 해도 공론장에서 통하기 어렵다고 여겨졌으며, 진보적인 여성운동 안에서조차 합의를 보기 어려웠지만, 이제 거리의 시위에서 대중의 요구로 들을 만큼, 빠른 속도로 변화가 일어나고 있다.

여기가 우리의 배틀그라운드가 되는 이유

이 책은 낙태죄 폐지의 의미는 무엇이며 재생산 권리가 어떠한 권리인지를 질문하고 싸워 온 성과재생산포럼의 성과와 앞으로 갈 길에 대한 다짐을 담아낸 것이다. 어느 책이나 마찬가지겠지만, 성과재생산포럼의 필자들 역시 책 제목을 어떻게 정할 것인지를 두고 많은 고심을 했다. 최종적으로 낙점을 받은『배틀그라운드: 낙태죄를 둘러싼 성과 재생산의 정치』는 낙태죄라는 것이 단지 여성의 생애 한 대목에서 일어나는 임신중단이라는 행위만을 규제하는 것이 아니며, 한국 현대사의 흐름 속에서 시민 사이의 위계 재생산과 정상적인 삶의 규정을 둘러싼 싸움터였다는 필자들의 주장을 잘 담아내고 있다. 한편 끝까지 버리기 아쉬웠던 또 하나의 제목이자 오랜 구호인 "낙태가 죄라면, 범인은 국가다" 역시 낙태죄를 통해 지속적으로 정상과 비정상을 규정하는 폭력을 자행하면서, 차별과 위계를 만들어 내는 역할을 해온 국가의 책임을 묻고자 하는 이 책의 취지를 잘 드러내 준다.

성과재생산포럼의 주장이나 이 책의 취지가 단지 인공임신중단의 허용을 요구하는 것에 머무르고 있지 않다는 것은 개별 글을 통해서도 잘 드러난다. 이유림의 글은 모든 낙태가 문제시되는 것도 아니며 모든 출산이 환영받는 것도 아니라는 사실에서 출발하여, 낙태죄 폐지 운동의 정치적 의미를 확장하고 여성운동과 국가의 새로운 관계를 모색하고 있다. 윤정원은 인공유산을 의료 행위로, 인공임신중단을 여성 건강권의 일부로 자리매김하고자 하면서, 국가 보건의료 제도와 의학의 역할이 무엇이어야 하는지를 근본적으로 질문하고 있다. 최현정의 글은 임박한 헌법재판소의 낙태죄 판단에서 단순히 위헌 판단이 내려지는 것만으로는 충분하지 않다고 주장한다. 낙태죄가 그동안 어떤 기본권을 제한해 왔는지에 대해 더 입체적인 논의가 담길 필요가 있다는 것이다. 나영의 글은 다양한 문헌을 검토하면서 통념과는 달리 낙태 처벌은 성경에 근거를 두고 있다기보다는 여성 통제의 성격을 강하게 띤다고 보면서, 여성에게 책임을 묻기보다 국가와 사회의 책임을 강조하는 종교의 역할을 촉구한다. 류민희의 글은 여전히 낙태를 범죄화하는 시각에 머무르고 있는 한국 상황의 문제점을 지적하면서 재생산권의 틀에 기반한 비범죄화를 촉구한다. 김선혜의 글은 보조생식기술의 발전으로 더는 이성애 성관계를 기준으로 재생산권을 논할 수 없게 된 상황에 대해 들여다본다. 다양한 주체들의 권리가 충돌하게 된 시대에 누구의 어떤 권리가 우선시할 것인지의 문제는 이제 피할 수도 없고 피해서도 안 될 정치적 질문이라는 것이다. 조미경의 글은 성과 재생산의 권리가 누구에게나 보장되어야 할 보편적 권리로 주장되기 위해서는 이제까지 그 권력에서 배제되었던 우리 안의 타자들을 살피는 과정이 반드시 필요함을 주장하면서, 수용시설 정책의 문제를 국가의 재생산권 통제의 관점에서 살피고 있다. 황지성은 낙태가 금지된 상황에서도 장애를 근거로 하는 우생학적 낙태에 대해서는 법률로 허용되어 왔음을 지적하면서, 비정상적인 신체를 분류하여 격리하고 방치하거나 착취해 온 역사에서 벗어나지 않는 한 우생학은 과거가 아니라 우리의 현재라고 주장한다. 박종주의 글은 성소수자의 권리로서 임신중지는 어떤 의미가 있는지 질문하면서 임신중지를 흔히 여성의 권리로서 상상하고 이야기하는 관행에 도전한다. 그는 성과 재생산 권리를 위한 싸움에서 성적 소수자와 장애인이 만난다면 더 많은 사람들의 강한 연대를 만들고 더 강한 적을 상대할 수 있을 것이라고 말한다. 마지막으로 낙태죄 폐지 투쟁의 의미를 묻는 나영정의 글은 이제까지 성과재생산포럼이 해온 투쟁의 의미를 종합하는 성격이라고 할 수 있다. 우리는 이제까지 모든 시민의 생명을 보호할 책임을 수행하기보다는 여성과 소수자의 삶을 취약하게 하는 데 기여하면서 개인의 권리와 경쟁해 온 국가에 대항하는 싸움을 시작하고자 한다. 이 책이 낙태죄 폐지의 의미를 재정의하면서 새로운 투쟁의 판을 짜는 데 힘이 되고, 독자들과 함께 연결될수록 더 강한 투쟁으로 국가의 책임을 묻는 싸움에 나설 수 있기를 희망한다. 책 말미에 들어간 연표는 한국에서 성과 재생산의 권리를 둘러싼 싸움의 긴 역사를 보여 줌과 동시에 이 흐름이 어떻게 지역의 맥락을 넘어 세계적인 흐름 속에서 만나고 갈라지는지를 보여 준다. 복잡한 연표를 정리하는 작업은 최예훈이 맡아 주었다. 연표를 정리하는 과정을 통해 필자들 역시 본문에다 담지 못한 중요한 사건들을 짚어 볼 수 있었고, 우리의 이야기를 성과 재생산 권리를 둘러싼 큰 투쟁 속에서 어떻게 자리매김할지 가늠해 볼 수 있었다. 본문과 함께 참고한다면 독자들에게도 큰 보탬이 되리라 믿는다.

낙태죄 폐지가 끝이 아니다

2018년 10월 현재, 낙태죄의 위헌 여부에 대해 헌법재판소는 현 재판부의 임기 중에 결론을 내지 않고 차기 재판부로 넘길 것으로 전망되고 있다. 23만여 명이 서명한 낙태죄 폐지 및 유산유도약(미프진) 도입 청원에 대해 청와대는 처벌 위주의 정책이 가진 문제점과 국가의 책임에 대해 인정했지만, 우선 임신중절 실태 조사를 재개하고 이를 통해 공론화 과정을 거치겠다고 밝혔다. 당장의 결정을 모면하는 조처를 내린 셈이다. 변화된 사회 상황 속에서 2012년의 헌법 합치 판결과는 달리 위헌 판결을 내릴 것으로 기대했던 헌재 역시 일단 당장은 판단을 유보하고자 하는 모습이다. 이런 여러 정황을 보면, 낙태죄 폐지를 이뤄 내는 데도 아직 시간이 더 필요할 수도 있고, 이것이 재생산권의 실질적인 확보 차원으로 가려면 형법상 낙태죄 폐지 이후에도 지속되어야 할 투쟁일 수밖에 없다.

그런 점에서 여전히 더 많은 변화가 필요한 시점이라고 하지 않을 수 없다. 여기서 임신 14주까지 선택에 따라 임신중단을 할 수 있도록 한 법안이 하원에서는 2018년 6월 통과되었으나, 8월 9일 상원의 표결에서 아깝게 부결된 직후, 아르헨티나의 한 여성 운동가가 외친 말을 기억할 필요가 있다. "이제까지 우리가 얻은 것과 우리가 잃은 것의 목록을 만든다면, 우리가 얻은 것이 훨씬 많다. 시간이 조금 걸릴지 몰라도 결국 우리의 주장은 법이 될 것이다."[2] 실제로 임신중단의 합법화 법안은 부결되었지만, 거리에 모인 여성의 수는 백만 명이 넘었고, 남성 의원과 여성 의원을 동수로 뽑도록 한 법안이 통과되었으며, 여성 인권과 관련된 진보적인 변화는 막을 수 없는 물결이 되었다. 무엇보다 이제까지 침묵되어 오던 여성들의 인권, 몸의 권리와 폭력에 희생되지 않을 권리가 공론장에서 큰소리로 외쳐지기 시작했다는 사실이 중요하다. 한국에서도 이미 낙태죄 폐지는 시대의 상식이 되었고, 조만간, 머지않아 법이 마련될 것이다. 그렇게 만들 것이다.[3]

2 "They Lost Argentina's Abortion Vote, but Advocates Started a Movement", *New York Times* (2018/08/09).
3 2019년 4월 11일, 헌법재판소는 낙태죄 헌법불합치 결정을 내렸고, 2020년 12월 31일까지 입법부에 개정 시한을 두었다.

차례

일러두기

___ '태아를 떨어뜨려 죽인다'는 뜻의 '낙태'는 그 자체로 임신중지에 대한 낙인
의 의미를 포함한다. 이 책에서는 형법 제27장 '낙태의 죄'를 지칭하는 경우
와 국가 또는 타의에 의해 이루어진 경우 '낙태죄' '낙태'를, 임신중지에 대
한 의료적 개입과 시술 자체를 의미하는 경우 '인공임신중절' '임신중절'을,
여성 당사자의 자기 의사가 포함된 의미인 경우 '임신중지'를 썼다.
___ 본문의 대괄호([ ])는 필자의 첨언이다.
___ 단행본·정기간행물에는 겹낫표(『 』)를, 논문, 보고서, 기고문, 기사 제목
에는 큰따옴표(" ")를, 영화·텔레비전 프로그램, 인터넷 매체명은 가랑이
표(⟨ ⟩)를 사용했다.

낙태죄를 정치화하기

이유림

1년 전. 나는 매디슨 거리에 있는 미국가족계획연맹에서 낙태했다. 이는 내게 형언할 수 없을 정도로 감사한 경험이다. …… 이 이야기를 하는 이유는 미국가족계획연맹이 받는 재정 지원을 철회시키려 하는 자들이 아직도 낙태가 쉬쉬해야 하는 일이라고 생각하기 때문이다. 여전히 많은 사람이 좋은 여자에게 낙태란 어느 정도 슬픔과 수치심, 후회를 동반한 선택이어야만 한다는 고정관념을 갖고 있다. 그 생각이 옳은가? 나는 좋은 사람이고, 낙태 덕분에 완벽한 행복을 느꼈는데도? 강요로 인해 억지로 엄마가 되지 않아서 행복하다면 왜 안 되는가?[1]

2015년 9월 트위터에 '너의 낙태를 말해 봐'#shoutyourabortion라는 해시태그가 등장했다. 이런 해시태그가 등장하고 폭발적인 반응을 얻게 된 배경에는 프로라이프pro-life의 악의적인 공격이 현실화되면서 미국가족계획연맹Planned Parenthood Federation of America에 대한 정부 지원을 철회해야 한다는 프로라이프의 요구가 국회에서 발의되는 상황이 있었다. 전 시기의 인공임신중절이 범죄로 규정된 한국과 달리 특정 시기의 인공임신중절이 보장된 미국도 사정이 크게 다르지 않다. 소위 임신과 출산이 "내 몸, 내 선택, 내 일"My Body, My Choice, My business이라면, 임신중지가 공적 부조(건강보험)의 지원 대상이 될 수 없다는 공격을 받는다. 공적 자금의 지원을 반대하는 프로라이프 운동의 슬로건은 "낙태는 건강관리가 아니다"Abortion Is Not Healthcare이다. 인공임신중절에 대한 정부 지원이 없더라도 의료보험이 있는 여성, 경제적 제약이 없는 여성, 가족·파트너·사회의 적극적인 동의와 지원을 받을 수 있는 조건 안에서는 크게 문제가 되지 않을 수 있다. 그러나 의료보험이 없거나 파트너의 동의가 없어 파트너의 의료보험을 사용할 수 없는 경우, 미성년 여성인 경우, 이주 상태이거나 의료 접근성이 낮은 경우 등, 당사자의 불리한 사회적 조건은 낙태라는

---

1 https://www.theguardian.com/commentisfree/2015/sep/22/i-set-up-shoutyouraborti
on-because-i-am-not-sorry-and-i-will-not-whisper

사안의 입체성을 가시화한다. 낙태가 불법인가, 합법인가의 문제는 의미 있는 전환이자 주요한 준거점이기는 하지만 그 자체로 완결점이 될 수는 없다. 이미 50년 전에 특정 시기의 임신중지를 합법화한 미국에서도 여전히 임신중지가 비윤리적 행위이고, 안전하게 임신중절을 받을 '건강권'은 성립하지 않는다는 공격이 여성을 위협한다.

'너의 낙태를 말해 봐'는 24시간 만에 10만 번이 넘게 사용되었고, 이를 통해 다양한 임신중지 경험과 그에 대한 의견이 공유되었다. 이는 여성 개인이나 파트너십이 위치한 다양한 사회적 조건과 맥락 안에서 임신과 출산이 어떤 의미인지, 개인의 사회적 조건, 억압의 맥락을 방임하는 국가는 누구에게 어떤 형태로 책임을 전가하는지 질문한다. 육신을 가진 인간에게 원치 않는 임신은 부정할 수 있는 사건이 아니며, 해야만 하고, 할 수밖에 없다는 판단과 결정의 복잡성은 인간 삶의 다양함과 비례한다. 하나의 해시태그가 붙은 다종다양한 '이야기'는 프로라이프와 프로초이스pro-choice로 양분되어 상충하는 것으로 구성되는 생명권 대 결정권 구도, 즉 국가와 사회가 나서서 보호해야 할 태아와 배타적이고 독립적인 의지를 가진 여성을 전제하는 단선적 대결 구도에서는 다뤄지지 않는 경험의 언어이다. 한국은 형법상 낙태죄를 통해 여성이 임신을 중지하는 행위를 범죄로 규정하고, 낙태한 여성과 시술한 의사를 동시에 처벌하고 있다. 임신을 중지하겠다는 여성의 판단이 범죄로 간주되는 구조 안에서 임신중지의 경험을 발화하는 일은 낙태죄를 어떻게 정치화할 것인가에 대한 직간접적인 단초이자, 섹슈얼리티를 재단하고 임신할 수 있는 몸을 범죄화하는 반인권적인 형법에 대항하는 출발이다. 또한 임신중지 경험의 언어는 성과 재생산의 구체적인 장면을 숙의의 대상으로 소환한다는 점에서 저항적일 수 있다.

하지만 '너의 낙태를 말해 봐'가 그 역동성 안에서 보이는 것은 모든 낙태에 대한 이야기와 논의가 균질한 금기가 아니라는 지점이다. 모든 '낙태' 또는 '낙태한 여성'이 동일한 도덕적 위상에 위치하지 않으며, 그 무엇이 여성의 임신중절 경험에서 '핵심'이라거나, 그를 아우르는 '동일한 경험'을 상정할 수 없다는 것이다. '너의 낙태를 말해 봐' 해시태그 운동을 촉발한 최초의 트윗은 슬픔과 후회, 죄책감을 동반하는 낙태 경험과 "낙태 덕분에 더없이 완벽한 행복"을 경험하는 것에 대한 사회적 낙인이 상이함을 지적한다. 규범적인 성적 실천의 연장선상에서 '원치 않는 임신'과 비규범적 섹슈얼리티 안에 놓인 '원치 않는 임신'은 전혀 다른 도덕적 평가를 받는다. 따라서 단순히 그 폭로가 유의미한 것이 아니라 이 경험 안에서 말해진 것과 말해지지 않은 것에 대한 질문, 참조와 전제의 기반에 대한 성찰이 함께해야 한다. 임신중지의 경험을 말하는 행위에 대해 단순히 동질한 피해자성을 공유하거나 그 고통의 차원만을 부각하여 해석한다면 낙태죄의 정치화는 기획될 수 없다. 경험의 언어를 통해 임신중지의 과정에서 겪은 사회적 억압의 구체성을 보이고, 듣기와 말하기의 각 자리에서 보정되고 삭제되는 것 또는 강조되고 재현되는 것을 역동적으로 사유할 필요가 있다. 이는 생명권과 결정권의 허구적인 이분법을 해체하는 동시에, 낙태라는 사건이 문제화하는 것은 무엇인지를 밝히며 그 정치성을 노정한다. 따라서 '너의 낙태를 말해 봐'의 핵심은 낙태의 경험과 고통이 폭로된 것이 아니라, 무엇이 낙태를 금기와 낙인으로 구성하는지, 이런 낙인의 경계에서 안전하게 분류되는 것은 무엇인지, 이 경계가 얼마나 허구적이며 임의적인지에 대한 질문이다.

'문란한 낙태'와 '슬픈 낙태'

한국 사회에서 '낙태'라는 이슈는 정치적인 입장을 구분하기 위한 공적 준거가 된다고 보기는 어렵다. 그러나 '낙태'는 꾸준히 지면에 오르내리고 사회적 이슈로 등장하면서 임신중지의 경험을 노출해 왔다. 임신중지를 경험한 당사자의 직접적인 발화가 아니라는 점에서 해당 서사들은 저항적인 의미로서의 경험/말하기와는 구분되지만, 한편 임신중지 경험이 가진 차이와 상이함이 어떻게 배치되는지를 보이기도 한다. 또한 이런 문화적인 각본과 규범이 어떠한지에 따라 개인이 자신의 경험을 이해하고 해석하는 경로와 형태를 규율하고 제시된다는 점에서도 검토될 필요가 있다.

국가가 주도적으로 인구 조절과 출산 조절을 지시해 온 가족계획이 공식적으로 종료된 1996년 이후, 한국에서의 임신중지 서사는 크게 '문란한 낙태'와 '슬픈 낙태'로 양분된다. '문란한 낙태'는 주로 사건·사고나 문제적 성 풍속의 소재로 등장한다. 여기서 낙태의 요인은 사회 전반의 성도덕 타락으로 인한 무책임하고 문란한 여성의 성생활 또는 연애 관계이다. 이러한 재현은 임신중지를 야기한 여성에 대한 상상적 각본을 토대로 그 행위를 비난하고, 동시에 성적 규범에서 이탈한 여성의 섹슈얼리티 실천이 얼마나 '잘못된 것'인지를 '낙태의 비윤리성'에 호소하는 대구법으로 이루어진다. 미성년 여성이나 미혼·비혼 여성이 문란과 방종을 일삼다가 혼전 임신을 하고 어떤 윤리적인 고민이나 죄책감 없이 낙태를 한다는 서사의 핵심은 그저 여성의 섹슈얼리티에 대한 성적 규범을 웅변하는 것이다.

> 서울의 다른 산부인과 의원 의사는 지난달 19일 낙태 수술을 받은 한 여고 1학년생이 친구들과 '낙태계'를 해서 마련한 돈으로 수술비 12만 원을 냈다고 전했다. 그는 "일부 중고생들은 죄책감마저 느끼지 않는 것 같다"라며 "마치 머리를 하러 미장원에라도 온 듯한 태도가 얄미워 수술 때 일부러 마취를 약하게 해 고통을 느끼도록 하는 때도 있다"라고 말했다.[2]

2 "낙태 30퍼센트가 중고생", 『경향신문』(1997/03/06).

혼전 임신에 따른 낙태는 문란한 성생활이나 문제적 섹슈얼리티의 기표로 여겨지며, 사문화된 법이 처벌하지 않더라도 어떻게든 응징하고 징벌해야 하는 사건이 된다. 이는 '낙태'가 아닌 다른 무엇을 처벌하기 위해, '낙태'를 경유하여 실현된다. 인공임신중절 수술을 받다가 식물인간이 된 한 여성의 가족이 병원장을 상대로 낸 손해배상 청구소송에 대해 재판부는 원고 일부 승소를 판결하며, 혼전 성관계로 임신한 뒤 낙태 수술을 요구한 책임을 여성의 과실로 명시한다.[3] 반면, 이와 다르게 응징하고 징벌해야 할 사건으로 여겨지지 않는 낙태도 존재한다. 이 서사에는 주로 기혼 여성의 임신중지가 소환된다. 가정의 경제적인 부담을 덜기 위해, 남편과 가족 구성원의 암묵적 동의를 얻어, 자녀의 터울 조절이나 단산을 목적으로 임신을 중지하는 것이 그 예다.

요즘 산부인과에 출산 적령기 주부들의 발길이 잦아지면서 예년에 비해 낙태가 두 배 가까이 급증하고 있다, IMF 한파가 몰아치면서 남편의 실직 등에 따른 생활고와 불투명한 미래로 인해 아이 낳기를 포기하고 있기 때문이다. 'IMF형 낙태'를 선택한 주부들은 특히 20대 후반에서 30대 초반의 직장여성으로 둘째 아이를 임신한 경우가 가장 많다. 임신을 하면

3 "낙태 수술 사고 임신부 30퍼센트 책임", 『한겨레』(1994/06/09).

정리 해고 대상에 먼저 오르지 않을까 걱정되고 출산 이후 휴

가를 가야 한다는 점이 수술대에 오르게 하는 이유다.[4]

이런 '슬픈 낙태'의 각본에서 임신을 중지하는 판단은 가족이나 사회에 피해를 끼치지 않으려는 여성이 스스로 고난을 감내하는 것, 태어났거나 태어나지 않은 모든 아이에 대한 모성 실천의 연장에서 이뤄진 이타적인 사건으로 여겨진다. 임신중지라는 사건은 동일하게 나타나지만, 이 두 서사는 전혀 다르게 이해되며 실제로 다른 문제로 배치된다. 그러나 만약 여성이 임신을 중지하는 행위가 생명 윤리라는 어떤 자명한 준거에 의해 용납할 수 없고 국가가 규율하고 처벌해야 할 사건이라면, 그가 어떤 여성인지, 임신을 중지하는 사유가 무엇인지, 그의 태도가 어떠한지는 문제 삼을 이유가 없다.

낙태라는 사건에서 '낙태를 했다'라는 것보다 더 중요한 것은 낙태를 한 존재의 내용이다. 섹슈얼리티를 통제하는 권력과 위계는 지탄받고 응징되어야 할 낙태와 오히려 전혀 문제가 되지 않는 낙태의 기준을 규정한다. 그중 하나는 가해와 피해의 이분법, 욕망의 주체와 대상의 이분법을 선택지로 제시하는 것이다. 실제로 그것이 어떠한 사건이며, 어떤 경험을 했는지와 별개로

4 "IMF 시대 잿빛 풍경. 산부인과 찾는 주부들 '슬픈 낙태'", 『경향신문』(1998/02/21).

임신을 중단한다는 판단을 피해자의 위치에서 호소할 때, 자신을 욕망의 대상으로 해명할 때에야 낙태는 이해된다. 자신의 섹슈얼리티의 규범성을 설득하고, 국가와 사회가 제시하는 특정한 각본을 승인하는 것을 통해서만 여성은 (태아와 함께) 피해자가 된다. 반면 섹슈얼리티의 규범성과 정상성을 이탈하는 능동적이고 쾌락적인 성적 행위, 정상성 바깥의 관계들과 욕망의 실현, 피해자성을 거부하는 여성은 (태아에 대한) 가해자로 고정된다.

낙태죄가 작동하고 집행되는 방식은 낙태죄의 진짜 문제가 무엇인지를 더욱 선명하게 보여 준다. 낙태에 대한 처벌을 실현하는 힘의 원동력은 2010년 헌법재판소가 낙태죄 합헌 의견으로 제시한 '생명 존중'이나 '태아의 복리'에 해당하지 않는다. 낙태죄에 대한 고발은 파혼·이혼 시 남성이 좀 더 유리한 위치를 점하려는 경우, 낙태한 여성에게 앙심을 품고 있는 경우, 낙태한 여성이 빚을 갚으라는 소송을 제기한 경우 등에서 주로 전 남자 친구, 전 남편, 전 시부모에 의해 악용된다. 낙태한 여성은 언제든지 처벌 가능한 범죄화된 몸으로 존재하며, (낙태 사실을 알고 있는) 파트너나 가족의 의사에 반하거나 충돌하는 행위를 통제하고, 단속하고, 엄벌하고, 응징하고자 하는 의지에 의해 처벌받는다.

2017년 11월 26일, 청와대는 조국 민정수석의 입을 통해 낙태죄 폐지와 유산유도약 '미프진'Mifegyne의 합법화 및 도입을 요구하는 청원에 대한 영상 답변을 게시했다. 이 영상을 통해 청와대는 (1) 교제한 남성과 최종적으로 헤어진 후 임신을 발견한 경우,

(2) 별거 또는 이혼소송 상태에서 법적인 남편의 아이를 임신했음을 알게 된 경우, (3) 실직이나 투병 등으로 인한 경제적 어려움으로 아이 양육이 완전히 불가능한 상태에서 임신했음을 발견한 경우를 임신중지의 예시로 들었다. 청와대가 제시한 사례는 전형적으로 여성이 임신을 중단하지 않을 경우 남성 파트너의 이익과 의지를 침해하는 경우, 혼전·혼외 성관계나 문란한 성적 행위에 해당되지 않는 여성인 경우, 여성의 출산이 남성 파트너와 가족 전체, 그리고 잠재적으로 사회적 돌봄 비용을 증가시켜 사회에 피해를 입히는 경우를 열거한 것이다. 이는 지금까지 국가가 권장해 온 낙태, 사회가 용인되고 조장해 왔던 낙태 이상이 아니며, 일말의 진보성을 찾아볼 수 없다. 설득적이고 규범적인, 남성과 국가가 용인하는 낙태 사유는 그 자체로 성적 억압의 도구이자 결과이다.

한국 사회에서 낙태죄 논쟁이 불거지기 이전, 법무부는 형법 개정 공동 연구[5]를 통해 낙태죄의 개정 필요성을 제시하고, 낙태를 허용하는 기한 방식과 사유에 따라 낙태를 허용하는 사유 방식 중 기한 방식은 '낙태 자유화'의 외관이 더욱 뚜렷하기 때문에 사유 방식을 택해야 한다고 밝힌다. 국가는 사유 방식을 통해 임신중단의 사유를 판단하고, 일부 허용하며, 또는 제한할 수 있는

---

5 한국형사정책연구원, "형법 개정의 쟁점과 검토: 죄수·형벌론 및 형법 각칙", 2009.

권한을 가진다. 이미 인공임신중절 합법화에 대한 상당한 역사를 가지고 있는 국가에서도 하나의 사유라도 더 추가하려는 재생산권 운동이 진행되는 이유이다. 특정하게 범주화되어 있는 사유의 경계와 국가의 권한은 그 여성이 누구인지에 따라 얼마든지 징벌과 응징의 힘으로 작동할 수 있다. 그 여성은 어떤 존재인가, 권리를 부여받아도 되는 존재인가, 그는 국가·사회·가족·남성 파트너의 이익을 충분히 고려했는가, 또는 성적 규범의 통제 밖으로 이탈하지 않았는가에 대한 판단이자 통제의 도구이다. 따라서 임신중절 허용 사유는 궁극적으로 여성의 섹슈얼리티를 성적 규범의 기준으로 판단하고 처벌의 가능성을 유지함으로써 언제든 통제할 수 있는 개입의 가능성을 유지한다. 합법적인 인공임신중절 시술을 받을 수 있냐에 대한 문제를 풀어 나가는 과정에서 규범적이고 정상적인 섹슈얼리티를 강제하는 국가의 힘을 간과한다면 '합법적인 인공임신중절'은 권리를 부여받을 수 있는 여성의 특권으로 존재할 것이다.

성적 행위나 욕망이 좋은 것, 긍정적인 것, 채워져야 하는 것으로 여겨지며 여성의 성적 욕망 역시 장려되고 있는 시대적 변화에도 불구하고, 궁극적으로 낙태죄가 존치되고 기능하는 근간은 섹슈얼리티의 통제에 있다. 2018년 낙태죄에 대한 두 번째 위헌청구소송에 대한 법무부의 의견서는 낙태죄를 폐지하는 것을 성행위를 즐기고 책임지지 않겠다는 요구로 정의하며, "즐긴 여성"은 그 책임을 져야 한다고 말한다. 논란 끝에 철회된 법무부의 의견서는 일면 자충수가 아니라, 낙태죄로 실현되는 그 욕망이 무엇인지 투명하게 보여 준다. 섹슈얼리티의 통제는 연령, 혼인 여부, 국적, 지역적 조건, 장애, 질병, 경제적 상황, 가족, 이주 상태, 성적 실천의 내용, 성적 지향, 성별 정체성 등이 촘촘하게 위계화된 교차적 억압으로 나타난다. 따라서 낙태죄를 정치화하고 공론화한다는 것은 낙태죄의 궁극적 준거가 되는 섹슈얼리티를 구성하는 다양한 권력에 대한 비판이자, 정상성 규범과 도덕을 구성하는 담지자, 그리고 위계와 경계로 나타나는 배치에 대해 저항하는 것이다. 또한 이는 발화할 수 없는 언어, 설득적일 수 없는 경험, 비난을 감내해야 하는 특성, 경멸해도 된다고 여겨지는 조건과 같은, 그래서 인권과 시민권이 제한받거나 박탈당해도 된다고 여겨지는 것들에 대한 옹호이다. 낙태죄에 대한 정치화는 '문제'라고 여겨지는 맥락을 무의식적으로 또는 전략적으로 삭제하지 않는 것이며, 도덕과 규범의 기준을 해체하는 비순응적·비규범적 섹슈얼리티를 운동의 중심에 놓는 것이다.

국가의 이해와 여성운동

그런 측면에서 한국 사회에서 낙태죄에 대한 사회적 논의와 그에 대항하는 여성운동이 어떤 길을 걸어왔는지를 살펴볼 필요가 있다. 한국 사회에서 낙태죄와 여성의 재생산에 대한 논의가 활발해진 것은 2009년을 기점으로 볼 수 있다. '낙태죄'는 1953년

낙태 고발 정국

2010년 2월 차희제, 심상덕, 최안나 등의 프로라이프 의사회는 불법 낙태를 적극적으로 단속할 것을 사법 당국에 요구하며 인공임신중절을 시술하는 병원에 대한 검찰 고발을 진행했다. 이에 정부 당국이 낙태죄에 대한 처벌 강화의 움직임을 보이면서 소위 '낙태 정국'을 맞게 되었다. 이로 인해 수술비가 10배 이상 올랐고, 해외로 원정 낙태를 가는 일도 나타났다. 뿐만 아니라 2012년에는 수능시험이 끝난 뒤 인공임신중절 수술을 받던 18세 여성이 사망하는 사건도 발생했다. 해당 병원의 시술 의사는 내원한 여성에게 현금 650만 원을 인공임신중절 시술 비용으로 요구했다. 이 죽음은 불법화된 인공임신중절이 여성의 의료 접근성을 제한하고, 여성의 삶과 건강을 심각하게 위협하며, 결국 사망에 이르게 할 수 있다는 전 세계적인 연구 결과와 시민사회의 간절한 요구의 목소리를 외면한 국가의 책임이다. 그럼에도 불구하고 국가는 여성 건강을 보장하는 대책을 마련하기는커녕, 오히려 프로라이프 의사회를 중심으로 해당 사건이 낙태 근절을 주장하는 수단으로 이용되는 것을 방조했다.[6]

부터 존재했지만, 낙태죄가 논쟁의 대상이 된 것은 2010년 '낙태 고발 정국'이 최초였다. 2010년 낙태 고발 정국 이전까지는 국내에서 낙태가 불법이라는 것을 모르는 경우도 허다했다. 인구 조절을 위해 낙태가 광범위하게 시행되었던 가족계획 운동의 역사가 있는 한국 사회는 사실상 낙태를 그리 어렵지 않게 할 수 있는 환경에 있었다. 앞서 언급했듯, 한국 사회에서는 낙태라는 행위 자체가 문제라기보다 정상가족주의와 성적 규범을 유지하는 것이 구심이었고, 정말 엄밀하게 모든 낙태를 근절하고 처벌하겠다는 의지가 있다기보다 오히려 '출산이 더 문제가 되는 임신'을 비가시화된 사적 영역에서 효율적으로 처리할 수 있도록 유도해 왔다. 이런 "재생산의 사생활화"privatization of reproduction를 통해 재생산을 사적 영역에 한정한 것은 발전 국가 시대에 한국 경제가 고도로 성장할 수 있었던 사회적 전제이기도 하다.[7]

낙태라는 행위에 '태아의 생명'이 적극적으로 기입되기 시작한 것은 인구의 필요에 대한 국가의 이해관계 변화의 시기와 겹쳐진다. 2010년 논쟁이 촉발된 배경의 한 축은 진오비와 진오비

---

6 백영경, "성적 시민권의 부재와 사회적 고통: 한국의 낙태 논쟁에서의 여성 경험의 재현과 전문성의 정치 문제", 『아시아여성연구』 52권 2호, 2013; "불법 낙태 단속, 처벌 강화 이후/몸 사리는 산부인과, 수술비 10배 요구 …… 中 원정 낙태", 『한국일보』(2010/03/06) 참조.
7 배은경, 『현대 한국의 인간 재생산: 여성, 모성, 가족계획 사업』, 시간여행, 2012.

산하 프로라이프 의사회의 결성이었고, 다른 축은 이명박 정부의 저출산 정책 기조였다. 2009년 이명박 대통령 직속 미래기획위원회는 사회 가치관이나 경제적 여건 등의 요인으로 출산이나 양육을 포기하는 인공임신중절이 이어지고 있다고 보았고, 낙태를 근절하여 저출산을 타개하려는 목적에서 '낙태 줄이기 캠페인 및 낙태 안 하는 사회 환경 조성'을 저출산 현상의 정책적 대안으로 제시했다. 2010년 프로라이프 의사회의 인공임신중절 시술 병원 고발과 고발된 의료인의 기소 전까지는 한국 사회에서 낙태가 불법이라는 것을 모르는 사람이 많을 정도로 낙태죄가 사문화되어 있었다고 볼 수 있다. 그러나 2010년을 계기로 낙태가 불법임이 천명되면서 시술 비용이 치솟았고 처벌에 대한 두려움을 느낀 의료인들과 의료 기관이 인공임신중절 시술을 하지 않는다는 플래카드를 내걸기 시작했다. 와중에 낙태를 원하는 절박한 여성에게 의료인을 사칭, 인공임신중절 시술을 해주겠다며 접근하여 성폭행한 사건도 있었다.

이에 여성단체들을 중심으로 2010년 '임신·출산결정권을위한네트워크'(이하 '임출넷')를 발족해, 프로라이프 의사회의 활동을 비판하고, 여성들이 임신·출산의 과정에서 실질적인 결정권을 가질 수 있는 변화가 필요하고, 인공임신중절 시술을 안전하게 받을 수 있어야 한다고 요구했다. 당시 임출넷은 여성이 임신을 중지할 수밖에 없는 여러 가지 상황이 있음을 강조하며, 모자보건법에 '사회경제적 사유'를 도입해 합법적인 인공임신중절 시술을 받을 수 있도록 형법 낙태죄 위법성 조각 사유를 추가할 것을 요구했다.

그러나 이는 (1) 형법상 낙태죄의 존치를 인정한다는 점에서 한계를 가지며 (2) 모자보건법을 통해 규정되어 있는 '우생학적 사유' 및 국가의 재생산 통제의 역사와 이중성을 묵과하며 (3) 여성운동의 언어로 사회경제적인 사유라는 특정한 임신중지의 규범화된 각본에 근간하는 섹슈얼리티에 대한 통제를 비판해 내지 못하며 (4) 국가에게 여성의 경험을 승인하거나 거부할 수 있는 윤리의 담지자로서의 권한을 부여하며 (5) '사회경제적 사유'에 따른 인공임신중절의 허용을 여성 일반의 경험이자 요구로 제시하였다는 문제가 있었다. 이 입장은 2010년도 이후에도 계속 유지되었고, 2013년도 한국여성단체연합이 박근혜 정부 인수위에 보낸 의견서에도 형법 낙태죄 위법성 조각 사유로 '사회경제적 사유'를 추가할 것을 제언하는 내용이 포함되었다.

임신중지를 누구의 어떠한 경험으로 상정할 것인지, 어떠한 경험이 논의의 장에서 대표성을 획득하는지는 운동의 방향성과 연결된다. 소위 '낙태 고발 정국'에서의 여성운동이 대표성을 부여한 경험은 '사회경제적 사유'로 인한 낙태였으며, 그 내용은 규범적인 섹슈얼리티의 승인 위에서 여성 일반의 균질한 피해자 서사를 확보하는 것으로 구성되었다. 이는 피해의 경험을 공유하고, 발화하며, 그를 공론화하는 행위에 대한 의구심이 아니며, 오히려 주류 여성운동이 법과 제도의 영역에서 '참가의 정

모자보건법

낙태죄의 이중적 면모의 핵심은 낙태죄를 예외로 허용하기 위해 만들어진 별도의 모자보건법 조항에서 드러난다. 모자보건법은 유신 정국이던 1973년 비상 국무회의에서 제정되었으며, 이때 경제 발전을 위한 인구 억제책의 일환인 가족계획 사업을 뒷받침하고, 당시 박정희가 건설하던 국가에 필요하지 않다고 여겨지는 특정한 존재들의 재생산 권리를 규제하기 위해 인공임신중절 '허용 사유'를 규정했다. 모자보건법은 특수하고 구체적인 상황에서 여성이 처한 사회적 맥락과 결정을 존중하여 임신을 중단할 권리를 보장하기 위한 입법과는 현격한 차이가 있으며, 오히려 국가가 여성의 몸과 재생산을 도구적으로 간주했던 역사가 담긴 치욕의 기록으로 보는 것이 적절하다고 여겨진다. 모자보건법 제14조 1항은 "본인이나 배우자가 대통령령으로 정하는 우생학적 또는 유전학적 정신장애나 신체 질환이 있는 경우"나 "본인이나 배우자가 대통령령으로 정하는 전염성 질환이 있는 경우"에 대해서 인공임신중절 수술을 할 수 있다고 명시해 놓았다. 심지어 1999년 이전까지는 유전 또는 전염성 질환을 지닌 이들 중 의사가 불임수술을 행하는 것이 '공익상 필요하다고 인정할 때'에는 보건사회부장관에게 불임수술 대상자의 발견을 보고하게 했고, 이에 근거해 장관이 의사에게 불임수술을 명령할 수 있었다.

치'politics of engamenet를 실천해 나가는 과정에 대한 문제 제기이다.

특히 1990년대 이후 한국여성단체연합을 중심으로 한 한국의 주류 여성운동은 준정당과 같은 역할을 해오면서 여성 정책에 주도적인 목소리를 내왔다는 점, 그러나 그런 성과에도 불구하고 주류 여성운동이 여성주의적 정치성과 급진성을 견지해 왔는지, 오히려 제도화라는 실패의 길을 닦은 것은 아닌지, 국가에 대항할 수 있는 충분한 거리를 확보하고 있었는지에 대한 긴장과 충돌은 계속해서 질문되어 왔다.[8] 이런 맥락에서 당시에 논의되었던 '사회경제적 사유'의 추가와 모자보건법에 대한 용인은 더 깊이 검토될 수 있다. 당시 운동의 경향성 안에서 낙태죄의 핵심에 위치한 섹슈얼리티의 통제, 비규범적 성적 실천과 여성의 주체적인 섹슈얼리티에 대한 응징, 그리고 그 응징이 문제화하는 맥락과 여성의 조건이 비가시화되었으며 여성이 사회경제적 사유로 인해 출산할 수 없음에 대한 호소만이 강조되어 외쳐졌음을 부정하기 어렵다. 이는 국가로부터 전통적인 성 역할을 수행할 수 없는 조건 안에 있는 피해자 여성을 보호하라는 '요보호' 프레임을 주류 여성운동이 반복하는 것이다.

낙태죄를 정치화하는 운동과 담론 안에서 반드시 검토되어야

---

8 윤정숙, "진보적 여성운동을 위한 모색", 『창작과비평』 124호, 2004; 김경희, "법제화운동을 중심으로 본 한국 여성운동의 제도화와 위기론", 『사회과학연구』 15권 1호, 2007.

하는 것은 여성운동의 진보성과 페미니스트 정치의 과거와 현재, 그 한계와 방향성이다. 1990년대를 시작으로 여성운동은 피해자 여성 정체성으로 젠더 정치를 구현했고 순결한 이성애 여성의 섹슈얼리티 각본은 제도적·법적 제도 개혁의 도덕적 정당성의 논리를 제공했다.9 이 과정에서 "이성애 주의에 대한 비판과는 분명한 단절을 선언"10했으며, 이를 통해 한국 사회에서 정치적 입지를 얻을 수 있었다. 그러나 정숙한 이성애 여성으로 대표되는 섹슈얼리티, 국가가 보호해야 하는 존재로서의 여성 정체성 확립은 이성애 주의를 기반으로 한 근본적인 여성 억압에 저항할 수 없게 한다는 점에서 여성운동의 진보성 손상이 아닐 수 없다.11 노무현 정권 당시 "건강가족법이 통과될 때까지 한국여성단체연합을 비롯한 여성운동 단체들과 여성학계가 침묵12으로 가족 정치를 용인했던 것은 정상가족 중심의 가족 담론과 여성운동이 맺어 온 관계에 대한 여전히 유효한 한계이다. 여성부가 여성가족부로 개편되며 남녀의 차별 금지 및 구제에 관한 법이 국가인권위원회로 이관되어 "남녀의 차별 문제가 더 이상 여성

9 조주현, "페미니즘과 섹슈얼리티", 한국양성평등교육진흥원 – 양성평등교육 전문강사 교사대상 통합과정 발표문, 2008.
10 조주현, 앞의 글.
11 조주현, 앞의 글.
12 김경희, "신자유주의와 국가 페미니즘", 『진보평론』 40호, 2009.

가족부의 업무가 아닌 것"[13]으로 배치된 결과는 평등과 차별이라는 의제가 페미니스트 정치 안에서 어떠한 지위인지 질문한다. 이는 국가와 주류 여성운동이 국가의 이해에 치우칠 수밖에 없는 역학을 통해 만들어 온 한국 젠더 정치의 유산이고, 이에 대한 성찰 없이는 낙태죄의 정치화는 요원할 것이다. "여성과 여성의 피해자성이 여성 젠더로부터 나올 때는 문제없지만, 여성이 문제가 아니라 그 피해자성을 구성하는 남성이나 사회제도가 문제라고 이야기할 때"[14]는 바로 반발을 맞닥뜨리게 되는 그 지점에 낙태죄 폐지 운동의 '정치성'이 달려 있기 때문이다.

"여성이 완전무결한 피해자가 아닌 이상 법은 여성 편에 서지 않는"[15] 수많은 울분과 치욕 앞에서, 보다 근본적인 정치적 도전의 가능성을 확장하는 것은 임신중절에 대한 규범화된 성적 각본의 폐기로부터 시작될 수 있다. 그러나 여성의 섹슈얼리티와 규범화된 성적 각본에 대한 정치적 도전은 당시 여성운동 전반에서 가정하는 '여성 일반의 문제' 또는 여성운동의 제도화적 경향성 안에서 실현되지 않았다. 2010년 이후 헌법재판소에서 낙태죄에 대한 합헌 판결이 나온 2012년까지 낙태죄와 관련한 담

---

13 김경희, 앞의 글.
14 김은실, "한국의 여성정책과 페미니즘에서의 성 주류화 전략", 한국여성정책연구원 개원 25주년 기념 국제 학술 심포지엄, 2008.
15 김은실, 앞의 글.

론의 장에서 가장 집중되었던 것은 아이를 낳을 수 없는 상황에 있는 피해자인 여성과 그를 구제하고 보호해야 할 국가/남성의 구도이며, 낙태죄의 이슈가 오히려 양육으로 전치되는 양상을 보였다. 그렇다면 양육, 즉 국가가 여성의 전통적인 성 역할을 보장하고 보호한다면, 여성 시민의 임신·출산의 문제가 그 지점에서 타협될 수 있는가. 이는 낙태죄의 기만성과 인구 정치, 시민권의 위계를 지탱하는 재생산에 대한 억압 자체를 정치精緻하게 제시했다기보다 오히려 정부의 파트너를 자처한 여성운동이 천착해 온 '저출산 프레임'과 공명한다. 낙태의 요인이 국가가 양육을 지원하지 않아서이며, 따라서 국가가 성평등한 환경을 구축하면 여성이 아이를 낳을 것이라는 논리는 성적 시민권이라는 급진적 의제를 양육 지원으로 희석한다. 노무현 정부 말기 여성학계에서 제기된 여성운동의 제도화에 대한 비판적 성찰은 낙태 정국 당시 여성운동이 보인 대응 안에서 유효하게 검증된다.

2008년 이명박 정부 인수위가 여성가족부와 보건복지부를 통폐합하겠다는 정부 조직 개편안을 내놓았을 때, "이미 성평등은 이루어졌다"고 한 이명박 정부와 "저출산·고령화 사회를 해결하기 위해서는 여성가족부가 필요하다"라고 여론에 호소했던 여성운동의 장면은 인상적이다. 마치 불평등한 사회 안에서 여성이 모성을 통해서 시민권을 획득할 수밖에 없는 경로에 대한 승인 같이, 이 당시의 여성가족부와 주류 여성운동은 '여성이 아니면 누가 아이를 낳느냐'며 국가 주도식 인구 재생산의 욕망을 방패 삼았다. 당시에는 저출산 위기를 활용하는 흐름이 전략적인 판단이 될 수 있겠으나, 이는 결국 여성 정책이나 여성운동의 정치적 의제가 저출산 해결의 책임을 가지고 있는 양상으로 역전되었다. 일·가정 양립, 보육의 사회화, 노동시장에서의 양성평등 등은 인구 위기를 수용하면서 정치적 어젠다가 되었고, 이 과정에서 저출산 프레임을 활용함으로써 성평등 의제를 관철하고자 한 여성운동의 의도와는 다르게, 출산율 제고 정책으로써의 성평등 이슈, 정상가족·기혼·비장애 여성만을 위한 수혜 정책, 여성의 이중 부담을 가중하는 일·가정 양립 정책, 임신·출산·양육만 논의하는 재생산 정책으로 수렴되었다. 따라서 이후, 2016년 정부가 저출산 대책의 일환으로 또다시 여성에 대한 낙태 단속 카드를 꺼낸 것은 저출산에 대한 위기의식을 성평등 정책, 공보육 정책 등으로 도치할 수 있다고 생각한 페미니즘의 전략이 백일몽에 불과했음을 보여 준다. 이런 전략 안에서 재생산 이슈가 선별되었고, 특정한 여성 범주를 구획했으며, 주류적 흐름에 부합하지 않거나 여성의 '한목소리'를 훼손할 수 있다고 여겨지는 다양한 논의는 자리를 잃었다. 여성의 상이한 사회적 위치에 따라 모순되거나 상반되게 나타나는 재생산 경험을 함께 논의할 수 있는 공간은 아예 확보될 수 없었다.

'아이를 낳도록 기대/강제되는 여성'과 '양육에 대한 국가의 지원'을 중심으로 낙태죄를 정치화하는 것은 온당하지 않다. 이런 대표성이 제시하는 방향성에서 여성운동은 정상가족 중심주의와 이성애 중심주의, 낙태죄가 법 자체와 법 실행의 영역에서 배태하고 있는 성적 규범의 내용, 여성의 섹슈얼리티에 대한 사회문화적인 구조와 성의 위계를 정치화하는 것에 실패할 수밖에 없다. 아이 낳는 것이 기대되지 않는 여성, 모자보건법을 통해 출산이 아닌 다른 방법으로 해결하도록 명시하고 있는 질병/장애를 가진 몸, 능동적으로 쾌락을 실현하는 문란한 여성의 경험은 '오빠가 허락하는 낙태'의 각본에서도 빗겨 가지만, 여성운동의 방향 안에서도 여집합의 자리에 놓인다.

낙태의 경험은 저항이 될 수 있을까

'너의 낙태를 말해 봐' 해시태그 운동은 개인의 경험이 어떻게 청취될 수 있고 논의될 수 있는지, 그 안에서 무엇을 질문하고 의심할 수 있는지에 따라 그 의미가 결정된다. 사회가 제시하는 각본과 정상 규범과 성적 규범을 답습하는 운동의 전략을 넘어, 일치되거나 하나로 묶을 수 없는 다양한 목소리, 갈등과 감정을 날것으로 노출함으로써 '프레임'에 균열을 내는 것이다. 이 운동은 궁극적으로 인간 세상에서 일어날 수밖에 없는 사건에 대해 판단하고, 처벌하고, 범죄화하고, 응징하려는 시도를 가능하게 하는 뿌리를 약화시킨다.

페미니즘의 역사는 아이를 출산하는 생식능력이 '여성'을 정의할 수 없으며, 아이를 양육하는 과정을 '모성'이라는 자연화된 욕망이나 '여성의 일'로 규정하는 것에 투쟁해 왔다. 또한 이성애 중심의 결혼 제도를 통한 전통적 성 역할의 고정화와 임신할 수 있는 몸, 아이를 양육하고 가족을 돌볼 몸이라는 이유로, 사회제도와 문화적 관습이 여성을 사회의 이등 시민에 머무르게 하는 공적 영역의 구성 자체를 비판해 왔다. 여성운동은 국가 주도의 저출산 프레임을 수용하는 것에서 벗어나, 저출산 현상을 전 지구적인 변화와 한국 사회의 구조적 병폐 안에서 개인의 삶의 의미와 방식이 바뀌어 가는 이동으로 파악해야 한다. 오히려 국가 주도의 재생산 정치 안에서 미래를 담보로 공동체 구성원에게 어떤 규범적 정상성과 생산 중심성이 강요되는지, 여성을 시민이 아닌 '여성의 몸'으로 소환하는 인력에 어떤 관점에서 대항할 수 있을지, 저출산 기조가 개인이 처한 다양한 사회적 조건을 어떤 기준으로 인정하거나 차치하는지, 재생산이라는 자장 안에서 대립하고 충돌하는 여성의 경험들을 어떻게 바라보며 함께할 수 있을지 고민할 때이다.

낙태의 경험을 정치화한다는 것은 곧 차이의 정치이다. 현존하는 수많은 경험과 지형의 이질성, 다원성, 차이에 주목하지 않고 보편의 경험, 동일한 고통으로 이를 아우르는 것은 곧 배제와 다르지 않으며, 사회적 지배와 억압을 강화할 뿐이다. 보편적인 권리를 가정하며 동시에 특정한 취약성을 예외화하고, 이를 관용과 보호의 대상으로 위치시켜, 결국 범주에 맞지 않는 경험과 존재들을 경계로 몰아내는 것이 아니라 개인의 사회적 조건에 대한 전반적인 책임과 역할을 국가와 사회에 묻고, 자율성이라는 이름으로 재작동할 수 있는 차별의 통치 이데올로기를 거부하는 자리에 서야 한다. 따라서 그 핵심은 장애, 질병, 연령, 경제적 상황, 지역적 조건, 혼인 여부, 교육 수준, 가족 상태, 국적, 이주 상태, 성적 지향, 성별 정체성 등 다양한 상황에 놓인 사회 구성원들이 실질적으로 재생산을 기획하고 실행하는, 삶의 전 과정에 대한 질문이다. 형법상 낙태죄를 폐지하는 일은 이에 대해 사회와 개인이 함께 고민해 나가는 시작점이 될 것이며, 한 사회가 다음 세대를 재생산해 나가는 과정에 존재하는 무수한 차별과 불평등, 사회적 부정의에 투쟁하는 정치적 장을 열 것이다.

인권과 보건의료의 관점에서 본 임신중지

윤정원

신체적 또는 정신적 건강을 추구하는 것은 인간의 기본적 욕구이지만, 이것이 기본적 권리라고 생각되기 어려운 이유는 그만큼 많은 사람이 충족하지 못한 채 살고 있기 때문일 것이다. 1948년 세계보건기구World Health Organization, WHO는 "건강이란 질병이 없거나 허약하지 않은 것만 말하는 것이 아니라 신체적·정신적·사회적으로 완전히 안녕한 상태에 놓여 있는 것"이라고 정의한다. 이처럼 건강이란 단순히 질병이나 손상 없이, 아프지 않은 것이 아니라, 개인이 몸, 마음, 정신이 안녕한 상태를 누리며 사회적 활동을 할 수 있는 것을 의미한다. 그러나 이런 '건강'의 의미를 지켜 내고, 구체적인 내용을 사회 안에서 합의하는 것은 쉬운 일이 아니다.

건강이 중요한 이유는 이것이 단지 주관적 행복의 차원에서가 아니라, 개인의 자아실현과 사회 안에서의 역할, 참여를 보장하는 중요한 열쇠이기 때문이다. 특히 여성이 자신의 건강과 자주성을 최대한 누리기 위해서는 반드시 재생산과 관련된 문제를 스스로 결정할 수 있어야 한다. 자신이 어떤 성별 정체성으로 살아갈 것인지 누구와 관계 맺을지를 결정하고, 성 매개 질환이나 원치 않는 임신에 대한 두려움 없이 섹스할 수 있어야 하며, 부작용이나 합병증의 위험 없이 임신과 출산을 통제할 수 있어야 할 뿐만 아니라, 임신과 출산 기간을 안전하게 지낼 수 있어야 한다.

자기 몸에서 일어나는 임신·출산에 대해 자율권을 가질 수 없는 것은 여성의 신체적·정신적 건강에 중대한 영향을 미친다. 그리하여 인공임신중절권[1]을 건강권으로 접근한다는 것은 의학과 보건의료 제도, 법 정책 등 다양한 측면들을 돌아보는 작업을 수반한다. 이 글에서는 인공유산을 둘러싼 여러 보건의료적 논쟁의 지점을 살펴보고, 건강권으로서의 의미를 짚어 볼 것이다.

---

1 의학적으로 '유산'(abortion)은 20주 이전에 임신이 종결되는 상황을 말한다. 약물이나 시술, 수술을 통해 인공적으로 유산을 유도하는 것을 '인공유산' '인공임신중절'(artificial abortion, induced abortion)이라 하고, 자연적으로 일어난 유산을 '자연유산'(natural abortion, spontaneous abortion)이라 한다. 이 글에서는 의료적 개입으로 시행되는 유산은 '인공임신중절'로, 인공적인 임신중절을 받을 권리를 '인공임신중절권'(abortion right)으로 기술했다.

인공유산을 의료 행위로 정의하기

전 세계적으로 한 해 5600만 건의 유산이 일어나며, 네 건의 임신 중 한 건은 (자연유산이든 인공유산이든) 유산으로 종결된다.[2] 이들 중 2500만 명이 고식적이고 비과학적인, 안전하지 못한 낙태 시술을 받고, 700만 명이 인공유산 관련 합병증으로 인한 치료가 필요하다[3]는 것을 생각한다면, 보건의료 체계 내에서 낙태가 공식적으로 논의되어야 한다는 것은 자명한 일이다. 여성이 원치 않은/예상치 못한 임신에 직면했을 때, 그것이 건강이나 앞으로의 삶을 위협하는 상황일 때, 그 상황을 타개할 수 있는 유일한 방법은 인공유산밖에 없다. 이 맥락에서 인공유산은 '의료'의 사전적 정의 — 개인의 건강과 안녕을 위해 의사나 간호사, 그 외의 보건의료인에 의해 행해지는 모든 행위 — 에 합당하다.[4] 따라서 낙태를 제한하는 모든 법적·제도적 장벽은 여성의 의료 접

---

2 Bela Ganatra, et al., "Global, Regional, and Subregional Classification of Abortions by Safety, 2010-14: Estimates from a Bayesian Hierarchical Model", *The Lancet*, 2017.

3 S. Singh, et al., "Facility-based Treatment for Medical Complications Resulting from Unsafe Pregnancy Termination in the Developing World 2012: A Review of Evidence from 26 Countries", *BJOG*, 2015.

4 S. Barot, et al., "The Global Gag Rule and Fights over Funding UNFPA: The Issues that Won't Go Away", *Guttmacher Policy Review*, 2015.

근권을 저해하는 장애물로 간주될 수 있다. 100퍼센트 성공률의 피임법이 존재하지 않는 이상, 낙태 시술은 필요할 수밖에 없고, 그에 따른 건강과 안전은 반드시 보장받아야 할 권리이다. WHO 권고안에도 "각국이 어떠한 법적 상황이건 간에 안전한 낙태 서비스는 모든 여성이 접근 가능하도록" "낙태와 관련된 법과 정책이 여성의 건강과 인권을 보호하는 방향으로 제정되도록" 천명하고 있다.[5]

임신중지 합법화와 임신중지율[6]

일반적으로 세계 각국에서 임신중지 조건을 비교하는 데 채택하는 기준은 (1) 임산부의 생명 보호, (2) 임산부의 육체적 건강 보호, (3) 임산부의 정신적 건강 보호, (4) 강간 또는 근친상간, (5) 태아 이상, (6) 경제적 또는 사회적 이유, (7) 본인 요청이다. 2016년 197개국의 낙태법을 비교해 보면, 원하는 것만으로 임신중지 시술을 받을 수 있는 국가는 56개, 사회경제적 요건까지 합치면 67개국(선진국의 80퍼센트, 개발도상의 19퍼센트)에서 임신중지가 합

---

5 World Health Organization, "Safe Abortion: Technical and Policy Guidance for Health Systems" 2nd edition, World Health Organization, 2015.
6 임신중지율(abortion rate)은 15~44세 가임기 여성 1000명당 임신중지 건수를 의미한다.

세계 / 대륙	임신중지 건수(백만)		임신중지율	
	1990~1994	2010~2014	1990~1994	2010~2014
세계	**50.4**	**56.3**	**40**	**35**
선진국	11.8	6.7	46	27
개발도상국	38.6	49.6	39	37
아프리카	4.6	8.3	33	34
아시아	31.5	35.8	41	36
유럽	8.2	4.4	52	30
라틴아메리카 / 카리브해	4.4	6.5	40	44
북아메리카	1.6	1.2	25	17
오세아니아	0.1	0.1	20	19

표1 지역적·시간적으로 본 인공임신중지 건수 및 임신중지율
Guttmacher Institute, "Induced Abortion Worldwide", 2016

법적이다. 2018년 기준 OECD 36개국 낙태법을 비교해 보면, 한국보다 임신중지가 어려운 나라는 칠레뿐이다. 흔히 임신중지가 쉬워지면 임신중지율이 높아질 것이라고 하지만, 공시적으로나 통시적으로 임신중지의 합법화 정도와 임신중지율은 상관관계가 없음이 밝혀져 있다. 전 세계에서 임신중지율이 가장 낮은 곳은 북미와 북서부 유럽인데(가임기 여성 1000명당 각각 17, 18꼴), 둘다 임신중지가 합법적으로 허용되는 지역이다. 반면 대부분이 불법인 아프리카와 남미는 34, 44꼴로, 높은 편이다. 통시적으로 봐도, 1996~2009년 사이 46개국이 인공임신중절 허용 사유를 확장한 반면, 11개국이 축소했다. 같은 기간 동안 전 세계 임신중지율은 40에서 35로 감소했다.[7]

안전한 임신중지의 가능성

반면, 합법적인 임신중지와 안전한 임신중지 사이에는 유효한 상관관계가 있다. 한 해 세계적으로 이루어지는 5600만 건의 임신중지 가운데 2500만 건이 안전하지 못한 방법으로 이루어진다.[8] 대부분은 임신중지가 불법인 개발도상국에서 이루어지며, 해마다 임신중지 관련 합병증으로 고통받는 700만 명 가운데 500만 명만 치료받을 수 있고, 4만 7000명의 여성이 이 때문에 사망한다. 역산해 보면, 안전한 임신중지가 가능해지면 전체 모성사망의 13퍼센트가 줄어든다.[9]

모자보건 지표로 임신중지를 설명할 때 가장 극적인 예는 루마니아이다. 1989년 처형되기 전까지 24년간 독재자로 군림한 차우셰스쿠Nicolae Ceausescu 정권은 1966년 11월 '인력이 국력'이라는 기치 아래, 이혼·피임·임신중지를 법으로 금지했다. 임신중지가 발각되는 경우, 산모와 수술한 의사를 감옥에 가두자, 효과는 금방 나타났다. 출산율은 급격히 증가했고, 한 반의 학생 수는

7 Guttmacher Institute, "Induced Abortion Worldwide", 2016.

8 Bela Ganatra, et al., 앞의 글.

9 Lale Say, et al., "Global Causes of Maternal Death: A WHO Systematic Analysis", *The Lancet Global Health*, 2014.

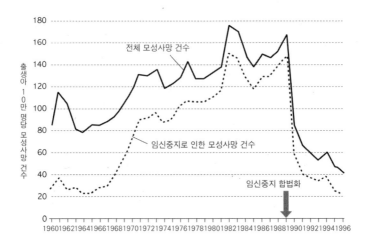

표2 1966년 임신중지 금지와 1989년 임신중지 합법화에 따른 루마니아의 모성사망
WHO/European Regional Office, "European Health for All Database", 2009

28명에서 36명으로 늘어났다. 하지만 생활고를 견디다 못한 여성들은 어쩔 수 없이 불법 낙태 시술소를 이용했고, 많은 여성이 비위생적인 공간에서 불법 시술을 받다가 목숨을 잃었다. 이로 인해 이 시기 임신중지 관련 모성사망비[10]는 최대 800퍼센트까지 급증했다. 1989년 차우셰스쿠 처형 후 가장 먼저 바뀐 것도 임신중지 합법화였다. 이 1989년을 기점으로 절반 이하로 감소한

10 모성사망비(maternal mortality ratio)는 출생아 10만 명당 임신·출산으로 인한 여성의 사망률을 계산한 비율을 의미한다.

전체 모성사망 수(실선)와 1/4 이하로 감소한 임신중지로 인한 모성사망 수(점선)를 그린 그래프(표2)는 안전하지 않은 임신중지를 해결할 수 있는 유일한 답은 안전한 임신중지, 즉 합법화된 임신중지뿐임을 극명히 보여 준다.[11] 차우셰스쿠 치하의 루마니아에서 불법 낙태로 고통받는 여성의 모습을 그린 영화 <4개월, 3주, 그리고 2일>4 Luni, 3 Saptamani Si 2 Zile과 이런 인구 증가 사업으로 20만 명의 고아들이 거리 생활하는 모습을 그린 다큐멘터리 <지하철 아이들>Children Underground이 국내에도 소개되어 있다.

미국에서는 임신중지가 합법화되면서 1970~1976년 사이 임신중지로 인한 모성사망이 1백만 명 출생당 40명에서 8명으로 줄었다.[12] 1996년 합법화된 남아공에서도 임신중지로 인한 감염이 반으로 줄었고, 1994~2001년 사이 임신중지 관련 사망은 91퍼센트나 감소했다.[13]

임신중지를 건강권으로 접근해야 하는 이유는 비단 개발도상국의 높은 모성사망 때문만이 아니다. 의료 기술의 최첨단을 달리는 미국에서도 최근 임신중지로 인한 모성사망이 점점 늘고

11 WHO/European Regional Office, "European Health for All Database", 2009.

12 W. Jr. Cates, et al., "Legalized Abortion: Effect on National Trends of Maternal and Abortion-related Mortality 1940-1976", *American Journal of Obstetrics and Gynecology*, 1978.

13 D. A. Grimes, et al., "Unsafe Abortion: The Preventable Pandemic", Lancet, 2006.

프로라이프, 프로초이스
Pro-Life, Pro-Choice

프로라이프와 프로초이스는 낙태권을 획득하기 위한 서구의 운동사에서 나온 논쟁이다. 미국에서는 19세기 초 위험한 낙태 관행과 출산을 의학의 범주 내로 편입시키기 위한 전문 집단의 로비 등으로 낙태금지법이 제정되었다. 그러던 중 19세기 후반 들어 전 세계적으로 자유권에 기반한 법 개정들이 이루어지면서 의료인, 온건 개혁가들의 주도로 기간에 한해서, 생명이 위험한 경우, 의사의 판단 하에 건강이 위험한 경우 같은 조항을 붙여 부분적으로 합법화하려는 움직임이 대두한다. 미국에서는 사생활 권리에 기반한 1972년 피임 합법화에 이어, 1973년 로 대 웨이드 판결 이후 낙태가 합법화되기 이른다. 이 과정에서 태아의 생명권을 주장하는 기독교 윤리학자 및 보수공화당(pro-life), 여성의 자유권과 신체에 대한 자기결정권을 주장하는 여성운동 진영, 진보 세력들(pro-choice)의 구도가 형성되었고, 이는 아직까지 첨예하게 대립하고 있다. 현재도 미국 대선 후보들에게 사형 제도, 전쟁과 함께 진보/보수, 공화/민주 성향을 가름하는 주요 질문으로 낙태가 꼭 언급되는 것만 봐도 그렇다.

하지만 태아의 생명 이외에는 여성의 인권이나 안전한 낙태 시술을 무시하는 프로라이프도, 자기결정권이 가장 중요하며 도덕이나 생명 존중은 무시하는 프로초이스도, 현실과는 동떨어진 양 축의 극단주의일 뿐이다. 프로라이프는 태아의 생명을 보호해야 한다고 하면서 인공임신중절 클리닉에 폭탄 테러를 하여 의사와 여성들을 죽이며, 그들이 발의하는 법은 여성을 감옥에 가게 하고 여성의 가족이나 태아의 미래는 안중에 없다. 프로초이스의 주장을 따라가다 보면 배아와 태아는 아무 의미나 가치가 없으며, '국가는 내 몸에서 손 떼'라는 슬로건은 안전한 인공임신중절과 재생산 건강을 위해 국가가 가져야 하는 공중보건적 책임을 무화시킨다. 프로라이프가 여성의 인공임신중절 이유가 생명에 비해 중하지 않다고 비난할 때, 프로초이스가 여성의 인공임신중절 이유들을 옹호하며 장애 낙태나 저소득층의 낙태를 정당화할 때, 생명과 가치에 층위가 생기며, 차별과 낙인이 재생산될 뿐이다. 낙태를 찬성/반대한다는 이분법적 프레임은 현실을 살아가면서 겪게 되는 다양한 스펙트럼의 결정들을 죄다 설명할 수 없다.

있는데, 이는 의료보험에 가입하지 못한 사람들, 히스패닉이나 흑인과 같은 유색인종에서 안전하지 못한 임신중지가 점점 늘어나고 있기 때문이다. 우리나라에서도 2010년 프로라이프의 낙태 시술 의사 고발 후 단속과 처벌이 일어나고 시술을 거부하는 병원이 늘어나면서 시술 비용이 수십 배 증가하거나 중국이나 일본으로 원정 시술을 가는 사례, 임신중지를 알선해 주겠다고 유인해 성폭행한 사건, 브로커들이 인터넷으로 가짜 유산유도약을 유통시킨 일, 인터넷에 근거 없는 임신중절 정보들이 난무하는 것을 목도한 적 있다. 단지 의료 기술의 낙후 때문만이 아니라, 법과 현실의 부조리, 빈부 격차, 불평등과 같은 사회적 조건 때문에 좌지우지되는 임신중지의 불평등에 대해, 정의와 건강 추구로서의 임신중지권이라는 보편적 가치가 필요하다. 안전한 임신중지에 관한 2015년 WHO 가이드라인은 다음과 같이 천명한다.

> 임신중지와 관련된 법과 정책은 여성의 건강과 인권을 보호해야 한다: 안전한 임신중절을 시기적절하게 받는 것을 방해하는 절차적·제도적 장벽들은 철폐되어야 한다. 보건 정책들은 여성의 인권을 존중하고 보호하는 방향, 즉 여성의 건강지표들을 향상시키고, 정확한 피임 정보와 시술을 제공하고, 특히나 저소득층, 청소년, 성폭력 피해자, HIV 감염인과 같은 취약 계층의 특수한 요구를 충족시키는 방향이어야 한다.[14]

나라별 기한 방식

영국: 임신한 여성의 육체적·정신적 건강에 위해를 끼치는 경우 24주 이내. 태아의 심각한 장애의 위험성이나 임신한 여성의 건강과 생명에 심각한 위해가 있는 경우 주수에 상관없이.

이탈리아: 경제, 가족 여건, 건강, 개인적 이유 아래 모든 낙태 90일 이내. 여성의 생명에 위협이나 태아의 기형이 여성의 정신적·육체적 건강 위협 시 24주 이내.

노르웨이: 여성의 요구만으로 모든 낙태 12주 이내. 임신이 정신적·육체적으로 위해를 가하거나 태아에게 심각한 합병증을 초래, 강간이나 근친상간으로 인한 경우 18주 이내. 그 이상은 특수한 경우 의학적인 판단으로만 가능.

인공유산 시 태아의 고통

많은 낙태 반대론자들은 태아가 고통을 느끼기 때문에 인간으로 간주돼야 되고, 낙태가 살인이라고 이야기한다. 실제로 미국에서 보수 공화당 주도로 2015년에 이어 2017년 '고통을 인지할 수 있는 태어나지 않은 아이 보호법'(Pain-Capable Unborn Child Protection Act)을 입법 제안하여, 20주 이상의 후기 낙태를 제한하려는 시도가 계속되고 있다.

이런 주장의 의생명과학적 근거는 희박하다. 태아는 생존력이 생기기 전까지 고통을 느끼지 못한다. 말초신경에서 느낀 감각이 뇌로 전달되고 뇌의 피질과 시상에서 그 신호를 처리하는 과정은 24주 이전에 완성되지 않는다. 실상 고통을 느낀다는 것은 단순히 신호의 전달뿐만 아니라 "불쾌한 자극에 대한 의식적인 지각 아래 생기는 감정적이고 정신적인 경험"이기 때문에 29주 이후에나 생긴다. 태동은 태아가 통증이나 고통을 느껴서 생기는 것이 아니다.[16]

영국 왕립산부인과학회와 미국 산부인과학회는 이 같은 내용의 성명서를 발표하며, 근거에 기반한 보건의료 정책을 수립할 것, 여성과 그의 의사가 내리는 결정에 정치적인 이데올로기를 적용하지 말 것을 요구했다.[17]

---

14 World Health Organization, 앞의 글.

'주수'를 둘러싼 시간 정의하기[15]

건강의 맥락에서 시간은, 몇 주부터 임신성 당뇨나 임신중독증 위험성이 높아지는지, 몇 주까지 감염과 독성 물질에 취약한지, 그래서 병원을 얼마나 자주 방문해야 하는지의 일정을 정해 주는 가이드라인으로 작용한다. 낙태를 후기에 할수록 위험성이 높아진다고 이야기하지만, 여성의 생명과 건강에 위협이 되는 경우에는 이런 주수 제한을 두지 않는 경우가 더 많다. 결국 낙태에 있어서 시간을 정의하는 것은 건강을 위해서라기보다 도덕과 사회적 맥락에서 '제한'을 두기 위한 장치로서의 의미가 더 크다.

그렇다면 임신 주수는 절대적인 개념일까. 임신 주수는 마지막 월경 일이나 초음파상의 크기 측정으로부터 '유추'되는 것이지, 절대적인 기준이 될 수 없다. 의료 기술이 발달하지 않은 나라들에서는 자궁 크기를 줄자로 재어 임신 주수를 유추하며, 태

15 Joanna N. Erdman, "Theorizing Time in Abortion Law and Human Rights", *Health and Human Rights*, 2017의 논의를 요약.

16 SJ Lee, et al., "Fetal Pain: A Systematic Multidisciplinary Review of the Evidence", *JAMA*, 2005.

17 Royal College of Obstetricians and Gynecologists, "Fetal Awareness: Review of Research and Recommendations for Practice", 2010; The American Congress of Obstetricians and Gynecologists, "Facts are Important – Fetal Pain", 2013.

동이 느껴지면 대략 20주라고 짐작한다. 또 태아의 저성장이나 과성장의 경우, 민족적·영양학적·유전적 태아의 크기 차이는 어떻게 반영할 수 있을까. 24주까지를 법적인 한계라고 했을 때 23주 6일과 24주 0일 태아의 차이를 누가 구분할 수 있을까. 24주, 22주, 18주, 12주 여성의 임신중지 시술을 거부하는 것이 왜 건강하고 도덕적인 기준이 되는지 의학은 답할 수 없다.

마지막으로, 생명과 생존 가능성 역시 다원적인 개념이다. 생명과 인간성을 언제부터라고 정의하는지는 개인의 종교적·도덕적 신념에 따라 다르다. 19세기만 하더라도 태아의 움직임이 발생한 이후의 낙태는 금지되었다. 발생학적 지식이 축적되면서, 신생아학이 발달하고 더 이른 주수의 태아를 살릴 수 있게 되면서, 이 '생명'의 정의와 '생존 가능성'의 정의가 단일하고 고정된 개념이 아니라 경험적이고 유동적인 것이 되었다. 생존 가능성은 결코 존재하지 않을 예상된 미래에 근거해 현재에 취해지는 행위에 대한 주장이다. 생존 가능성은 출산 이후의 신생아에 적용될 때만 의미가 있다.

주수 제한은 좀 더 이른 시기에 산전 진찰을 받고 유산할 수 있도록 유도하는 데는 효과가 있겠지만, 주수 제한을 넘긴 여성이 어떤 선택을 해야 할지, 원치 않는 출산을 강제하거나 치료를 거부하는 일이 과연 건강하고 도덕적인 판단일지는 생각해 볼 일이다.

진료 환경을 저해하는 불법 지위

WHO 발간 자료와 산부인과학 매뉴얼에는 안전한 인공임신중절에 대한 분명한 임상 지침clinical guideline이 존재한다. 전 기간 동안 약물적 임신중절이 가능하고, 6-14주에는 흡입술vacuum aspiration, 12주 이후부터는 D&E(경부 확장 후 흡입술)가 권고되어진다.

약물적 임신중절이든 수술적 임신중절이든 응급실 방문이 필요할 정도의 합병증이 발생하는 비율은 1퍼센트 미만이다.[18] 숙련된 의료진에 의해 권장되는 방법대로 안전하게 받는다면, 또 심각한 합병증이 생기는 경우만 아니라면, 임신중절 자체가 다음 임신이나 전반적인 건강 상태에 위험을 가하지 않는다. 임신중절이 유방암 위험성을 높이거나 미래의 임신 가능성을 떨어뜨리는 것도 아니다. 인공유산 후 장기적인 정신적 문제가 생기는 경우는 산후 우울증이나 산후 정신병만큼이나 드물다. 건강 때문에 인공유산을 받아야 했던 여성들, 유산 과정에서 정서적·사회적 지지를 받지 못한 여성들, 과거에 정신과 병력이 있었던 여성들이 좀 더 정신적 후유증에 취약하다고 알려져 있으나, 대부

---

18 Ushma D. Upadhyay, et al., "Incidence of Emergency Department Visits and Complications after Abortion", *Obstetrics and Gynecology*, 2015.

분의 여성이 주로 느끼는 감정은 예상할 수 있듯이 안도감이다.

2000~2009년 사이 미국의 유산 관련 사망률은 10만 건당 0.7건이었다. 같은 기간 미용 성형수술의 사망률이 0.8~1.7건, 치과 치료 사망률이 0~1.7건, 마라톤을 달리다 사망할 확률이 0.6~1.2건인 것과 비교하더라도 이 수치가 극단적인 위험을 말하는 수치는 아니라는 것을 알 수 있다.[19] 8주 이내의 이른 주수에 시행되는 약물 유산의 경우 그 안전성이 훨씬 높아진다. 지난 16년간 미국의 미페프리스톤Mifepristone 관련 합병증 발생 비율은 0.05퍼센트, 사망률은 10만 명당 0.6건이었다. 비슷한 기간 출산 관련 모성사망률은 10만 명당 8.8건이었다.[20]

통념과 달리 이렇게 안전한 인공임신중절이지만, 임신중지가 법적으로 제한받는 상황에서는 다르다. 여성의 건강권은 미시적인 부분에서 거시적인 부분까지 모든 순간 제약받게 되는데, 이는 엄격한 낙태법이 적용되는 국가(우리나라를 포함)에서 공통적으로 보이는 양상이다. 비밀 유지를 위해 의무 기록을 남기지 않고, 의료사고의 책임을 묻지 않을 것을 강요당하거나, 부당하게 높

19 Elizabeth G. Raymond, et al., "Mortality of Induced Abortion, Other Outpatient Surgical Procedures and Common Activities in the United States", *Contraception*, 2014.
20 Kelly Cleland, et al., "Aligning Mifepristone Regulation with Evidence: Driving Policy Change using 15 Years of Excellent Safety Data", *Contraception*, 2015; Elizabeth G. Raymond, et al., "The Comparative Safety of Legal Induced Abortion and Childbirth in the United States", *Obstetrics and Gynecology*, 2012.

은 비용을 청구받거나, 몸이 완전히 회복되지 않은 상태에서 집으로 돌려보내진다. 낙태를 알선한다는 말에 속아 사기를 당하거나 성폭행을 당하는 경우도 있다. 시술하는 의료인도 체포와 기소를 각오해야 하므로, 위험부담의 명목으로 비용을 올리게 되고, 합병증과 후유증에 대한 대처나 상급 의료 기관으로의 의뢰에서도 소극적일 수밖에 없다.

게다가 임신중지는 '불법'이기에 산부인과 커리큘럼, 임상 실습, 수련 과정에서도 의료인들에게 교육되지 않는다. 태아가 사망한 케이스나 자연유산, 일부 '합법적인' 임신중절의 케이스밖에 접해 보지 못하다가, 수련을 마치고 임상에 나가서야 인공임신중절의 실태와 최신 지견들을 접하게 되는 것이다. 가장 안전하고, 일부 의료 인프라가 부족한 지역에서는 조산사나 자가로도 가능하다고 설명되는 흡입술이나 약물적 임신중절을 의학의 정규 교육에서는 배울 기회가 없다. 자궁 천공이나 유착을 일으킬 수 있어 그 사용을 줄이라고 권고하는 큐렛curette을 이용한 소파수술curettage이 아직까지 임상의 대부분을 차지하며,[21] 이에 대해서도 2005년 표본조사를 마지막으로, 이후로는 진료나 교육 실태가 조사된 바 없다.

---

21 2005년 조사에 따르면, 흡입술이 21퍼센트, 소파수술이 47퍼센트, 약물요법이 1퍼센트를 차지한다.

인공임신중절이 불법인 상황에서는 여성이 최선의 진료, 가능한 선택지와 정보를 제공받을 권리가 침해받는다. 가이드라인이 버젓이 있지만 적용되지 않으며, 기록을 남기지 않아도 되고 수차례 병원을 방문할 필요 없이 단시간에 시행되는 수술적 방법만이 통용되게 된다.

유산유도약, 담론의 획기적 전환

약물적 임신중절은 비수술적인 방법으로, 그중 미페프리스톤은 태아가 자궁 안에 잘 있도록 해주는 호르몬인 프로제스테론 생성을 억제하여 임신을 유지하게 어렵게 만든다. 이에 자궁 수축 유도제인 미소프로스톨Misoprostol을 추가 복용하면, 진통이 생겨 태아가 자궁 밖으로 배출된다. 미페프리스톤은 WHO에 의해 그 안전성과 효과를 인정받았고, 마취가 필요 없어 개발도상국이나 낙후된 의료 환경에서도 이점을 가지기 때문에 2005년에는 필수 의약품 목록에 등재되기도 했다. 임신중절 성공률은 90~98퍼센트에 달하며, 부작용으로는 자궁 수축에 따른 복통이 가장 흔하고, 그 외 1, 2퍼센트는 출혈이나 불완전 유산으로, 수술적 치료가 필요할 수도 있다. 하지만 7주 이전의 약물적 임신중절은 수술적 방법보다 안전하고, 9주까지는 그 안전성이 검증되어 있다.

미페프리스톤의 개발과 시장화는 의학적이기보다는 정치적

인 경로를 걸어왔다. 처음 이 약물을 개발한 프랑스의 제약회사 '루쎌 위클라프'Roussel Uclaf의 이름을 달고 연구되던 RU-486은 시장에 출시되기 전부터 논란을 불러일으켰다. 1988년 9월, 6년간의 임상 시험 끝에 미페프리스톤이라는 성분명으로 프랑스에서 임신중절 약물로 승인되자, 거센 임신중지 반대 시위와 대중의 우려들이 속속 대두된다. 결국 이에 견디지 못한 루쎌 위클라프의 이사진들이 1988년 10월 시장 철수를 결정하지만, 프랑스 정부와 보건국이 나서 공중보건을 위해 약물을 생산해 줄 것을 요구한다. 프랑스 보건부 장관 클로드 에벵Claude Évin은 "나는 임신중지 논쟁이 여성에게서 의학 진보의 결과물을 빼앗아 가는 것을 허용하지 않겠다. 지금부터 미페프리스톤은 단지 제약 회사의 상품이 아니라 '여성을 위한 도덕적인 상품'moral property of women임을 프랑스 정부가 보장할 것이다"라고 말했다. 결국 미페프리스톤은 1990년 2월 '미프진'이라는 상품명으로 병원에서 판매되기 시작한다. 미프진은 곧 1991년 영국, 1992년 스웨덴에서 차례로 승인받았고, 2000년 9월부터는 미국 댄코Danco 제약에서 미페프렉스Mifeprex라는 상품명으로 승인받는다. 뉴질랜드의 사례는 특히 고무적이다. 1999년 프로초이스 의사들이 직접 나서 '이시타르'Istar라는 비영리 수입 회사를 만들었고, 3년간의 승인 과정 끝에 2001년부터 사용되었다. 현재 이 약은 아일랜드와 폴란드를 제외한 모든 유럽 국가와 북아메리카 포함, 66개국에서 승인, 판매되고 있고, 별도의 식약처 등재 없이 NGO 등을 통해 유통하는

	약물적 임신중절	수술적 임신중절
원리	약물을 이용하여 자궁 내막의 조직을 떨어뜨리는 것	자궁 내 조직을 흡입하는 것
장점	수술과 마취가 필요 없음 성공률 90~98퍼센트 항생제 필요 없음 비용 절감	병원에 1회만 내원 시간이 적게 걸림 성공률 99퍼센트 과다 출혈 방지
단점	생리통 정도의 복통 혼자 하혈을 경험. 1~2일 정도 시간 걸림	수술 과정과 이후에 통증 있음 감염, 자궁천공, 유착, 경부 손상의 위험성
시기	4~9주, 이후에는 의료 기관 관찰 하에	6~14주

표3 인공임신중절의 방법과 각각의 장단점

것까지 생각하면 100개국 이상에서 사용되고 있다.

나라별로 낙태법과 의료법, 유산유도약 도입 여부에 차이가 있고, 또 유산유도약이 식약처에 등록되어 있는지, 식약처에서 허가하는 약물 사용 기간이 몇 주인지 등에 따라 사용 실태가 달라진다. 하지만 공통적인 것은 일단 도입되면 그 사용량이 점차 많아지고, 접근성 또한 점차 높아진다는 것이다. 전체 인공유산에서 약물적 임신중절이 차지하는 비중은 2016년 기준, 미국 30퍼센트, 영국 62퍼센트, 프랑스 64퍼센트, 스위스 72퍼센트, 스웨덴 92퍼센트, 핀란드는 96퍼센트에 달한다.[22] 여기에는 축적된 안전성과 효과성에 대한 데이터들이 정책 결정 과정의 근거로 작용한다. 현재 1세계에서의 유산유도약 도입 논의는 원격 의료와 의무 기록 전산화 등을 이용해, 오지에 사는 여성이 좀 더 쉽게 접근할 수 있게 유산유도약 자판기를 설치하는 것을 고안하는 데까지 진행됐다.

아이러니하게도, 더 엄격한 기준의 낙태죄 관련 법규를 가지고 있는 나라들에서 은밀하게 보급되는 약과 정보가, 여성에게 더 많은 통제력과 안전을 보장해 나가는 중이다. 국가가 낙태죄와 그에 관련한 행정 정책들로 인공유산에의 접근성을 낮추고 여성의 건강권을 외면하는 동안, 세계의 여성주의 활동가와 건강권 활동가들은 핫라인과 네트워크를 만들었다. '위민온웹'Women on Web, '세이프투추즈'Safe2Choose, '위민헬프위민'Women Help Women, '지뉴이티건강프로젝트'Gynuity Health Projects, '태벗재단'Tabbot Foundation 등의 국제 NGO들은 원격 의료를 통한 면담과 우편으로 약물 발송 활동을 해왔다. 이외에도 전 세계 20여 개 이상의 풀뿌리 여성주의 단체들이 본인이 거주하는 지역에서 어떤 자원들을 이용할 수 있는지 등을 고려해, 임신중절과 관련한 정보와 상담을 제공하는 핫라인 역할을 하고 있다.[23] 이들은 성과 재생산권과 관련된 그외의 이슈들, 즉 피임, 건강한 계획 임신, 산후 출혈, 입양, 유산

22 https://en.wikipedia.org/wiki/Medical_abortion

23 International Campaign for Women's Right to Safe Abortion.
http://www.safeabortionwomensright.org/safe-abortion-3/safe-abortion-information-hotlines

후 관리 등에 대한 정보 제공도 동시에 담당한다. 유산유도약은 임신중단을 희망하는 여성들이 고식적이고 위험한 방법을 피할 수 있게 함으로써 개개인 여성의 생명을 살린다. 이 활동은 여기에 그치지 않고 사회의 인식을 개선시키고 결국 제도를 바꿔 낸다. 공중보건 측면에서 인공유산 핫라인과 지구적 연대의 긍정적인 역할을 평가하는 논문들도 세계 곳곳에서 발간되고 있다. 단체들은 여러 전략을 구사하는데, 공해의 배 위에서는 배가 속한 나라의 법을 적용받는 것을 이용, 낙태가 불법인 나라의 여성을 배에 태워 와 배 위에서 유산유도약을 나눠주는 활동으로 유명한 '위민온웨이브'Women on Waves를 포함해, 드론, 기차, 원격조종 로봇, 온라인 원격 의료 등을 이용한 창의적인 아이디어로 법의 경계를 넘나들 뿐만 아니라, 시민불복종 운동으로 악법에 저항하기도 한다. 2016년 아일랜드에서는 미프진을 소지한 여성이 검찰에 체포되자, 세 명의 여성이 경찰에 자진 출두해 자신이 약을 구하는 데 조력했다고 나섰고, 이어 200여 명이 넘는 시민이 자신이 약을 구하는 데 조력했고 앞으로도 조력하겠다는 성명을 냈다. 우리나라를 비롯한 세계 각지에서 개개인 여성이 본인의 경험을 공유하고 터부를 깨며, "유산을 한 나는 죄인이 아니다"라고 저항하는 말하기 작업도 이어지고 있다.

유산유도약은 보건의료 체계와 의사 – 환자 관계, 인공유산과 관련된 터부 측면에서 모두 전복적인 균열을 내기 시작했다. 이로써 의료진이 인공유산 시술 과정의 주요 행사자가 아니라, 여성 자신이 임신을 중단하는 주체가 된다. 보건의료인의 역할은 '시술을 하는 주체인 의사'에서 '약을 건네주는 의료인'으로, 관찰하고 모니터링하며 '위험이 있을 시에만 개입하는 조력자'로 변화했다. 이때 의료인은 반드시 의사일 필요가 없다. 간호사일 수도 조산사일 수도, 훈련받은 활동가일 수도 있다.[24] 풀뿌리 단체에서 국제 NGO까지, 여성이 여성을 돕는 연대는 점차 커지고 있고, 그에 비례해 낙태하다 죽는 여성의 수가 줄고 있으며, 더 많은 여성이 약과 정보를 양손에 쥐고 있다.

피임과 성교육

2011년 전국 인공임신중절 변동 실태 조사[25]에 따르면, 임신중절 경험이 있는 응답자 가운데, 당시 피임을 하지 않은(못한) 응답자가 62.2퍼센트, 피임을 했으나 실패했다는 응답자가 37.8퍼센트이다. 피임을 하지 않은(못한) 이유를 살펴보면, 학력 수준이 낮을수록 임신을 예상하지 못하는 경우가 많았고, 파트너가 피

---

24 WHO에서도 인공유산과 관련된 보건의료 서비스에 있어 탈중앙화와 분권화가 필요하고, 훈련된 활동가, 조산사, 간호사, 약사의 역할이 분담되어야 함을 강조하고 있다. World Health Organization, *Health Worker Roles in Providing Safe Abortion Care and Post-Abortion Contraception*, World Health Organization, 2015.
25 손명세 외, "전국 인공임신중절 변동 실태 조사", 보건복지부, 2011.

60	50	40	30	20	10	0

52.8% 이번에 임신이 될 줄 몰라서

19.7% 피임 방법을 알고는 있었지만 사용할 생각을 하지 못해서

10.2% 예기치 않은 관계 또는 원치 않은 관계

5.5% 파트너가 피임을 원치 않거나 임신을 원해서

3.9% 피임 도구를 준비하지 못해서

3.1% 피임 방법에 대해 제대로 알지 못해서

표4 인공임신중절 경험자 중 피임을 하지 않은(못한) 이유(2008-2010)
손명세 외, "전국 인공임신중절 변동 실태 조사", 보건복지부, 2011

임을 원치 않았거나, 피임 도구가 준비되지 않았거나, 피임에 대한 지식이 부족한 것 등의 이유가 많았다. 특히 미혼·비혼 여성은 예기치 않은 성관계나 피임법에 대한 지식 부족으로 피임을 하지 않은(못한) 비율이 기혼자보다 높았다.

원치 않은 임신은 언제나 있어 왔다. 피임 도구 사용 거부나 준비되지 않은 섹스, 강간과 같은 이유 이외에도 적절한 피임을 했음에도 자연적으로 실패하는 경우(콘돔 10~12퍼센트, 피임약 3~7퍼센트)도 늘 존재한다. 지난 10년간 우리나라 기혼 여성의 피임 실천율이 54퍼센트에서 63퍼센트로 증가하면서 의도하지 않은 임신이 1000명당 69에서 55건으로 감소했다.[26] 따라서 피임법에 대한 접근성을 높이고, 성교육을 병행해 더욱더 효과적인 피임법을 알리는 일이 중요하다. 피임은 단순히 임신을 피하는 것이

피임 방법	이용 비율(%)
난관 수술	7.6
정관 수술	23.0
자궁 내 장치	12.4
사전경구피임약	2.9
사후경구피임약	0.5
콘돔	30.2
살정제	0.4
월경주기법	31.5
질외사정법	24.8
기타	0.2

(응답자 수: 8219명)

표5 현재 피임 중인 여성(15-49세)과 배우자의 피임 방법(중복 응답)
이삼식 외, "2015년 전국 출산력 및 가족보건·복지 실태 조사", 한국보건사회연구원, 2015

아니라, 언제 임신과 출산을 할지를 포함해 본인의 인생을 주체적으로 계획한다는 데 의의가 있다. 임신 공포에서 벗어난 쾌락도 중요하고, 건강, 미래, 파트너를 위한 성병 예방도 중요하다. 모두에게 주체적인 성적 권리와 재생산권의 중요성에 대한 교육과 인식 전환이 이루어질 때 피임을 자연스럽게 받아들이게 될 것이다. 더 안전하고 효과적인 피임법에 대한 연구도 필요하다.

26 이삼식 외, "2015년 전국 출산력 및 가족보건·복지 실태 조사", 한국보건사회연구원, 2015.

응급 피임약에 대한 논의도 더 이루어져야 한다. 대부분의 여성이 자신의 임신 가능성을 과소평가하여 응급 피임을 하지 않는다. 그러나 응급 피임약의 피임률도 과대평가되어 있다. 응급 피임에 대한 더 많은 연구와 적절한 사용, 공론화가 필요하다.

모두에게 건강을 추구할 권리를

생명권 대 선택권의 이분법으로 임신중지 이슈를 바라보기는 쉽다. 그리고 생명은 너무나도 강력한 가치이기 때문에 어쩌면 그 답은 정해져 있다. 하지만 임신이 일어나고 있는 여성의 몸, 삶, 시간은, 그리고 인생의 어떤 시점, 어떤 환경에 있는지는 그 이분법만으로 설명될 수 없다. 어릴 적 성폭력으로 인한 원치 않은 임신을 인공유산으로 종결했던 여성이, 결혼 후 난임으로 찾아왔다. 여러 번의 인공수정 끝에 커플은 기다리던 임신에 성공했다. 임신 16주, 혈액 기형아 검사상 다운증후군이 의심되었다. 가이드라인대로 양수 검사를 권유했으나, 여성은 고민 끝에 다시 찾아와 검사를 받지 않겠다고 말했다. 어떤 결과가 나오더라도 본인은 임신을 유지할 것이기에 양수 검사가 필요 없다고. 그렇다면 이 여성은 생명 옹호론자인가 선택권 옹호론자인가. 인생의 어떠한 지점에서 어떤 선택을 내리는지는 스펙트럼과도 같다. 본인과 가족의 삶과 건강을 누구보다도 치열하게 고민하고, 가장 적절한 답을 내릴 수 있는 것은 여성 자신이며, 그 결정은 생명과 선택의 이분법으로 다 설명되지 않는다.

대중은 언제부터를 생명으로 정의하는가, 언제부터 태아가 고통을 느끼는가와 같은 질문의 답을 의학에게 구한다. 하지만 지금까지 봐왔듯이, 의학적 개념 역시 시대와 장소에 따라 변하고, 의학 발전의 과정에 따라 또 다른 지식이 생겨나기도 한다. 의학과 보건의료 제도의 역할은 많은 이들이 오해하는 것처럼 선택을 내려 주는 심판자의 역할이 아니라, 당면한 여성이 어떤 선택을 하든지 간에 안전하고 건강하게 그 과정을 통과할 수 있도록 조력하는 것이다.

안전한 임신중절에의 접근권은 단지 시술이나 약 자체뿐만 아니라 법적 층위, 의학적 배경, 건강보험 체계, 여성의 사회적 지위와 하나하나 연결되어 있다. 출산이든 임신중절이든, 그것이 진정 여성의 오롯한 선택이었던 적이 있는가. 낙태 근절 비디오가 아니라 월경주기와 가임기 계산법을 학교에서 배우고, 약국에서 약사와 눈 마주치며 "피임약 주세요"라고 말할 수 있고, 파트너의 성기에 내가 좋아하는 향의 콘돔을 끼울 수 있고, 임신했다고 학교에서 퇴학당하지 않고, 결혼 여부와 관계없이 출산을 지원받을 수 있고, 임신중절과 출산에 똑같이 건강보험을 적용받고, 무엇을 선택하든 소독된 진료대 위에 누워 경험 있는 의료진에 의해 안전하고 적절한 시술을 받을 수 있고, 아이 걱정 없이 직장에 다닐 수 있고, 내 아이가 엄마만 있는지 부모가 다 있는지에 따라 차별받지 않을 때, 우리는 출산을 '선택'할지 임신중지를

'선택'할지 이야기할 수 있을 것이다. 그 전까지는, 적어도 현재를 '살고' 있는 순간순간의 선택 속에서, 우리 모두에게 건강을 추구할 권리가 있다. 안전한 임신중절을 받을 수 있는 권리는 누구나 마땅히 누릴 수 있어야 한다.

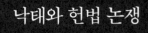

낙태와 헌법 논쟁

최현정

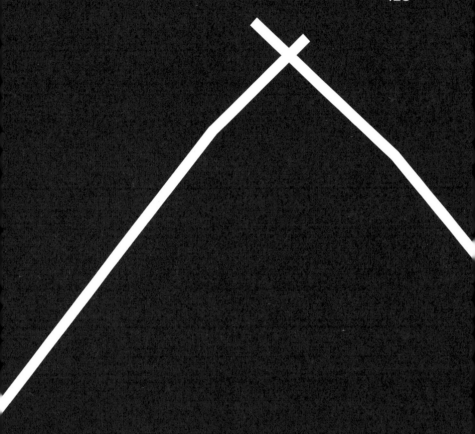

2010년 1월, 임신 6주인 여성 B가 조산사 A의 조산원에 찾아와 낙태 수술을 해달라고 부탁했다. B는 다른 병원 몇 곳을 찾아갔지만 모두 거절당했다. 당시는 산부인과 의사들이 낙태 수술을 꺼리던 시기였다. 두 달 전인 2009년 11월, '진정으로 산부인과를 걱정하는 의사들 모임' 소속 의사들이 '낙태 근절 선포식'을 하면서, 낙태 수술을 시행하는 병원·의원을 2010년 1월 1일부터 고발할 방침이라고 밝혔기 때문이다.[1] 의사들은 낙태 수술을 거절하거나 평소의 10배가 넘는 수술비를 요구했다. 많은 여성이 B처럼 낙태 수술이 가능한 병원을 찾아다녀야 했다. A는 처음에 거절하다가, B가 거듭 부탁을 하자

결국 낙태 수술을 해주었다. A는 업무상동의낙태죄로 기소되어 재판을 받는 과정에서 헌법재판소에 형법 조항의 위헌 여부에 대한 심판을 청구했다. 이로써 한국에서는 처음으로 낙태죄의 위헌 여부가 헌법재판소의 판단을 받게 되었다(헌법재판소 2012/08/23자 2010헌바402결정, 이하 '2010헌바402결정').

당시 헌법재판관 한 명의 부재로 8명의 재판관이 심리를 했고, 그중 4명이 합헌 의견, 4명이 위헌 의견을 냈다.[2] 위헌 결정을 위해서는 헌법재판관 6명의 위헌 의견이 필요한데 이에 미치지 못했기 때문에, 자기낙태죄와 업무상동의낙태죄는 형법에 그대로 남게 되었다. 그러나 헌법재판소의 결정에도 불구하고 낙태죄 조항이 여성의 권리를 침해한다는 위헌성 논쟁은 여전하다. 이 글에서는 '2010헌바402결정'을 중심으로, 낙태죄를 둘러싼 기본적인 쟁점들을 살펴보고자 한다.

낙태죄의 체계

청구인 A는 형법 제270조 제1항의 업무상동의낙태죄로 기소되었다. 이 조항에 따르면, 의사, 한의사, 조산사, 약제사, 약종상(이하

---

1 "진오비, '낙태 근절' 선포…… '낙태 시술 병원 고발'", <청년의사>(2009/11/01).
2 합헌 의견을 낸 재판관은 김종대, 민형기, 박한철, 이정미이고, 위헌 의견을 낸 재판관은 이강국, 이동흡, 목영준, 송두환이다.

형법 제27장 낙태의 죄

제269조(낙태)
① 부녀가 약물 기타 방법으로 낙태한 때에는 1년 이하의 징역 또는 200만 원 이하의 벌금에 처한다[자기낙태죄].
② 부녀의 촉탁 또는 승낙을 받아 낙태하게 한 자도 제1항의 형과 같다[동의낙태죄].
③ 제2항의 죄를 범하여 부녀를 상해에 이르게 한 때에는 3년 이하의 징역에 처한다. 사망에 이르게 한 때에는 7년 이하의 징역에 처한다[동의낙태치사상죄].

제270조(의사 등의 낙태, 부동의낙태)
① 의사, 한의사, 조산사, 약제사 또는 약종상이 부녀의 촉탁 또는 승낙을 받아 낙태하게 한 때에는 2년 이하의 징역에 처한다[업무상동의낙태죄].
② 부녀의 촉탁 또는 승낙 없이 낙태하게 한 자는 3년 이하의 징역에 처한다[부동의낙태죄].
③ 제1항 또는 제2항의 죄를 범하여 부녀를 상해에 이르게 한 때에는 5년 이하의 징역에 처한다. 사망에 이르게 한 때에는 10년 이하의 징역에 처한다[업무상/부동의 낙태치사상죄].
④ 전 3항의 경우에는 7년 이하의 자격 정지를 병과한다.

'의사 등')이 여성의 부탁이나 승낙을 받고 낙태 수술[3]을 해주면 2년 이하의 징역에 처한다. 당사자인 여성은 형법 제269조 제1항의 자기낙태죄에 해당해, 1년 이하의 징역이나 200만 원 이하의 벌금으로 처벌받는다. 낙태 수술을 한 의사 등과 수술을 받은 여성은 공범이다. 뇌물죄와 비슷하다. 뇌물을 준 사람이 있으면 받은 사람이 있을 수밖에 없으므로 이들은 공범이고, 뇌물을 준 사람은 뇌물공여죄, 뇌물을 받은 사람은 뇌물수수죄로 처벌된다. 이런 관계 때문에, 헌법재판소는 업무상동의낙태죄의 위헌 여부를 판단하기 위해 먼저 자기낙태죄의 위헌 여부를 판단했다. 낙태한 여성을 처벌하는 조항이 위헌이라면, 논리상 그 여성의 부탁을 받고 낙태 수술을 해준 의사 등을 처벌하는 조항도 당연히 위헌이 되기 때문이다.

한편, 의사 등이 아닌 사람이 여성의 부탁이나 승낙을 받고 낙태 수술을 해주었다면 동의낙태죄에 해당하는데, 의사 등보다는 가볍게 처벌된다(동의낙태죄는 자기낙태죄와 법정형이 같다).[4] 당사자 여성의 부탁이나 승낙도 받지 않고 낙태 수술을 했다면, 의사 등

---

3 형법은 "낙태"를 정의하고 있지는 않다. 대법원은 낙태란 '태아를 자연분만기에 앞서서 인위적으로 모체 밖으로 배출하거나 모체 안에서 살해하는 행위'라고 정의하고, 그 결과 태아가 사망했는지 여부는 죄의 성립에 영향이 없다고 판시한 바 있다(대법원 2005/04/15선고 2003도2780판결).
4 형법 제269조(낙태) 제1항, 제2항.

에 해당하는지 여부와 상관없이 부동의낙태죄로 3년 이하의 징역에 처한다. 낙태 수술을 하다가 여성이 상해를 입었거나(낙태치상) 사망했다면(낙태치사) 더 무겁게 처벌한다.[5] '낙태죄'라고 하면 위 다섯 가지 유형(자기낙태죄, 업무상동의낙태죄, 동의낙태죄, 부동의낙태죄, 낙태치사상죄)을 모두 포괄한다.

그런데 모든 낙태가 금지되는 것은 아니다. 모자보건법 및 같은 법 시행령이 정하고 있는 일정한 요건을 갖추면 처벌되지 않는다. 그러나 그 요건을 충족시키기가 만만치 않다. 우선, 본인이나 배우자가 우생학적·유전학적 정신장애나 신체 질환이 있는 경우,[6] 전염성 질환이 있는 경우,[7] 강간 또는 준강간에 의하여 임신한 경우, 법률상 혼인할 수 없는 혈족 또는 인척간에 임신한 경우, 임신의 지속이 모체의 건강을 심각하게 해치고 있거나 해칠 우려가 있는 경우 중 하나여야 한다. 여기에 더하여 배우자(사실혼 관계 포함)의 동의가 있어야 하고, 임신 24주 이내여야 하며, 의

---

5 형법 269조(낙태) 제3항, 형법 제270조(의사 등의 낙태, 부동의낙태) 제3항.
6 연골무형성증, 낭성섬유증 및 그 밖의 유전성 질환으로, 그 질환이 태아에 미치는 위험성이 높은 질환이어야 한다. 모자보건법 시행령 제15조 제2항 참조. 이 장애와 질환의 종류는 문언 그대로 '우생학적' 이유로 정해졌다. 위 조항이 2009년 7월 7일에 개정되기 전에는 유전성 정신분열증, 유전성 조울증, 유전성 간질증, 유전성 정신박약, 유전성 운동신경원 질환, 혈우병, 현저한 범죄 경향이 있는 유전성 정신장애가 포함되어 있었다.
7 풍진, 톡소플라즈마증 및 그 밖의 의학적으로 태아에 미치는 위험성이 높은 전염성 질환으로 한다. 모자보건법 시행령 제15조 제3항 참조.

사에 의한 수술이어야 한다. 즉, 청구인과 같은 조산사가 낙태 수술을 했다면, 조산사와 수술받은 여성은 처벌을 피할 수 없다.

'낙태죄 폐지'는 자기낙태와 함께 동의낙태, 업무상동의낙태의 비범죄화까지 요청하는 것일 수밖에 없다. 여성의 자기낙태가 죄가 아니라면, 여성의 부탁 또는 승낙을 받고 낙태 수술을 한 사람도 처벌받아서는 안 되기 때문이다.

자기낙태죄가 제한하는 여성의 기본권

자기낙태죄가 제한하는 기본권으로 가장 먼저 떠올리는 것은 여성의 자기운명결정권이다. 2010헌바402결정에서 헌법재판관들도 자기낙태죄 조항이 제한하는 기본권은 임부의 자기운명결정권이라고 보았다. 그리고 "자기운명결정권에는 임신과 출산에 관한 결정, 즉 임신과 출산의 과정에 내재하는 특별한 희생을 강요당하지 않을 자유가 포함되어 있다"고 하며, 여성의 임신·출산에 관한 결정권도 자기운명결정권의 내용이라고 보았다. 헌재가 임신과 출산에 관한 결정권, 낙태의 자유를 자기운명결정권에 포함시킨 것은 의미 있다.

그러나 현실에서 자기낙태죄가 제한하는 여성의 기본권은 단지 "임신과 출산의 과정에 내재하는 특별한 희생을 강요당하지 않을 자유"에 국한되지 않는다. 2010헌바402결정에서 반대 의견은 "원하지 않은 임신 내지 출산이 모母와 태아 그리고 우리 사

자기(운명)결정권

자기결정권은 헌법에 명문으로 규정되어 있지 않으나, 헌법재판소는 헌법 제10조 제1문에 대한 해석을 통해 자기결정권을 헌법상의 기본권이라고 판시한 바 있다. 헌법 제10조 제1문은 "모든 국민은 인간으로서의 존엄과 가치를 가지며, 행복을 추구할 권리를 가진다"고 선언하여 개인의 인격권과 행복추구권을 보장하는데, 헌법재판소는 인격권과 행복추구권의 전제가 자기결정권이라고 보았다. 구체적인 내용은 사안에 따라 다양하게 확인된다. 예를 들어, 성행위 여부 및 그 상대방을 결정할 수 있는 성적 자기결정권(헌법재판소 2015/02/26자 2009헌바17 결정), 죽음에 임박한 환자의 연명 치료 중단에 관한 자기결정권(헌법재판소 2009/11/26자 2008헌마385결정), 자신에 관한 정보가 언제 누구에게 어느 범위까지 알려지고 또 이용되도록 할 것인지를 그 정보 주체가 스스로 결정할 수 있는 개인정보 자기결정권(헌법재판소 2005/05/26자 99헌마513결정, 2004헌마190결정. 단 이 경우에는 헌법 제10조 제1문과 함께 사생활의 비밀과 자유를 보장하는 헌법 제17조도 근거가 된다) 등이 있다. 그리고 낙태죄 위헌 여부를 판단한 2010헌바402결정에서 '임신과 출산에 관한 결정, 임신과 출산의 과정에 내재하는 특별한 희생을 강요당하지 않을 자유'도 자기결정권에 포함된다고 본 것이다.

회 전체에 불행한 결과를 초래할 수 있다는 현실(미혼모, 해외 입양, 영아 유기, 치사, 고아 문제 등)을 감안"해야 한다고 하나, 역시 부족한 감이 있다. 여성이 출산 여부를 결정할 때에는 자신의 직업, 경력, 건강, 파트너와의 관계 등을 모두 고려한다. 아이를 낳아서 양육할 경우 여성의 책임은 출산으로 종료되지 않기 때문이다. 여전히 많은 여성이 임신·출산으로 인해 노동을 중단하고,[8] 학업을 중단하기도 한다. 이런 점에서 낙태의 자유는 제32조 제4항의 근로의 권리,[9] 제31조 제1항 교육받을 권리[10]와 관련이 있다.[11] 임신을 계기로 혼인 여부를 고민하게 된다면, 이는 헌법 제36조 제1항 혼인과 가족생활에 관한 권리[12]와 연결된다. 낙태 수술은 여성의 건강에도 영향을 주기 때문에 제36조 국가의 모성보호 의무 및 국민의 보건권[13] 문제이기도 하다. 자기낙태죄 조항

---

8 2017년 여성의 고용률은 40대 후반이 69.7퍼센트로 가장 높고, 20대 후반(69.6퍼센트), 50대 전반(66.3퍼센트) 순으로 나타나며, 35-39세 고용률이 59.1퍼센트로 가장 낮아서 여전히 M자형으로 나타난다. 또한 여성의 고용률은 50.8퍼센트로, 남성의 고용률(71.2퍼센트)보다 20.4퍼센트 낮다. 통계청, "2018 통계로 보는 여성의 삶", 2018.

9 헌법 제32조 ④ 여자의 근로는 특별한 보호를 받으며, 고용·임금 및 근로조건에 있어서 부당한 차별을 받지 아니한다.

10 헌법 제31조 ① 모든 국민은 능력에 따라 균등하게 교육을 받을 권리를 가진다.

11 정철, "헌법재판소의 낙태결정(2010헌바402)에 대한 헌법적 검토", 『헌법학연구』19권 2호, 한국헌법학회, 2013.

12 헌법 제36조 ① 혼인과 가족생활은 개인의 존엄과 양성의 평등을 기초로 성립되고 유지되어야 하며, 국가는 이를 보장한다.

으로 인하여 여성은 원치 않는 임신을 감내하는 노동을 강요당하고, 몸의 현격한 변화와 불편, 산고를 겪어야 한다는 점에서 제12조의 신체의 자유[14]와도 연결된다. 자녀의 터울이나 수를 조절하기 위하여 낙태를 하는 경우도 많은데, 이렇게 본다면 재생산권[15]을 제한하는 것이다. 여성이 남성과 성관계를 할 경우 피임을 하더라도 임신의 가능성이 없지 않다는 점에서, 낙태의 제한은 여성의 성적 자기결정권을 크게 제한한다. 사생활에 대한 국가의 개입이라는 점에서 본다면 헌법 제17조 사생활의 비밀과 자유[16]에 대한 제한이다. 남성은 하지 않는 경험이라는 점에서는 제11조의 평등권, 제36조의 혼인과 가족생활에 있어서의 성평등 원칙과 관련을 맺는다.

하나의 사안에서 여러 기본권이 경합하는 경우, 헌법재판소는 사안과 가장 밀접한 관계에 있고 또 침해 정도가 큰 주된 기본권을 중심으로 침해 여부를 판단한다.[17] 그렇더라도 낙태죄가 제한하는 기본권을 풍부하게 포착하고 주장하는 일은 필요하다. 낙태를 둘러싼 개인의 경험을 더 입체적으로 파악할 수 있기 때문이다.

13 오승이, "법여성학상의 낙태권 이론: 임신 상황이 기본권 주체성에 미치는 영향을 중심으로", 『공익과 인권』 4권 2호, 서울대학교 공익인권법센터, 2007.
14 오승이, 앞의 글.
15 헌법재판소가 재생산권을 기본권으로 설시한 결정은 아직 없다.
16 헌법 제17조 모든 국민의 사생활의 비밀과 자유를 침해받지 아니한다.
17 헌법재판소 1998/04/30자 95헌가16결정.

낙태죄 처벌 조항은 태아의 생명을 보호할까?

2010헌바402결정의 합헌 의견과 위헌 의견은 모두 자기낙태죄의 입법 목적이 태아의 생명을 보호하는 것이어서 정당하다고 보았다. 그러나 자기낙태죄 조항이 태아의 생명을 보호한다고 보기에는 법 자체에 모순이 많다. 앞서 보았듯, 모든 낙태가 금지되는 것은 아니다. 바꾸어 말하면, 모든 태아가 생명으로서 보호되는 것은 아니다. 모자보건법 제14조에 따르면, 본인이나 배우자가 우생학적 또는 유전학적 정신장애나 신체 질환이 있거나 전염성 질환이 있는 경우에는 낙태할 수 있다. 법은 본인이나 배우자에게 장애가 있다면 그들의 태아는 낙태죄로 보호할 가치가 없다고 선언하고 있는 것이다.

태아의 보호 여부는 심지어 배우자가 낙태 수술에 동의했는지의 여부에 의존한다. 강간이나 준강간으로 인한 임신의 경우에도, 태아의 보호 가치는 윤리적 이유뿐만 아니라 배우자의 동의 여부에 따라 달라지는 것이다. 여기에서 배우자는 누구일까? 여성의 법적 배우자인가? 태아의 생부(성폭력의 가해자)를 의미하는가? 배우자가 없는 여성은 누구의 동의를 받아야 하는가?[18]

---

18 이연우, "낙태 범죄화와 여성 섹슈얼리티 통제: 낙태죄 합헌 결정(헌법재판소

'낙태죄'가 실제로 작동하는 상황을 보면 '낙태죄'가 보호하는 것이 태아의 생명이라는 주장에 동의하기가 더욱 어렵다. 앞서 보았듯, 낙태한 여성과 낙태 수술을 한 의사 등은 공범 관계이므로, 이들이 상대방을 고발할 가능성은 매우 낮다. 헤어진 남자 친구나 전 남편이 여성을 낙태죄로 고발한 사례가 종종 보도되는데,[19] 이런 악의적인 고발이 없는 한 수사기관이 낙태 사실을 인지하기 어렵다. 이런 악의적인 고발에 따라 수사하고 여성과 의사 등을 처벌하는 것이 태아의 생명을 보호하기 위한 조치라고 할 수 있을까?

2012/08/23 선고 2010헌바402결정)에 부처", 『공익과 인권』 세15호, 서울내학교 공익인권법센터, 2015. 모자보건법 제14조 제2항은 '배우자의 사망·실종·행방불명, 그 밖에 부득이한 사유로 동의를 받을 수 없으면 본인의 동의만으로 그 수술을 할 수 있다'고 규정하고 있는데, 문언을 보면 배우자가 존재했음을 전제로 그 배우자의 사망·실종 등 부득이한 사정이 있을 때에 한하여 예외를 인정한 것으로 해석된다. 이와 달리 해석될 가능성이 있다고 하더라도, 핵심적인 문제는 배우자 동의 요건이 가져오는 효과이다. 두 번째로 낙태죄의 위헌 여부를 심리하면서 열렸던 공개 변론(2018/05/24)에서, 청구인 측 참고인 고경심 산부인과 전문의는 병원이 낙태 수술을 받으려는 모든 여성에게 관행적으로 남성 파트너의 동의서를 요구한다고 진술했다. 남성 파트너에 의한 형사 고발을 막기 위한 요식행위라는 것이다. 이에 대하여 이연우는 낙태하고자 하는 여성은 "출산과 육아를 할 수 없다고 결정을 내리게 된 가장 큰 요인일 그 남성 파트너를 찾아가 자신의 몸에 대한 통제 권한을 구걸하거나, 다른 남성에게 그 역할의 대행을 요청해야" 하고, '성인 여성의 몸에 대한 통제 권한이 일차적으로는 배우자에게, 부차적으로는 타 남성에게 있다는 것은 바로 가부장제의 사전적 정의'라고 정확하게 지적한다.
19 "헤어진 남자 친구 아이 지웠더니 '낙태죄' 고발", <오마이뉴스>(2010/07/26).

발달단계의 전 과정에서 동일한 보호받아야 한다는 전제

태아가 낙태죄의 객체가 되는 때는 수정 후 14일경, 수정란이 자궁에 착상한 때부터이다.[20] 2010헌바402결정의 합헌 의견은 태아가 비록 그 생명의 유지를 위하여 모체에 의존해야 하지만, "그 자체로 모(母)와 별개의 생명체이고 특별한 사정이 없는 한 인간으로 성장할 가능성이 크기 때문"에 태아도 헌법상 생명권의 주체이고, 그 성장 상태가 보호 여부의 기준이 되어서는 안 된다고 보았다. 헌법이 태아를 보호하는 이유는 "그것이 인간으로 될 예정인 생명체이기 때문이지, 그것이 독립하여 생존할 능력이 있다거나 사고 능력, 자아 인식 등의 정신적 능력이 있는 생명체라는 이유 때문이 아니"라고 한다. 그러면서 "수정이 되었다고 하여 수정란이 정상적으로 자궁에 착상할 가능성이 아주 높은 것은 아니며, 그 단계에서는 임신 여부를 확인하기도 어려우므로" 자궁에의 착상을 전후로 수정란을 달리 취급하는 것은 합리적이라고 보았다.[21]

---

20 헌법재판소 2012/08/23자 2010헌바402결정.

21 헌법재판소가 자궁에의 착상 전후로 수정란을 달리 취급하는 것이 합리적이라고 언급한 이유는, 착상 전의 '초기 배아'는 기본권의 주체가 아니라고 판시한 2010년의 결정 때문이다(헌법재판소 2010/05/27/자 2005헌마346결정). '초기 배아'는

그런데 착상만 하면 특별한 사정이 없는 한 인간으로 성장할 가능성이 클까? 국민건강보험공단이 2008~2010년 건강보험 진료비 지급 자료를 토대로 분만 진료 인원 1000명 대비 자연유산 진료 인원을 분석한 결과, 2008년엔 35.3명, 2010년엔 35.8명의 여성이 자연유산을 했다.[22] 자연유산은 태아의 염색체 또는 유전자의 이상, 모체의 감염 등으로 인해 임신 20주 이내에 임신이 종결되는 것을 의미한다. 이 자연유산의 80퍼센트 이상은 임신 12주 이내에 발생한다. 합헌 의견의 전제와 달리 실제로는 꽤 많은 태아가 착상을 하더라도 인간으로 성장하지 못한 채 출생 전에 '사망'하는 것이다. 이를 피하기 위하여 출산을 원하는 여성은 특별한 노력을 기울여서 태아를 키워 낸다. 태아의 성장은 전적으로 모체에 의존하므로 임부는 영양 섭취에 주의한다. 임신의 전 기간 동안 산전 관리를 받고, 알콜·카페인·기타 약물 섭취를 제한하는 경우도 많다. 이런 태아의 모체 의존성은 임신한 여성을 비난하는 근거로 끊임없이 활용되지만, 정작 낙태죄와 관련

기본권의 주체가 아니므로 헌법상 기본권인 생명권의 주체도 될 수 없다. 다만 위 2005헌마346결정에서 헌법재판소는 '초기 배아'가 기본권의 주체가 아니라고 하더라도 '형성 중의 생명'이라는 독특한 지위에 있으므로, 국가가 이를 적극적으로 보호할 의무가 있다고 보았다. 2010헌바402결정은 '초기 배아'는 기본권의 주체가 될 수 없다는 기존의 판시는 유지하면서, 이와 달리 착상 후의 배아(태아)는 기본권의 주체이며 생명권의 주체라고 판시한 것이다.

22 "최근 3년 자연유산 진료 인원 분석 결과", 보건복지부 보도자료(2011/04/29).

한 논의에서는 모두 삭제되는 것이다. 합헌 의견은 여성이 아무런 역할을 하지 않아도 태아가 스스로 인간으로 성장하는 것처럼 보고 있다.

정반대의 현실도 있다. 난임 부부들이 체외수정을 시도할 때에는 임신율을 높이기 위하여 여러 개의 배아를 이식한다. 그런데 이 경우 다태아 임신 가능성이 높아지기 때문에, 두 개 이상의 배아가 착상되면 선택적 유산을 한다.[23] 배아가 자궁에 착상하면 낙태죄의 객체가 되므로, 선택적 유산도 엄연히 낙태죄의 구성요건에 해당한다. 다태아 임신이라는 사실만으로는 모자보건법상 낙태 허용 사유인 '임신의 지속이 보건의학적 이유로 모체의 건강을 심각하게 해치고 있거나 해칠 우려가 있는 경우'에 해당하기도 어렵다. 법원은 그 사유를 매우 좁게 해석하고 있기 때문이다.[24] "배아가 자궁에 착상을 하면 특별한 사정이 없는 한 인간으로 성장할 수 있다"라고 단언할 수 없는 시대이다.

---

23 김선혜, "'보조생식기술 시대'의 낙태 논쟁", 『성과재생산×IL과 젠더 3차 포럼 자료집』, 장애여성공감, 2016.

24 "'임신의 지속이 보건의학적 이유로 모체의 건강을 심히 해하고 있거나 해할 우려가 있는 경우'라 함은 임신의 지속이 모체의 생명과 건강에 심각한 위험을 초래하게 되어 모체의 생명과 건강만이라도 구하기 위하여 인공임신중절 수술이 부득이하다고 인정되는 경우를 말한다"는 것이 법원의 해석이다(대법원 2005/04/15선고 2003도2780판결). 다소 극단적인 사례이지만, 미국의 나디아 슐먼이라는 여성은 1차 체외수정을 통해 6쌍둥이를, 2차 체외수정을 통해 8쌍둥이를 출산하여 화제가 되었다. 김선혜, 앞의 글.

선택적 유산
Selective Abortion

체외수정은 난자와 정자를 시험관에서 수정시켜 2~6일간 배양한 후, 이식관을 이용해 그 배아를 자궁 속에 넣어주는 기술로, 한국에서 전체 출생아의 1퍼센트 이상, 유럽 몇몇 국가에서는 전체 출생아의 5퍼센트 이상이 체외수정에 의해 출생할 만큼 보편적 난임 치료 방법이다.[25] 그런데 체외수정을 통한 임신(착상) 성공률은 25~30퍼센트 정도이므로 성공률을 높이기 위해 여러 개의 배아를 이식한다.[26] 2014년 체외수정 시술 1회당 이식한 배아 수를 살펴보면, 1개를 이식한 경우는 6297건으로 17.4퍼센트만을 차지한다. 2개가 1만 8470건(51.0퍼센트), 3개가 9368건(25.9퍼센트), 4개가 1812건(5.0퍼센트), 6개 이상이 26건(미응답 4766건은 제외)이었다.[27]

여러 개의 배아를 이식하면 2개 이상의 배아가 착상할 수 있는데(다태 임신), 그 수가 많으면 많을수록 산모와 태아 모두에게 합병증과 사망 위험성이 높아진다. 이에 임신 초기에 둘이나 셋의 배아만 남기고 나머지는 유산시키는 시술을 선택적 감수술(selective reduction)이라 하는데, 염화칼륨 등의 물질을 태낭 내에 직접 주입하거나 태낭을 흡입하는 방법 등이 있다.[28]

자연임신의 경우 다태아 출생 비율은 2퍼센트이지만, 체외수정의 경우 다태아 임신은 전 세계에서 30퍼센트 정도로 보고된다. 이런 선택적 유산도 형법 제269조 제1항, 제270조 제1항의 낙태에 해당한다. 착상 후의 배아는 낙태죄의 객체인 '태아'이고, 선택적 감수술은 하나 이상의 태아를 '자연분만기에 앞서서 인위적으로 모체 밖으로 배출하거나 모체 안에서 살해하는 행위'이기 때문이다. 또한 대법원의 태도에 비추어 볼 때 다태아 임신이라는 이유만으로 '모체의 생명과 건강만이라도 구하기 위하여 인공임신중절 수술이 부득이하다고 인정되는 경우'라고 할 수도 없다. 그럼에도 사회적으로나 법적으로 선택적 유산을 태아의 생명을 침해하는 행위로 인식하거나 낙태죄로 처벌하여야 하는 행위라고 판단하지는 않는다.[29]

설령 착상 시의 수정란이 생명권의 주체가 된다고 보더라도, 착상 시부터 출산할 때까지 발달단계의 전 과정에 걸쳐 동일하게 보호해야 한다는 전제도 현행법과 전혀 맞지 않다. 이에 대하여는 2010헌바402결정의 반대 의견이 적절하게 지적했다. 현행법에 따르면 임부가 태아를 낙태하는 경우 1년 이하의 징역 또는 200만 원 이하의 벌금에 처하지만, 산모가 분만 중 혹은 분만 직후에 영아를 살해했다면 영아살해죄가 성립하고 10년 이하의 징역에 처한다.[30] 사람을 살해하면 사형, 무기 또는 5년 이상의 징역에 처하는 반면, 착상 전의 수정란에 대해서는 형법상 어떠한 보호도 하지 않고 있다. 즉, "국가가 생명을 보호하는 입법적 조

---

25 대한산부인과학회, 『산부인과학 지침과 개요』 4판, 군자출판사, 2015.

26 김선혜, 앞의 글.

27 황나미 외, "2014년 난임 부부 지원사업 결과 분석 및 평가", 보건복지부, 2015.

28 이수윤 외, "쌍태임신에서 임신 제2삼분기에 시행된 맞춤형 선택적 유산에 관한 연구", *Obstetrics and Gynecology* 50(12), 대한산부인과학회, 2007.

29 김선혜, 앞의 글.

30 형법 제251조 영아살해죄는 "직계존속"이 치욕을 은폐하기 위하거나 양육할 수 없음을 예상하거나 특히 참작할 만한 동기로 인하여 분만 중 또는 분만 직후의 영아를 살해한 때에 적용되고, 직계존속이 아닌 사람이 영아를 살해한 경우에는 살인죄(형법 제250조 제1항)가 적용된다. 본문에는 "산모"를 예로 들었는데, 직계존속은 부모와 조부모(친가/외가)를 모두 포함하는 용어다. 직계존속은 모두 본죄의 주체가 된다고 보는 것이 학계의 통설인데, 이와 달리 대법원은 법률상 배우자가 아닌 사실상 동거 관계에 있는 남녀 사이에 영아가 분만되어 그 남자가 영아를 살해한 경우에는 영아살해죄가 아니라 살인죄가 적용된다고 보았다(대법원 1970/03/10 선고 69도2285판결).

치를 취함에 있어서 인간 생명의 발달단계에 따라 그 보호 정도나 보호 수단을 달리하는 것은 불가능하지 않다." 이는 2010헌바 402결정이 있기 전에, 태아가 살아서 출생한 경우에만 손해배상 청구권을 인정하는 것으로 해석되는 민법 규정들이 헌법에 위반되지 않는다고 판단하면서 헌법재판소가 판시한 내용이기도 하다. 민법 제762조는 "태아는 손해배상 청구권에 관하여는 이미 출생한 것으로 본다"고 규정한다.[31] 그런데 민법 제3조는 "사람은 생존한 동안 권리와 의무의 주체가 된다"고 규정한다. 이 제3조 때문에, 대법원은 민법 제762조에 따른 태아의 권리는 태아가 출생했을 때 비로소 보장받을 수 있는 권리이며, 태아가 출생하지 못하고 사망한 경우에는 인정될 수 없다고 판시해 왔다. 헌법재판소는 국가가 '출생 전 형성 중의 생명'인 태아를 위해 각종 보호조치들을 마련해야 할 의무가 있지만, 태아의 출생 전 혹은 태아가 살아서 출생할 것인지와 무관하게 태아를 위하여 민법상 일반적 권리능력까지도 인정하여야 한다는 헌법적 요청이 도출되지는 않는다고 보았다. 위 법률 조항들이 '살아서 출생한 태아'와 달리 '살아서 출생하지 못한 태아'의 손해배상 청구권을 부정

---

31 이에 따라, 예를 들어 태아 A의 부(父) B가 교통사고로 상해를 입을 당시 A가 출생하지 아니하였다고 하더라도, 그 후 출생하였다면 A는 B의 부상으로 인한 자신 (A)의 정신적 고통에 대하여 사고의 상대방에게 위자료를 청구할 수 있다(대법원 1993/04/27선고 93다4663판결).

한다고 하여 위헌이라고 할 수는 없다는 것이다. 2010헌바402 결정의 합헌 의견은 앞선 헌법재판소 결정 논리와 모순된다.[32]

태아의 생명권과 여성의 자기결정권의 충돌

흔히 낙태는 태아의 **생명권**과 여성의 자기결정권이 충돌하는 상황이라고 이해한다. 헌법재판관들 역시 합헌 의견과 위헌 의견 모두 자기낙태죄 조항의 입법 목적은 태아의 생명 보호이고, 그로 인해 제한되는 것은 여성의 자기결정권이라고 하여, 자기낙태죄 조항을 둘러싸고 태아의 생명권과 여성의 자기결정권이 서로 대립한다고 보았다. 특히 합헌 의견은 태아가 생명권의 주체라고 설시하면서, 두 주체의 기본권이 서로 충돌하는 상황으로 상정했다(반면 위헌 의견은 태아가 생명권의 주체라고까지 설시하지는 않았다). 일반적으로 기본권의 충돌이란, 상이한 기본권의 주체가 상충하는 권익을 실현하기 위해 하나의 동일한 사건에서 국가에 대하여 각기 대립되는 기본권의 효력을 주장하는 경우를 말한다.[33] 예를 들면, 금연 구역과 흡연 구역을 구분하고 금연 구역에

32 헌법재판소 2008/07/31자 2004헌바81결정.
33 헌법재판소 2005/11/24자 2002헌바등95결정.

태아의 생명권
('태아의 법적 지위')

헌법에는 생명권 규정이 없다. 헌법재판소는 "인간의 생명은 고귀하고, 이 세상에서 무엇과도 바꿀 수 없는 존엄한 인간 존재의 근원"이며, "인간의 생존 본능과 존재 목적에 바탕을 둔 선험적이고 자연법적인 권리로서 헌법에 규정된 모든 기본권의 전제"라고 해석함으로써 생명권을 인정했다(헌법재판소 1996/11/28자 95헌바1결정). 여기서 그 주체는 '인간'이다. 낙태 논쟁에서 가장 큰 오류는, 인간이 생명권의 주체라는 전제가 합리적인 논거 없이 '태아도 생명권의 주체'라는 전제로 이어지면서 발생한다.

법체계상 '태아'는 '사람'이 아니며, 그 경계는 규범적으로 정해져 왔다. 형법은 '사람'(살인죄), '영아'(영아살해죄), '태아'(낙태죄)를 구별하고, 민법도 '사람'과 '태아'의 권리능력을 다르게 본다. 각 영역에서 '태아'가 '사람'이 되는 시기도 다르다. 형법상 '태아'는 규칙적인 진통을 동반하면서 분만이 개시될 때 '사람'이 된다. 따라서 진통이 시작되기 전에 의료인의 과실로 태아가 사망하더라도 업무상과실치사죄('사람'에 대한 죄)가 성립하지 않는다(대법원 2007/6/29선고 2005도3832판결). 민법상 '태아'는 모체로부터 전부 노출된 때에야 비로소 '사람'이 된다(서울고등법원 2007/3/15선고 2006나56833판결). 특별한 규정이 없는 한 권리가 없고, 살아서 출생하지 못하면 그조차 가질 수 없다.

헌법재판소도 출생 후의 '인간'이 기본권 주체가 될 수 있다고 하면서, '초기 배아'는 기본권 주체가 아니라고 판단했다(헌법재판소 2010/5/27자 2005헌마346결정). 생명권의 주체도 될 수 없다. 다만 '출생 전 형성 중의 생명'에 대해서 일정한 경우 기본권 주체성이 긍정될 수 있고, "어느 시점부터 기본권 주체성이 인정되는지, 또 어떤 기본권에 대해 기본권 주체성이 인정되는지는 생명의 근원에 대한 생물학적 인식을 비롯한 자연과학·기술 발전의 성과와 그에 터 잡은 헌법의 해석으로부터 도출되는 규범적 요청을 고려하여 판단하여야 할 것이다."라고 판시했다. '출생 전 형성 중의 생명'이 기본권 주체라고 인정하더라도 이는 어디까지나 원칙이 아니라 예외이며, 발달 과정 전체가 아니라 일정한 시점부터, 모든 기본권이 아니라 일정한 기본권에 한정하여 인정할 수도 있다. 이는 과학기술 발전의 성과를 고려하되 결국 규범적으로 결정할 문제라는 것이다. 그럼에도 헌법재판소는 태아가 생명권의 주체라고 선언했다. 그 이유를 제시한 유일한 결정이 2010헌바402결정의 합헌 의견인데, 의학적·사실적으로 또 법리적으로 논리적이지 못하다. 두 번째 낙태죄 헌법소원에서는 태아의 기본권 주체성을 어떻게 판단할지도 눈여겨 볼 쟁점이다.

서 흡연을 금지하는 시행규칙이 제정되어 위헌 여부가 문제되었을 때, 헌법재판소는 이 시행규칙 조항에 의해 흡연자들의 흡연권과 혐연자들의 혐연권이 충돌한다고 보았다.[34] 교육부장관이 이화여자대학의 법학 전문 대학원 설치를 인가하면서 입학 전형에서 여성만을 입학 자격 요건으로 한 것이 남성의 직업 선택 자유를 침해하는지 여부를 판단할 때에는 사립대학의 자율성과 남성의 직업 선택의 자유가 충돌하는 상황이라고 보았다.[35]

그런데 자기낙태죄는 기본권 충돌로 파악하는 것이 적절하지 않다. 위에서 예로 든 '전통적인' 기본권 충돌은 대부분 서로 독립적인 주체들 간의 권리 갈등 문제였다. 흡연자와 혐연자, 개인과 법인. 그러나 임신한 여성과 태아의 관계는 '전통적인' 기본권 충돌 구도와는 차이가 있다. 형성 중인 생명에 대하여 온전히 완성된 인간으로서의 기본권 주체성을 인정하는 것이 타당한가? 더구나 태아의 생명은 임부의 신체에 기반한다. 이런 관계성에 주목하여, 임신한 여성은 태아를 자신과 이해를 달리하는 대척점이 아니라 자신과 분리되지 않는 하나의 생명으로 상상하면서 어머니의 사유를 행한다고 보는 견해도 있다.[36] 임신한 여성이

---

34 헌법재판소 2004/08/26자 2003헌마457결정.
35 헌법재판소 2013/05/30자 2009헌마514결정.
36 양현아, "낙태에 대한 다초점 정책의 요청: 생명권 대 자기결정권의 대립을 넘어", 『한국여성학』 26권 4호, 한국여성학회, 2010.

아이를 대립되는 주체로 상정하지 않고, 자신의 몸, 일, 가족, 파트너와의 관계, 태어날 아이가 놓일 환경, 조건 등 다양한 요소와 가치들을 종합하여 낙태 혹은 출산 여부를 고민한다는 것이다. 여성이 낙태 여부를 결정할 때의 고민을 '어머니의 사유'라고 명명하는 것이 부정확하거나 부적절할 수는 있지만, 전통적인 기본권 충돌의 개념으로는 보호, 양육, 책임 등이 결부된 여성과 태아의 특수한 관계성을 충분히 설명할 수 없음이 분명하다.

또한 태아의 생명권과 여성의 자기결정권 구도는, 남성 파트너, 가족, 국가가 낙태죄를 수단으로 하여 여성의 섹슈얼리티, 자기운명결정권과 재생산권을 통제하는 지점을 삭제한다는 점에서도 문제다. 현행 형법의 낙태죄와 모자보건법은, 임신에 책임이 있는 남성 파트너를 면책시키는 데에서 그치지 않고 그에게 낙태에 대한 동의권을 부여함으로써 여성의 자기 운명, 자기 신체에 대한 결정권을 침해한다. 2010년과 2016년 낙태 논쟁이 불거진 배경에는, 국가가 '저출산 위기'를 타개하기 위해 낙태죄 처벌을 강화했던 사실이 있다. 이렇게 현행 낙태죄 규정 체계가 만들어 내는 현실적 효과는 헌법재판소의 낙태죄 위헌 여부의 판단 과정에서 누락되었다.

형사처벌하지 않으면 만연할 것이라는 전제

2010헌바402결정의 합헌 의견은, 입법자가 다른 방식이 아니라 형벌로 낙태를 규제하고자 선택한 것이 지나치지 않다고 보았다. 낙태를 형사처벌하지 않는다면 현재보다 훨씬 더 낙태가 만연하게 될 것이며, "성교육과 피임법의 보편적 상용, 임부에 대한 지원 등은 원하지 않는 임신을 미연에 방지하는 수단이 될 수 있을지는 모르나 불법적인 낙태를 방지할 효과적인 수단이 되기에는 부족하다"는 것이다.

그러나 낙태를 방지하기 위해 낙태한 여성을 형사처벌하는 것이 효과적이고 적절한 수단일 수 없다. 낮은 기소율에서 나타나듯, 사법기관은 낙태한 여성을 형사처벌하는 것에 큰 관심이 없다. 또한 이는 실증적 자료와도 배치된다. 국가별 낙태 허용 사유 및 낙태율을 살펴보면, 낙태 허용 범위가 넓다고 하여 낙태율이 높거나 그 반대가 성립하지 않는다. 우리나라의 경우 2005년 임신중지율(15~44세 여성 1000명당 임신중지 수)은 29.8,[37] 2010년은 15.8로 추정된다.[38] 뉴질랜드의 경우 우리나라와 유사하게 사회경제적 사유에 의한 낙태와 임부의 요청에 의한 낙태를 금지하는데, 임신중지율은 18.2이다. 반면 사회경제적 사유를 포함하여 임부의 요청만으로 낙태가 가능한 국가의 임신중지율은 독일 6.1, 스위스 7.1, 네덜란드 9.7로 매우 낮다(2010년 기준).[39] 한 국

---

37 김해중 외, 앞의 글.

38 손명세 외, "전국 인공임신중절 변동 실태 조사", 보건복지부, 2011.

39 United Nations·Department of Economic and Social Affairs, "World Abortion

가 안에서 낙태 규제 정책 변화와 임신중지율을 통시적으로 살펴보아도 마찬가지다. 네덜란드의 임신중지율은 1971년 6.1이었다가 1984년 낙태가 비범죄화된 후 오히려 줄어들어 1980년대 후반과 1990년대에는 6 미만까지 내려갔다. 1990년 후반부터 조금씩 증가하여 2010년에는 9.7까지 올라갔는데 이는 낙태 규제의 문제가 아니라 이민자 대상의 예방 정책이 효과적으로 실행되지 못하면서 부분적으로 나타난 결과로 분석된다.[40] 형사처벌 여부와 무관하게 여성들이 삶의 여러 가지 조건을 고려하여 불가피하게 낙태를 결정한다는 사실은 낙태 규제 시기의 해외 원정 낙태 현실을 보아도 알 수 있다. 우리나라의 경우 2010년 프로라이프 의사회의 산부인과 의사 고발 후 일시적으로 낙태 시술이 어려웠던 기간에, 일부 여성들이 중국에서 낙태 시술을 받았다.[41] 최근 국민투표를 거쳐 낙태 허용 입법이 가능하도록 헌법을 개정한 아일랜드의 경우, 과거에는 여성의 생명이 위험한 상황(자살할 위험 포함)일 때에만 낙태를 허용했다. 임신중지율이 4.5로 나타나(2010년 기준) 낙태 규제가 성공적으로 이루어졌던 것으로 보이지만, 실제로는 연간 2000명의 여성이 해외로 떠나

Policies 2013", 2013.

40 정진주, "유럽 각국의 낙태 접근과 여성 건강", 『페미니즘 연구』 10권 1호, 한국여성연구소, 2010.

41 "중국으로 '낙태 원정'", 『경향신문』(2010/03/03).

낙태 시술을 받았다(일부에서는 6000명이라고 보고하기도 한다).[42] 프랑스는 1975년 10주 이내의 낙태가 비범죄화되었고, 2001년 그 기간이 12주로 확대되었는데, 프랑스 정부는 낙태 허용 기간이 10주였던 기간에 매년 약 5000명의 프랑스 여성이 낙태를 하기 위해 이웃 나라로 여행했다고 보고한 바 있다.[43]

또한 2010년 전국 인공임신중절 변동 실태 조사에 따르면, 인공임신중절 사유 중 가장 많은 사유는 "원치 않는 임신"으로, 전체의 32.5퍼센트에 달했다.[44] 원하지 않는 임신을 방지하는 것이야말로 효과적인 낙태 예방 대책이다. 그리고 원하지 않는 임신을 방지하기 위해서는 성교육과 피임법의 보편적 상용 등이 대안이다. 16퍼센트의 여성이 '경제 상태의 어려움'(고용 불안정, 저소득)으로 낙태를 했다고 답하고 있음을 볼 때, 여성에 대한 지원이 낙태를 줄이는 하나의 방법이 될 수 있다. 그런데도 합헌 의견은 피임법의 상용화, 임부에 대한 지원이 효과적인 낙태 예방 대책

---

42 정진주, 앞의 글.

43 이미정 외, "낙태 행위의 사회경제적 사유 분석과 관련 정책 개선 방안", 한국여성정책연구원, 2010.

44 손명세 외, 앞의 글.

그다음으로는 태아의 건강 문제(임신 중 약물복용 포함) 16.3퍼센트, 경제 상태의 어려움(고용 불안정, 저소득) 16퍼센트, 미혼 14.3퍼센트, 가족계획(자녀를 원치 않아서, 터울 조절, 원하지 않는 성별) 12퍼센트 순으로 조사되었다. 기타 의견으로는 사회 활동의 지장 6.2퍼센트, 신체적 질병 1.6퍼센트 등이 있었다.

이 될 수 없다고 판단한 것이다.

위헌 의견이 제시하는 '3분기설'은 대안이 될까

2010헌바402결정의 위헌 의견은 자기낙태죄가 피해 최소성 원칙에 반하여 위헌이라고 하면서, 태아가 독자적으로 생존 능력을 갖게 되는지 여부를 기준으로 3분기설을 제시했다. 이는 1973년 미국의 판결('로 대 웨이드')에서 처음 제시된 것이다. 의학적으로 임신 초기(1~12주)의 태아는 사고나 자아 인식, 정신적 능력과 같은 의식적 경험에 필요한 신경생리학적 구조나 기능들을 갖추지 못해 고통을 느끼지 못하므로, 임부의 자기결정권을 존중하여 낙태를 허용해 줄 여지가 크다는 것이다. 임신 중기(13~24주)의 낙태는 임신 초기의 낙태에 비하여 합병증 우려가 크고, 모성사망의 위험도 급격히 커져 임부의 생명이나 건강에 위해가 생길 가능성이 증가하므로, 국가는 모성 건강을 위해 낙태 절차를 규제하는 등으로 낙태에 관여할 수 있다고 한다. 즉, 임신 중기의 낙태도 절차만 규제되면 허용된다. 그런데 임신 후기(24주 이후)에는 태아에게 독자적 생존 능력이 있으므로 낙태는 원칙적으로 금지하되, 임부의 생명이나 건강에 현저한 위해가 생길 우려가 있는 등, 특단의 사정이 있는 경우에만 낙태를 허용함이 바람직하다고 보았다.

　위헌 의견은 최소한 태아의 생명권과 여성의 자기결정권을 조화시키고자 노력했다는 점에서는 의미가 있다. 그런데 이런 3분기설이 적절한 대안이라고 할 수 있을까? 임신 초기 낙태를 허용하는 국가들도 구체적으로 살펴보면 그 기준이 다양하다. 스페인에서는 임신 14주, 스웨덴에서는 18주까지 임부의 요청만으로 임신중절 수술이 가능하며, 네덜란드는 기간의 제한을 두고 있지 않다.[45] 24주 이후에는 원칙적으로 낙태가 금지되어야 한다는 기준으로 제시되는 '태아의 독자적 생존 가능성'도 잘 살펴볼 필요가 있다. 두 번째로 낙태죄 위헌 여부를 심리하기 위하여 열린 공개 변론에서 청구인 측 참고인 고경심 산부인과 전문의는, 의학계에서 말하는 태아의 독자적 생존 가능 시점은 현재 22주 정도인데, 이는 모든 의료 장비와 최상의 의료진이 갖추어져 있고 적절한 의료 서비스를 제공받을 때의 사례를 바탕으로 한 개념이라고 지적한 바 있다. 즉, 해당 주수 이후 모든 태아가 출생만 하면 적절한 처치나 의료기기의 도움 없이도 혼자 생존할 수 있다는 의미가 아니라는 것이다. 더 나아가, 여성 건강권의 관점에서 설정되는 기준은 위와 달라질 수 있다. 예를 들어, 영국에서는 임신 24주 이후에도 임신의 지속이 산모의 생명을 위험에 처하게 하거나, 임신중단이 산모의 신체적·정신적 건강에 영구적

45 박선영 외, "낙태 규제 관련 법제 심층 분석 및 입법 과제", 한국여성정책연구원, 2013.

으로 심각하게 미칠 수 있는 해를 예방할 수 있는 경우 등에는 임신중지가 가능하다.[46] 현재 대부분의 낙태는 임신 초기에 이루어지며,[47] 임신 초기의 낙태가 가능하다면 임신 중기나 후기의 낙태는 더욱 줄어들 것으로 예상된다. 그러나 근본적으로, 낙태 행위를 형사처벌의 대상으로 남겨 두는 것이 과연 적절한가?

헌법의 진보를 바라며

2018년 현재 자기낙태죄와 업무상동의낙태죄에 대하여 다시 헌법소원심판이 청구되어 있다(2017헌바127). 이진성 헌법재판소장이 국회 인사청문회에서 "미국 연방대법원이 했듯이 임신 후 일정 기간 내에는 낙태를 허용하는 방향도 가능하다고 생각한다"라고 밝히자,[48] 위헌 결정에 대한 기대가 높아지는 것 같다.

그런데 헌법재판소가 위 조항들을 위헌으로 결정한다고 하더라도 여러 가지 가능성이 있다. 자기낙태죄와 업무상동의낙태죄 전부에 대한 단순 위헌 결정, 헌법 불합치 결정, 3분기설을 채택

---

46 박선영 외, 앞의 글.

47 2005년 조사 결과에 따르면 인공임신중절 수술 건수의 96퍼센트, 2011년 조사 결과에 따르면 94퍼센트가 임신 12주 이내에 이루어졌다. 김해중 외, "인공임신중절 실태 조사 및 종합대책 수립", 2005; 손명세 외, 앞의 글.

48 "헌재 '낙태, 일정 기간 내 허용' 재판관 다수 '제한적 찬성'", 『경향신문』(2017/11/26).

한 한정 위헌 결정 등이 가능하다. 헌법재판소가 형벌 조항을 단순 위헌으로 결정하면, 해당 형벌 조항은 종전에 합헌으로 결정한 사건이 있는 경우 그 결정이 있는 날의 다음 날로 소급하여 효력을 상실한다.[49] 즉, 자기낙태죄 조항과 업무상동의낙태죄 조항은 2010헌바402결정이 있었던 날의 다음 날인 2012년 8월 24일부터 효력을 잃는다. 따라서 그날 이후 위 조항들에 의해 처벌받은 사람들은 재심을 청구하여 무죄판결을 받을 수 있다. 헌법 불합치 결정은 단순 위헌 결정을 하는 경우 입법자의 형성권을 침해하거나 법적 공백이나 혼란을 초래할 우려가 있을 때 심판 대상 규범의 위헌성만을 확인하는 결정 유형이다. 헌법 불합치 결정을 할 때에는 통상 입법자에게 일정 시한까지 해당 법률 조항의 위헌인 상태를 제거(개정)할 것을 촉구하는 결정을 함께한다. 낙태죄 조항에 대하여 헌법 불합치 결정을 하면, 입법자는 관련 조항을 개정해야 한다. 한정 위헌 결정은 위헌적인 해석 가능성을 배제하거나 적용 범위를 축소시켜 위헌성을 제거하는 결정이다. 예를 들어, '임신 후 12주 이내에 이루어지는 낙태에 대해서까지 낙태죄 조항을 적용하는 것은 위헌'이라는 형식의 결정이다. 이런 결정이 내려질 경우, 임신 후 12주 이내의 낙태에는 형법과 모자보건법이 모두 적용되지 않으므로 초기 낙태가 전면

49 헌법재판소법 제47조 제3항.

적으로 허용되고, 12주를 지나서 이루어지는 낙태에는 현행대로 형법과 모자보건법이 적용된다. 따라서 위헌 결정의 형태도 매우 중요하다.

그리고 헌법재판소 결정의 논리가 추후 입법의 내용에도 영향을 줄 수 있다는 점에서, 결론에 이르는 논리도 중요하다. 낙태죄에 대한 두 번째 결정에서 헌법재판소는 생명권 대 자기결정권의 구도를 벗어날 수 있을까? 낙태죄가 제한하는 기본권을 더 입체적으로 설시할 수 있을까? 만에 하나 위헌으로 결정되지 않더라도, 최소한 2012년의 결정보다는 더 진보한 반대 의견을 보고 싶다.

"생육하고 번성하라" 축복인가 명령인가

나영

인간 생명의 가치보다 더 가치 있는 것이 어디 있으며, 인간의 생명을 도외시한 인간 사회의 발전과 행복이 무슨 의미를 가지겠습니까? 그런데 오늘날 우리의 사회는 어떠합니까? 생명 경시의 풍조와 반생명 문화의 위험이 여전히 우리 사회를 위협하고 있다고 생각합니다. 우리나라에서 지난 50년 동안 해마다 신생아 수의 두 배가 넘는 150만여 건의 인공낙태가 자행되고 있다고 추산됩니다.

우리 가톨릭교회는 인간 생명의 존엄성을 위협하는 모든 행위를 단호히 반대합니다. 이는 당장의 생명의 위협뿐만 아니라 미래의 잠재적인 위험과 악의 요소까지도 포함합니다. 우리 교회가 낙태를 반대하는 가장 중요한 이유는 태아 역시 사람이기 때문입니다.

윤리적으로 태아는 아무 죄도 없이 가장 안전한 어머니의 뱃속에서 살해당합니다. 따라서 인공낙태만큼 개탄스럽고 잔혹한 행위는 없습니다.

…… 다행히 인공낙태 방지를 위한 일부 용기 있는 의료인들의 활동은 우리에게 큰 희망을 주고 있습니다. 그러나 인공낙태 방지의 진정한 효과를 위해서는 무엇보다 생명의 가치를 인식하고 수호하려는 범국민적 의식의 변화와 함께 정부와 관계 기관의 효율적인 정책 결정과 입법 등 실제적인 사회적 노력이 동반돼야 합니다.[1]

2010년 4월 4일 부활대축일을 앞두고 천주교 서울대교구 교구장 정진석 니콜라오 추기경은 이와 같은 내용의 '부활 메시지'를 발표했다. 정진석 추기경이 언급한 "인공낙태 방지를 위한 일부 용기 있는 의료인들의 활동"이란 프로라이프 의사회의 인공유산 시술 병원 고발을 말하는 것이다. 프로라이프 의사회는 2009

---

1 한국천주교주교회의·한국천주교중앙협의회 홈페이지, "2010년 각 교구 교구장 예수 부활 대축일 메시지 모음"(2010/04/01).

년 11월 낙태 근절 선포식을 하며 출범한 '진정으로 산부인과를 걱정하는 의사들 모임'(진오비)에서 이어진 단체로, 정진석 추기경은 이 단체의 출범식에서도 "생명은 하느님의 선물입니다"라는 제목의 격려사를 전한 바 있다. 처음에는 '낙태 근절 운동본부'였다가 '프로라이프 의사회'로 명칭을 바꾸고 '낙태 구조센터'와 '낙태 제보센터'를 운영한 이들은 들어온 제보를 바탕으로 2010년 2월 3일, 세 곳의 산부인과 병원을 고발하는 '낙태 시술 병원 고발장'을 제출했다. 이들은 "낙태 구조 및 제보 센터의 목적은 임신과 출산으로 인한 여러 어려움으로 낙태의 위기에 처한 임산부와 태아 모두를 구하는 것"[2]이라고 밝혔지만, 실제 이들의 시술 병원 고발 이후 벌어진 일들은 더 많은 여성을 고통과 위험으로 몰아넣었을 뿐이다. 인공유산 시술비가 부르는 게 값일 정도로 수백만 원대로 치솟았고,[3] 수술을 받기 위해 다른 나

---

2 "낙태 근절 주도 '프로라이프 의사회' 출범", <청년의사>(2009/12/28).
3 프로라이프 의사회의 인공유산 시술 병원 고발 한 달 후인 3월 2일 자 중앙일보는 "임신 5개월 여성의 경우도 전에는 100만 원 안팎의 비용만 부담하면 됐으나 600만 원으로 올랐다"고 전한다. 또 고발로 위축된 병원들이 피해자 진술을 신뢰할 수 없다는 이유로 현행 모자보건법상 허용된 준강간이나 근친에 의한 성폭력 피해자 여성의 시술까지 거부하면서 보건복지부에 도움을 청하는 전화가 오기도 했다. 대한산부인과의사회 조병구 이사는 "수술을 하는 병원이 거의 없다 보니 여기저기 문의하다 임신 일수가 늘어나고 있어 걱정"이라며 "상당수의 임신부가 초기에 해결하지 못해 3-4개월, 혹은 이후까지 끌고 있는 것 같다"는 인터뷰를 했다. "낙태 병원 '위험비용' 요구 …… 수술비 100만→600만 원", 『중앙일보』(2010/03/02).

라로 원정을 가는 여성도 급증했다. 안전성이 검증되지 않은 중국산 가짜 유산유도약이 밀수입되기 시작했으며, 이른바 '낙태 브로커'가 등장했다. 심지어 같은 해 6월에는 "낙태를 도와주겠다"며 임신한 여성을 유인해 성폭행하는 사건까지 발생했다.[4] 그로부터 2년 후인 2012년 11월에는 임신 23주차의 19세 여성 청소년이 인터넷 검색으로 찾아간 산부인과 병원에서 시술 도중 사망하는 사건이 발생한다. 대학수학능력시험을 마칠 때까지 임신 사실을 누구에게도 말하지 못하고 혼자 고민했던 이 여성은 어머니에게 임신 사실을 말한 후에도 시술 병원을 찾을 수 없어 인터넷으로 수소문해 병원을 찾아야 했고, 그렇게 찾아간 병원에서 기본 검사조차 제대로 실시하지 않은 의사에 의해 자궁 천공에 의한 저혈량성 쇼크로 사망했다.[5]

프로라이프 의사회는 "인간 생명의 존엄성을 위협하는 모든 행위를 단호히 반대"한다는 정진석 추기경의 '격려'를 받았지만, 여성들은 오히려 삶과 생명을 더욱 위협받는 상황으로 내몰리고 있었다.

---

4 "'낙태 도와주겠다' 임신부 유인해 성폭행", <노컷뉴스>(2010/06/20).
5 "수능 뒤로 낙태 미루다 …… 여고생 수술 중에 숨져", 『동아일보』(2012/11/14). 그럼에도 의사는 4년 후인 2016년 2월, 집행유예를 선고받았다. "미성년 임신부 낙태 수술 후 사망 …… 의사 집행유예 확정", 『경향신문』(2016/02/24).

'신의 이름으로' 위험에 내몰리는 여성들

이런 상황은 세계 곳곳에서 계속되고 있다. '신의 이름으로' 생명 존중을 말하지만, 여성의 삶과 생명에 위협이 되는 상황을 외면하는 가톨릭교회의 태도로 인해, 정치사회적으로 가톨릭의 영향력이 강한 나라일수록 여성에게 더욱 심각한 상황이 벌어진다.

일례로 니카라과, 엘살바도르 등에서는 어떠한 이유에서든 임신중지를 할 수 없고, 온두라스, 과테말라 등의 나라에서는 '산모의 생명이 위험한 경우'를 제외한 모든 경우의 임신중지가 불법이다. 이를 어긴 여성은 최대 40, 50년씩 감옥살이를 해야 한다. 그런데 과연 이 상황을 인정받기 위해 산모가 무릅써야 하는 위험이란 어디까지일까?

다섯 살 난 첫째 아이를 두고 하루 일당 5달러를 받으며 의류 공장에서 일하던 엘살바도르의 마리아 테레사 리베라는 집 욕실에서 갑자기 많은 피를 흘리며 쓰러져 기절했고, 병원에 가서야 자신이 임신 상태였으며 유산되었다는 사실을 알았다. 그녀는 원래 생리가 매우 불규칙했고 별다른 임신의 징후도 없었기 때문에 임신 사실을 알지 못했다고 증언했으나, 결국 판사는 그녀에게 가중처벌이 가능한 살인 혐의로 40년형을 선고했다. 재판에서 그녀가 다니던 공장의 사장이 그녀가 이미 임신 사실을 알고 있었다고 증언한 것이 고의적 유산의 증거가 되었던 것이다.

그녀는 그해 1월 공장 사장에게 자신이 생리를 하지 않는 걸로 보아 임신했을 수도 있다는 고민을 털어놓은 적이 있으나, 다시 2월부터 몇 개월간 생리를 해서 임신 사실을 알 수 없었다는 증거가 있음에도 불구하고, 재판부는 공장 사장의 말만을 증거로 채택한 것이다. 결국 그녀는 살인자가 되어 감옥에서 4년 반을 살다가 다시 열린 재판에서 혐의 입증 가능한 증거 불충분 판결을 받고 나서야 겨우 석방이 되었다.[6]

니카라과의 로시타는 코스타리카에서 이주 노동을 하던 중 9살의 나이에 성폭력으로 임신했으나, 정부와 교회의 압력으로 우여곡절을 겪었다.[7] 로시타와 그의 부모는 인공유산 시술을 받기 원했지만, 두 나라의 정부와 교회가 모두 나서서 압력을 가했기 때문이다. 결국 로시타는 여성단체들의 연대와 싸움을 통해 "치료적 임신중절"therapeutic abortion이라는 명목으로 겨우 임신을 중지할 수 있었지만, 이후 니카라과의 대주교가 이에 개입한 모든 사람을 파문하겠다고 발표했고, 결국 2006년 니카라과 의회는 치료적 임신중절마저도 금지하는 개정안을 통과시켜 버렸다.

아일랜드의 사비타 할라파나바르도 '생명이 위험한 경우'로 인정받지 못해 패혈증으로 사망한 여성이다. 사비타는 2012년

---

6 Nina Lakhani, "El Salvador: Maria Teresa Rivera jailed and freed", *Al Jazeera*(2016/10/28).

7 공숙영, "로시타의 임신과 파문: 중남미 '낙태'", <일다>(2010/04/16).

10월 한 대학 병원에서 태아가 유산될 것이며 그로 인한 감염 위험이 있다는 진단을 받았음에도 "생명이 위험해지기 전에는 개입할 수 없다"는 병원 측의 거부로 결국 숨을 거뒀다.[8] 이 사건은 2018년 5월 실시된 국민투표에서 임신중지를 금지하는 수정헌법 제8조[9] 폐지에 66.4퍼센트의 국민이 찬성표를 던지게 된 결정적인 계기가 되기도 했다. 그러나 아일랜드의 가톨릭 교계는 여전히 이를 받아들이지 않고 있으며, 가톨릭 소유 병원에서의 인공유산 시술 금지 입장을 고수하고 있다.

임신중지뿐만 아니라 피임마저 금지하는 가톨릭교회의 교리는 이런 위험을 더욱 가중시킨다. 오늘날 가톨릭교회가 따르고 있는 교황 바오로6세의 "인간 생명" 회칙은 "어떠한 부부 행위든지 인간 생명을 출산하는 목적을 가지고 있어야 한다"고 강조하면서 치료 목적의 임신중지까지 전면 금지할 뿐만 아니라 모든 종류의 피임을 단죄해야 한다고 명시하고 있다. 그러면서 오직 '자연 주기법'만을 '도덕률을 거스르지 않는' 유일한 피임법이라고 소개한다.[10] 그 때문에 현재 가톨릭교회의 정치사회적 영향

8 Esther Major, "How One Woman's Story Sparked an Abortion Rights Movement in Ireland", <The Lily>(2018/05/29).
9 1983년 국민투표를 통해 승인된 헌법 제8차 개정안을 뜻한다. 조항의 내용은 다음과 같다. "국가는 어머니로서의 평등권에 대한 고려와 함께 태어나지 않은 이의 태어날 권리를 존중하고 그 법적 권리를 보장하며, 가능한 한 자국의 법률에 따라 그 권리를 변호하고 입증한다"(Article 40.3.3°).

력으로 임신중지를 강하게 처벌하는 국가들은 피임약과 피임 도구에 대한 접근성도 매우 낮으며, 한국의 가톨릭 신자들도 이 문제로 많은 갈등을 겪는다.

"인간 생명" 회칙에서 교황 바오로6세는 "피임 방법 사용에 습관을 들인 남편은 아내를 존경할 줄 모르며, 아내의 몸과 마음의 균형을 무시하고 아내를 자기 정욕에 봉사하는 도구로 삼아, 아내를 존경과 사랑으로 대해야 할 동료로 생각하지 않게 된다"고 경고하지만, 과연 피임과 임신중지를 모두 금지한 대가는 결국 누가 치르게 되는가. 그에 대한 책임은 전적으로 여성에게 전가되어 왔을 뿐이다. 더구나 가톨릭 교계는 이를 종교적 교리의 수준에서 강조하는 것을 넘어, 정치사회적 압력을 통해 법과 정책을 움직임으로써 수많은 여성을 처벌과 위험으로 내몰아 왔다. 이는 결과적으로 가톨릭의 성차별적 태도에 근거한 교리가 인간 생명을 명분으로 여성들을 통제해 온 역사적 결과물인 셈이다.

순종과 희생을 요구받는 성가정의 마리아

임신중지에 대한 정죄와 처벌이 교회의 성차별적 태도에 근거한다는 점은 성경에 '낙태죄'를 직접적으로 언급한 구절이 없다는

---

10 한국천주교주교회의·한국천주교중앙협의회 홈페이지, "교황문헌"(1968/07/25).

사실로도 유추해 볼 수 있다. 성경에는 임신중지한 여성을 처벌하라는 식의 언급이 전혀 등장하지 않는다. 다만 기독교 교리가 "인간이 하느님의 형상대로 만들어졌다"는 구절(창세기 1:26~27: 9:6)이나 "주께서 모태에서 내 내장을 지으시고 나를 만드셨다"는 구절(시편 139:13) 등을 근거로 신으로부터 부여된 인간 생명의 소중함과 절대성을 강조하고 있을 뿐이다. 낙태한 자를 처벌해야 한다는 근거로 출애굽기(21:22~25)[11]의 한 부분을 언급하기도 하는데, 사실 이 구절은 임신중지를 한 여성을 처벌하라는 구절이 아니라, 제3자가 임신한 여인을 쳐서 낙태하게 했을 경우 남편의 청구대로 벌금을 내야 한다는 구절이다. 결국 출애굽기의 저자는 임신한 여성과 태아를 남성의 재산으로 간주하고 일종의 피해 보상의 관점에서 이를 언급한 셈이다.

이런 태도는 "그리스도가 교회의 머리이듯 남편은 아내의 머리이니, 아내는 모든 일에 남편에게 순종해야 하며, 남편은 그런

---

11 사람이 서로 싸우다가 임신한 여자를 다치게 했는데, 낙태만 하고 달리 더 다친 데가 없으면, 가해자는 그 여자의 남편이 요구하는 대로 반드시 배상금을 내되, 배상 금액은 재판관의 판결을 따른다. 그러나 그 여자가 다쳤으면, 가해자에게는 목숨은 목숨으로, 눈은 눈으로, 이는 이로, 손은 손으로, 발은 발로, 화상은 화상으로, 상처는 상처로, 멍은 멍으로 갚아야 한다. 어떤 사람이 자기 남종의 눈이나 여종의 눈을 때려서 멀게 하면, 그 눈을 멀게 한 값으로, 그 종에게 자유를 주어서 내보내야 한다. 그가 자기 남종의 이나 여종의 이를 부러뜨리면, 그 종에게 자유를 주어서 내보내야 한다.

아내를 자기 몸과 같이 사랑해야 한다"는 구절(에베소서 5:21~33)을 통해서도 그대로 반영되며, 가톨릭에서는 '성가정' 교리[12]와 결합돼, 자기 삶에 대한 여성의 결정권을 더욱 취약한 위치에 놓이게 만든다. 강남순은 이를 '신앙 – 국가 – 가정'의 연결 구조로 설명한다. 국가를 지침이 되는 신앙을 실현하기 위한 도구로, 가정을 그 실현의 토대로 삼아 움직이는 구조라고 본다면, 여성은 가정에서 도덕성을 유지하고 대를 잇게 하는 존재로 규정된다는 것이다. "가부장적 관점으로 해석된 성서의 마리아는 철저히 순종적이고 자기희생적인 여성"이고, 이런 여성은 "남성보다 연약한 존재이므로 여성 스스로 이런 모든 것을 할 수 없기 때문에 그들을 통제하고 가르치는 기제들을 통하여 그들의 도덕성과 신앙을 지켜 내야 한다고 간주된다."[13] 당연히 이런 교리 아래 피임과 임신중지를 금지하는 가톨릭교회의 원칙은 여성에게 철저히 불리하게 작동할 수밖에 없는 것이다.

앵거스 맥래런Angus Mclaren은 『피임의 역사』A History of Contraception에서 교회가 임신중지를 단속하고 여성에게 그 책임을 전가해 온 과정을 좀 더 자세히 설명한다. 로마제국이 위기에 몰리자 혼란기를 타개하기 위해 성적 통제를 강화했고, 교회가 이를 기독

---

12 '성가정'은 예수, 요셉, 마리아의 가정을 의미하는 것으로, 가톨릭 신자들은 성가정을 모범으로 삼아 따르도록 하고 있다. 교리 교육에서 중요한 지침이 된다.
13 강남순, "종교 근본주의 담론과 젠더", 『신학사상』 123호, 2013 겨울.

교와 이교도를 구분 짓는 상징으로 만들어 나갔다는 것이다. 금욕과 순결은 천국으로 향할 수 있는 최상의 가치였고, 다만 아이를 낳을 수 있다는 점에서 결혼이 용인되었다. 때문에 임신으로 이어지지 않는 모든 성행위는 타락한 것으로 여겨지며 비판의 대상이 되었다. 문제는 이런 구도 속에서 여성은 금욕을 지키며 타락의 길을 걷지 않고자 하는 남성을 유혹하여 죄를 짓게 하는 존재로 여겨졌다는 것이다. 여성은 탐욕과 욕망의 지배를 받는 존재로 묘사되었고, 남성을 죄에 빠뜨리고 임신한 여성이 심지어 그 씨앗을 통해 만들어진 생명체인 태아를 죽이는 행위란 이교도의 것이거나 위험한 마술적 행위들과 연관되었다. 기독교도들은 피임을 매춘이나 간통, 변태 등과 연관시켰고, 피임약을 복용하는 부인은 간음의 증거를 숨기기 위해 매춘부처럼 행동하는 것으로 간주하기도 했다. 따라서 이런 과정을 보면 사실상 '낙태'를 이유로 한 여성 처벌은 성경의 생명 윤리에 근거하고 있는 것이라기보다는 정치경제적 혼란기의 통치를 강화하기 위한 성적 통제의 맥락 속에 있고, 여성의 섹슈얼리티를 통제함으로써 그 목적을 효과적으로 달성하기 위한 것이었음을 알 수 있다. 맥래런은 여성이 교육받고, 다양한 종교 집단을 도우며, 예술과 의학 분야에서도 활발하게 활동했던 헬레니즘 시대와 초기 제국 시대에도 교회가 사회적·정치적 명령을 뒷받침하기 위해 여성을 침묵시키고 복종하도록 하는 통제에 나섰다고 지적한다.[14]

'낙태죄'의 정치적 활용과 기독교의 역할

'낙태죄'가 남성 중심주의를 기반으로 한 정치적·경제적 통제를 위한 도구로써 활용되어 왔으며, 기독교가 그에 대한 윤리적 근거를 마련하고 부응해 왔다는 사실은 각국의 사례를 통해서도 찾아볼 수 있다.

앞서 사례를 통해 살펴보았던 엘살바도르나 니카라과를 비롯해, 여전히 극히 제한적인 수준에서만 임신중지를 허용하거나 극단적인 임신중지 처벌법을 유지하고 있는 칠레, 과테말라, 온두라스, 파라과이, 도미니카공화국, 베네수엘라, 아일랜드, 필리핀 등은 모두 식민지 시기 유럽 국가들의 영향으로 가톨릭을 포함한 기독교 우파의 세가 강한 나라들이다. 독립 이후 '낙태죄'는 독재와 쿠데타, 내전 등을 거치며 기독교 정당과 기독교를 지지 기반으로 삼는 정당들의 정치적 영향력을 확보하기 위한 도구로 활용되었고, 독재 정권에 의해 통치를 정당화하고 통제를 강화하기 위한 명분으로 활용되기도 했다. 엘살바도르는 1980년대부터 이어져 온 내전이 간신히 마무리된 직후인 1992년부터 기독교민주당과 대주교, 프로라이프 그룹에 의해 기존의 처벌 예외

---

14 앵거스 맥래런, 『피임의 역사』, 정기도 옮김, 책세상, 1998.

조항까지 삭제하는 법안이 추진되었고,[15] 칠레에서는 독재 통치 말기에 가톨릭의 지지 기반을 회복해 보려 했던 피노체트 정권에 의해 1989년 모든 경우의 임신중지가 금지되었다.[16]

유럽에서는 대표적으로 아일랜드와 폴란드의 경우를 들 수 있다. 아일랜드는 독립 전쟁 이후, 에이먼 데 발레라 총리와 존 찰스 맥퀘이드 추기경이 헌법을 작성하면서 피임, 임신중지, 이혼을 강하게 통제했다. 이후 가톨릭계 프로라이프 단체의 강력한 지지를 바탕으로 보수당 피안나 페일Fianna Fáil이 "태어나지 않은 상태에서의 태어날 권리"라는 문구를 헌법 8차 개정안에 포함시키고, 이를 1983년 9월 7일 국민투표로 통과시키면서 산모의 생명이 위험한 경우를 제외한 모든 경우의 임신중지가 금지되었다.[17] 폴란드는 공산당 통치가 끝난 직후인 1990년에 임신중지 허용 항목이 더욱 제한되었고, 2016년 가톨릭 지지 기반에 힘입어 정치적 영향력을 지니게 된 우파 정당 '법과정의당'이 모든 경우의 임신중지를 금지하는 법안을 제정하려 했다가 전국적으로 벌어진 '검은 시위'에 부딪쳐 법안을 포기하기도 했다.[18]

15 미국 에버그린 주립대학 학제 간 프로젝트(Commodities, Conflict, and Cooperation) 홈페이지, "Criminalization of Abortion in El Salvador".
https://sites.evergreen.edu/ccc/carebodies/criminalization-of-abortion-in-el-salvador/
16 Human Rights Watch, "Abortion: Chile".
17 Wikipedia, "Abortion in the Republic of Ireland".
18 Wikipedia, "Abortion in Poland".

미국에서는 복음주의 개신교 우파가 적극적으로 이런 역할을 수행했다. 베트남전쟁 이후의 경제적 위기와 사회적 혼란 속에서 미국의 개신교 우파는 여성 평등권과 임신중지, 동성애 반대를 중심으로 혼란기의 도덕적·정치적 지도자로 나서고자 했다. 특히 이들은 양성평등 수정조항Equal Rights Amendment, ERA에 대한 반대와 가족보호법Family Protection Act 제정, 그리고 '로 대 웨이드' 판결에 맞서 임신중지 반대 운동을 조직하는 데 역량을 총동원했다. 여성의 임신중지권이 헌법상 보호되는 사생활privacy 권리라고 인정한 1973년의 로 대 웨이드 판결은 가톨릭과 개신교 복음주의 세력이 정치적으로 연합하게 된 중요한 계기로 작용했고, 이들의 연합된 조직력은 레이건이 대통령으로 당선되는 데 결정적인 역할을 했다. '프로라이프'라는 용어 역시 로 대 웨이드 판결 이후 '임신중지 반대'라는 용어를 대체하기 위해 만들어진 개념이다. 로 대 웨이드 판결이 임신중지에 대한 여성의 권리를 인정하자, 기존의 '임신중지 반대'가 '여성의 재생산 권리를 제한하는' 것으로 인식되는 것을 전환하고, 임신중지가 '인간의 생명을 빼앗는 행위'라는 것을 강조하고자 프로라이프라는 용어를 쓰기 시작한 것이다.[19] 중요한 것은 미국에서의 프로라이프 운동이 종교적인 신념이나 생명 윤리의 문제를 떠나 미국 보수

19 Wikipedia, "United States Pro-life Movement".

하이드 수정안
Hyde Amendment

1976년 미국 하원의회에서 공화당 헨리 하이드(Henry Hyde) 의원이 대표 발의하여 통과된 연방 법으로 강간, 근친상간, 산모의 생명이 위급할 때를 제외한 모든 낙태 시술에 연방 기금의 사용을 금지한다. 하이드 수정안이 제한하는 메디케이드는 고령, 저소득층을 위한 미국 연방과 주의 합동 의료 보조 프로그램으로, 이는 저소득층, 유색인종 여성의 재생산권을 특히 제한하는 효과를 낳았다.

로 자체는 주로 공화당이 지명한 대법관들에 의한 결정일 정도로 원래 낙태 의제는 상대적으로 비정파적인 문제였다. 그러나 로 직후부터 반대자들은 공화당을 중심으로 결집했고 이 문제를 선거의 주요 의제로 부각시킨다.

로의 반대자들은 로의 결정으로 임신중지에 대한 선택이 권리임을 부정할 수 없게 되자, 대신 권리에의 접근을 입법적으로 제한하고자 했다. 이로써 낙태 관련 연방과 주 기금 등의 사용 금지, 의료 보조인의 시술 제한, 시설과 수술 방법 제한 등의 입법적 반동이 시작된다. 하이드 수정안은 1973년 로 이후 수없이 시도되는 임신중지의 접근에 대한 제한을 암시하는 첫 번째 시도였다. 아이러니하게도 로에 의해 임신중지는 사생활 권리로 정당화되었으나 이후 논의는 여성이 아닌 다른 사람이 마치 정당한 '이해관계자'인 것처럼 입장을 말하는 정치적·도덕적 논쟁으로 번졌다.

물론 이러한 연방 차원의 제한에도 불구하고 주 자체의 재원으로 낙태 시술과 관련 시설에 대한 공적 지원을 하는 곳도 많다. 로가 법으로 굳건한 가운데, 하이드 수정안 같은 반동을 극복하기 위해서는 주마다 어떠한 정치인이 상·하원의원, 주지사에 당선되는지가 중요한 문제다. 결국 반동을 막기 위한 투쟁은 풀뿌리 운동과 선거 대응으로 귀결되게 된다.

정치를 지탱하는 근간을 이루고 있다는 점이다. 레이건은 임신중지 금지를 약속하고 대통령이 되었고, 부시 정부는 임기 내내 임신중지와 피임 문제를 위기 때마다 쟁점화했다. 로 대 웨이드 판결 이후 3년 만에 임신중지에 관한 연방 정부의 기금 사용을 금지하는 하이드 수정안Hyde Amendment이 통과되었고, 프로라이프 단체들은 레이건 정부에 헌법상으로 임신중지를 금지하는 인간 생명 수정안Human Life Amendment을 제정할 것을 요구했다. 이들의 막대한 자금력과 정치적 동원력은 오늘날까지도 공화당 정책의 중요한 동력으로 작동하고 있으며, 각 주의 법과 정책을 후퇴시키고 현재 트럼프 행정부에서 로 대 웨이드 판결을 뒤집으려는 시도로까지 이어지고 있다.

한편 한국에서의 상황은 매우 다른 방식으로 전개되었다. 해방 후 일제강점기에 일본 형법에서 낙태죄를 의용해 존치시켰으나, 국가 주도의 가족계획이 반공과 국가 발전의 전면적인 도구로 활용되는 역사 속에서, 가톨릭의 원칙적 입장보다는 복음주의 개신교의 실리적 태도가 더 큰 영향을 미쳤기 때문이다. 1954년부터 한국에서 처음으로 비정부 차원의 가족계획 운동을 시작한 사람도 미국인 선교사 오천혜George C. Worth[20]였다. 그 후, 에스

---

20 1970년대 미국인구협회 한국사무소 대표, 한국기독교교회협의회 애육위원회 상임위원, 보건사회부 가족계획 고문을 지냈다.

더 레이드 등 많은 선교사들도 이 운동에 참여했고, 독실한 개신교 신자였던 사회학자 고황경은 대한어머니회 창립을 주도했다. 반공과 경제개발을 사명이자 축복으로 여겼던 한국의 개신교 신자들에게 가족계획 사업에 참여하는 것은 가난하고 열등한 과거와 단절하고 행복한 가정, 경제적 부富를 이뤄 그 사명과 축복을 확인하는 일로 여겨졌다.[21] 때문에 낙태죄를 유지하면서도 효과적인 인구 통제와 생명 선별을 위해 '모자보건법'이 활용되는 과정에 개신교가 적극적으로 개입했던 것이다.

중요한 사실은 이들이 가족계획 사업을 정당화하기 위해 동원한 대표적인 성서 구절들을 지금과는 판이하게 다른 입장에서 해석했다는 점이다. 대표적인 예로 오천혜는 "북쪽의 공산주의 세력과 일본의 경제정책이 남한의 생활고를 미끼로 삼아 한국에 침투하고 있기 때문에 생활고의 시급한 해결이 우선되어야 한다" "한국을 살기 좋은 금수강산으로 만들어 하나님의 온전한 진리와 자유를 원수에게 빼앗기지 않도록 큰 위기를 당하기 전에 그 원인을 캐고 해결해야 한다"라고 말하며, "한국 기독교의 최대 목표는 남한 사회에 경제적인 부富를 달성하는 길인데, 이를 최단기간에 성공시킬 수 있는 것은 가족계획 사업"이

---

21 윤정란, "국가·여성·종교: 1960~1970년대 가족계획 사업과 기독교 여성", 『여성과 역사』 8집, 2008.

라고 강조했다.[22]

이 같은 목표를 위해 가장 적극적으로 해석된 성경 구절은 다름 아닌, 창세기 1장 28절 "하나님이 그들에게 복을 주시며 이르시되 생육하고 번성하여 땅에 충만하라"라는 구절이었다. 이 구절은 "생육하고 번성하라"라는 신의 명령으로 해석되어 식민지 시기에는 산아제한론에 반대하는 근거가 되었고, 현재는 피임과 임신중지, 동성애를 죄로 규정하기 위한 대표적인 구절로 동원된다. 그러나 당시 오천혜를 비롯한 개신교계의 주요 인사들은 가족계획 사업의 적극적인 지지 근거로 이 구절을 활용했다. "생육하고 충만하라"라는 것은 "양적인 것이 아니라 질적인 것"이며, '번성'은 단지 숫자가 아닌 '믿음의 자손들'을 의미한다는 논리였다.[23] 이런 적극적인 교리 해석과 해외 원조 속에서 한국의 개신교는 가족계획 사업을 교회 사업으로서 적극 활용했고, 아울러 박정희 정권에서 정치적 이해관계의 기반을 다졌다.

그런데 참여정부 시대에 저출산 위기 담론이 본격적으로 대두되고, 2005년 저출산·고령사회 기본법 제정과 대통령 직속 저출산·고령사회위원회 설치에 이어, 2006년 제1차 저출산·고령사회 기본계획이 수립되기에 이르자, 개신교는 이제 저출산

---

22 윤정란, 앞의 글.
23 윤정란, 앞의 글.

대책에 뛰어든다. 정부의 움직임에 발맞춰 2005년 7월 한국기독교총연합회(이하 '한기총') 가정사역위원회는 천주교, 불교 대표들과 함께 저출산고령화대책시민연대를 설립하고, "전국 교회를 대상으로 낙태 반대 캠페인, 출산 장려 운동과 더불어 '결혼예비학교'와 결혼 주례를 통한 출산 서약 운동을 전개하며 육아와 탁아 시설로 교회 시설의 지역사회 개방을 유도하겠다"는 구체적인 사업 계획까지 밝혔다.

박정희 시대 가족계획 정책을 옹호하기 위해 인용됐던 "생육하고 번성하라"라는 창세기 구절은 이제 저출산 문제 해결을 위한 단서가 된다. 2010년 11월 한기총·CTS기독교TV(이하 'CTS') 주최, 보건복지부 후원으로 열린 '저출산 극복 및 출산 장려 세미나'에서 김병삼 목사는 "'생육하고 번성하여 땅에 충만하라'는 성경적 원리에서 그 해답을 찾아야 한다. 부모가 자녀를 출산하고 양육할 때 '기쁨'이 있는지 되돌아봐야 한다. 출산이 이 땅의 젊은이들에게 축복으로 여겨지지 않는 한 어떻게 출산 장려를 하겠나"라고 말한다.[24]

이런 적극적인 입장 변화와 함께 한국 개신교는 저출산 정책을 교회 사업으로 활용하기 시작했다. 일례로 2006년 명성교회 김삼환 목사가 대표 회장을 맡고 길자연(왕성교회·전 한기총 대표회

24 "저출산, 성경에서 해결 방안 찾자", <크리스천투데이>(2010/11/19).

장), 고故 옥한흠(전 사랑의교회·전 한국기독교목회자협의회 대표회장), 조용기(여의도순복음교회) 목사 등이 참여한 '생명과 희망의 네트워크'는 '교회 울타리 낮추기'를 내세워, 교회의 유휴 공간을 영·유아 보육 시설과 방과 후 교실, 노인 대학 등으로 개방하겠다는 계획을 제시했다.[25] 그로부터 한 해 전인 2005년 7월에는 한기총과 CTS가 '한국 교회 영·유아 보육 사업 조인 및 선언식'을 갖고 "전국 5만여 교회 안에 유아원, 방과 후 교육 시설 등을 만들어 맞벌이 부부의 영·유아 보육을 돕겠다"라고 나선 바 있다.[26] 실제 이 시기를 기점으로 2006년 여의도순복음교회가 290평 규모의 어린이집을 개원했고, 교회 어린이집이 우후죽순 생겨났다. 국공립 보육·요양 시설이 턱없이 부족한 가운데, 이제 교회는 민간 보육, 요양 시설의 상당수를 차지하고 있고, 이처럼 서울시를 비롯한 각 지자체의 부족한 인프라를 교회를 통해 해결해 온 시도들은 주요 정책이나 조례 시행에 있어 번번이 개신교의 저항에 발목을 잡히는 결과를 낳고 있다.

가톨릭교회도 이 시기에 적극적으로 저출산 정책에 부응해 나서면서 '낙태 반대 캠페인'과 정부의 출산 장려 운동을 연결시켜 나갔다. 이 글의 서두에서도 언급한 프로라이프 의사회 활동에

---

25 "생명과 희망 네트워크의 출범 의미", <기독신문>(2006/01/25).
26 "'아이 낳고 싶은 세상' 만든다", <크리스천투데이>(2005/07/14).

대한 적극적인 격려와 지원은 '아이 낳기 좋은 세상 운동 본부'를 필두로 한, 이명박 정부 당시의 저출산 정책 추진에 가톨릭교회가 적극 나서서 영향력을 확보하고자 했던 결과인 것이다.

결국 종교계가 이렇게 시대적 상황과 정치적 목적에 따라 '낙태죄'를 통해 영향력을 행사해 오는 동안, 그 숱한 생명 담론 속에 여성은 존재하지 않았다. 여성은 인격을 지니고 사회적 삶을 살아가고 있는 하나의 생명이 아닌 인구 관리를 위한 통제의 대상으로, 생명 전달의 도구로 다루어졌을 뿐이다. '낙태죄'에 개입해 온 종교계의 역사는 생명 윤리의 담지자로 나선 종교계가 여성의 삶과 목소리를 묵살하고 그 대가로 정치적 영향력을 확보해 온 역사이다.

국가와 사회의 책임을 묻는 종교의 역할을 기대하며

2015년 9월 1일, 프란치스코 교황은 '자비의 희년'을 맞아 1년 동안 '낙태의 죄'를 사할 수 있는 권한을 확대하겠다는 특별 교서를 발표했다. 교황의 파격적인 특별 교서에 가톨릭 교계는 크게 술렁였으나, 이미 오래전부터 가톨릭교회가 피임과 임신중지에 대한 교리에 있어 신자들의 현실과 요구로부터 상당히 괴리되어 있었다는 사실도 인정하지 않을 수 없었을 것이다.

2014년 미국의 스페인어 TV 방송 <유니비전>Univision이 12개국의 가톨릭 신자 1만 2000명을 상대로 실시한 설문 조사에서는 교인 78퍼센트가 피임을 옹호했고, 65퍼센트가 임신중지 허용에 찬성한다고 답했다.[27] 같은 해 한국가톨릭사목연구소가 실시한 '생명과 가정'에 대한 설문 조사에서도 생명과 관련한 교회의 가르침을 마땅히 따라야 한다는 이들은 응답자의 35.3퍼센트에 불과했다. 응답자 3명 중 2명가량은 생명에 관한 교회의 가르침에 대해 따르기 어렵거나 상황에 따라 결정할 것이라고 답했고, 가장 받아들이기 어려운 항목으로 '인공피임 금지'(44.9퍼센트)를 꼽았다. 신자의 20퍼센트, 비신자의 28.6퍼센트가 임신중지 경험이 있었고, 신자와 비신자 모두 60퍼센트 이상이 '당사자끼리 진심으로 사랑한다면 혼전 성관계를 가질 수 있다'고 답했다.[28] 이런 결과를 두고 과연 교인들의 신앙만을 탓할 수 있을까?

인도의 여성 신학자 코추라니 아브라함Kochurani Abraham은 "낙태 문제와 관련된 사안을 대하는 교회의 태도에서 의아한 것은 교회가 이를 주로 여성의 문제로 보고, 가부장적인 문화에서 더 큰 책임이 있는 남성을 잊는 경향이 있다는 사실"이라고 지적한다. 그리고 교황의 특별 서한도 자비를 필요로 하는 여성을 언급하면서 결국 여성에게 책임을 돌리고 있을 뿐, 남자나 남편에게는 책임을 묻지 않고 있다고 꼬집는다. 뿐만 아니라 전 세계 사제

---

27 "가톨릭교인 상당수 낙태·피임 옹호 …… 교황의 과제", <연합뉴스>(2014/02/10).
28 "한국가톨릭사목연구소 '2014 생명과 가정' 설문: 한국갤럽 의뢰 신자·비신자 각 1000명 의식 조사", 『가톨릭신문』(2014/11/09).

들에게 권한을 부여해 낙태죄를 사면하도록 했지만, 여성 사제를 인정하지 않는 가톨릭교회의 오랜 성차별 정책으로 인해 결국 하느님의 자비를 중재하는 자는 모두 남성이라는 사실도 날카롭게 짚는다. 여성은 남성이 가르치고 정책 결정을 하는 교도권에 의해 전적으로 좌지우지되고, 또 남성이 원하는 때에 남성이 바라는 방식으로 중재되는 자비를 받아야 한다는 가톨릭 교리의 현실을 드러내고 있을 뿐이라는 것이다.[29]

코추라니 아브라함은 이 글에서 "'선택'을 생명의 그물망이라는 관점으로 보는 것이 중요하다"고 지적하며 '관계적 정의'의 관점을 소개한다. 생명을 연결성과 상호 관계성으로 보자는 것이다. 그의 소개에 따르면 "관계적 정의는 문제를 별개로 보는 것이 아니라 보이는 것과 보이지 않지만 연결되어 있는 존재들을 고려하면서 해결점을 찾는 것으로, 이는 문제와 개선 방법 모두를 그런 관심으로 책임을 나누어야 한다"는 것을 의미한다.[30]

기독교가 태아의 생명권을 내세워 피임과 임신중지에 대한 절대적인 금지만을 주장해 온 결과, 과테말라에서는 2006년을 기준으로 매년 약 6만 5000건의 불법 임신중절 시술이 이루어졌으며, 이 중 약 2만 1600명은 합병증으로 인해 입원해야 하는 상황

---

29 코추라니 아브라함, "자비의 희년에 생각하는 여성과 낙태: '하느님의 자비는 무한하시다'", 『가톨릭평론』 창간호, 우리신학연구소, 2016, 143-144쪽.
30 코추라니 아브라함, 앞의 글, 145쪽.

에 처했다.[31] 2000년에서 2004년까지 칠레에서 임신중절은 모성사망의 세 번째 주요 원인이었으며, 이는 전체 모성사망자의 12퍼센트를 차지했다.[32] '산모의 생명이 위험한 경우'에만 임신중지를 허용하고 있는 아일랜드에서는 병원이 가톨릭 정신에 위배된다는 이유로 임산부의 암 치료를 거부함으로써 한 여성이 출산 후 암으로 사망하는 일도 발생했다. 이렇게 여성의 생명을 외면하면서도 과연 종교의 이름으로 생명권을 이야기할 수 있을까. 성차별적 현실을 묵과하고 피임마저 금지하면서 제대로 된 성교육 대신 혼전 순결만을 강조해 온 교회의 태도는 이런 현실에 대한 책임을 과연 면제받을 수 있을까. 임신중지의 선택은 어떠한 경우도 임신 당사자가 놓인 사회경제적 상황들과 동떨어져 있지 않다. 신의 이름으로 진정 생명 정의를 실현하고자 한다면 가장 먼저 해야 할 일은 교회의 성차별적 정책과 교리를 성찰하는 것이며, 이제 교계는 끊임없이 누군가를 경계로 내몰아 국가와 사회의 책임을 개인에게 전가해 버리는 사회의 불평등한 시스템을 문제로 직시하고 재정의해 나가야 한다.

---

31 Susheela Singh & Elena Prada & Edgar Kestler, "Induced Abortion and Unintended Pregnancy in Guatemala", *International Perspectives on Sexual and Reproductive Health* (2006/10).

32 "Percepciones de las mujeres sobre su situación y condiciones de vida en Chile", Corporación Humanas(2008/06).

성 윤리를 단속하고 '죽여도 되는 생명'과 '절대적인 생명'을 구분하여 처리할 명분을 만들어 주는 일, 출산과 임신중지를 통제하여 특정한 섹슈얼리티에 대한 금기와 인구 관리를 적절히 관리하는 일은 아이러니하게도 역사 속에서 종교가 수행해 온 핵심적인 역할이었다. 신의 이름으로 때로는 전쟁을, 때로는 우생학을 지지해 온 역사, 태아의 생명은 절대적인 위치에 두면서 강력한 임신중지 처벌의 현실에서는 자가 낙태나 안전하지 못한 시술로 죽어 가는 수많은 여성의 생명은 외면해 온 역사가 마치 불변의 원칙처럼 제시되는 종교적 생명 윤리 속에서 모순적으로 공존해 왔다. 어느 시대, 어떤 종교이든 종교계의 입장은 정치적으로 중립적이지 않았으며, 따라서 종교적 입장에 기반을 두고 있는 윤리가 같은 믿음을 지니지 않은 이들에게까지 절대적이거나 보편적인 윤리로 제시되어야 할 이유도 없다. 종교계가 더는 '윤리의 담지자'를 자임하며 국가의 인구 관리와 성적 통제의 정치적 파트너로 자리하지 않기를 바란다. 종교적 입장은 각자의 신앙 안에서 판단의 참고 자료가 되는 것으로 충분하다.

낙태의 범죄화와 가족계획 정책의 그림자

류민희

낙태는 본질적으로 빈번한 일
이다. 낙태에 대한 통계는 언제나 불완전할 수밖에 없지만 최근
추산에 의하면,[1] 전 세계에서 매년 2억 2700만 건의 임신 중 44
퍼센트가 계획되지 않은 임신이고, 그중 56퍼센트가 낙태, 32퍼
센트가 계획되지 않은 출산, 12퍼센트가 유산으로 이어진다. 따
라서 합법이든 불법이든 낙태는 계획되지 않은 임신의 절반 정

1 J. Bearak & A. Popinchalk, et al., "Global, Regional, and Subregional Trends in Unintended
Pregnancy and Its Outcomes from 1990 to 2014: Estimates from A Bayesian Hierarchical
Model", *The Lancet Global Health* 6(4), 2018.

도를 중지하는 데 사용된다. 이미 여성은 낙태를 자신의 생식능력을 통제하기 위한 중요한 수단으로 사용하고 있다. 인권법 판례에 등장하는 강간으로 인한 임신 이후 불법적 낙태 시술 도중 사망한 10대 소녀, 반대자들이 주장하는 거의 드문 상황인 소위 '후기' 낙태의 양 극단 사이에는 여성들의 인생에서 흔하고 자율적인 결정인 수많은 '평범한' 낙태가 존재한다. 이 이야기는 왜 잘 전해지지 않을까.

이성애 관계에 있는 여성의 삶에서 지극히 자연스러운 선택인 낙태에 대해 법률, 도덕, 종교, 정치, 그리고 인구정책마저 개입해 왔다. 특히 최근 수십 년간 벌어진 낙태를 둘러싼 '소동'은 이런 요소들과 국제정치학의 상호작용에 따라 국가마다 각기 상이한 타임라인으로 전개되었다. 한국도 이런 맥락 위에 오랫동안 놓여 있었다. 우리 손으로 결정할 기회가 주어진 이 시점에서 낙태죄가 어떻게 여기까지 온 것인지 살펴볼 필요가 있다.

낙태와 법의 역사

역사적으로 낙태는 언제나 같은 정도로 도덕적 비난을 받거나 터부시되었던 것은 아니다. 가정 단위에서 가부장제적 재산상속 문제, 빈곤, 질병 등을 이유로 자녀의 수를 제한하려는 것은 드문 일이 아니었다. 고대와 중세의 여성은 낙태를 일으킬 수 있는 신체적 충격을 스스로 가하기도 했고, 생명의 위험을 감수하면서 효과도 장담할 수 없고 인체에 유해한 독성이 있는 약초로 만든 약물을 낙태약으로 사용하기도 했다.[2] 부인들은 월경이 끊기면 스스로 알아서 '방법'을 찾았고, 남편들은 부인의 건강에 심각한 문제가 생기고서야 장모나 조산사, 의사에게 연락하는 것이 최선이었다. 그런데 오히려 효과적인 피임 도구와 안전하게 임신을 중지할 수 있는 의료적 방법이 개발되고 보급될 무렵에야 낙인이 강화된 것은 아이러니다.

오랫동안 재생산의 경험은 여성 스스로 해결해야 하는 사적인 영역이었고, 낙태는 대체로 무시되고 가끔 처벌이 가능한 사적인 행위로 취급받았다. 종교개혁 시기 전까지는 종교법과 교회 법원에서 낙태 행위를 규율했으나 중대한 악으로 바라봤던 것 같지는 않다. 이후 세속법과 성문법 안에서의 역사도 그리 길지 않다. 가장 초기의 낙태 관련법은 위험한 낙태약을 독극물 분류에 포함시키거나, 수련이 덜 된 의료인에 의한 여성의 신체 피해를 막기 위한 차원으로, 여성의 건강을 위한 법이기도 했다.

1869년까지의 종교법 그리고 보통법에서 초기 낙태는 합법적이었다. 정확히는 태동이 있기 전까지의 낙태(약 16주에서 20주 사이)는 지금의 낙태 개념에 포함되지도 않았다. 태동은 임신한 여

---

2 J. M. Riddle, *Contraception and Abortion from the Ancient World to the Renaissance*, Harvard University Press, 1994.

성이 판단할 수밖에 없다고 여겼는데, 의료화 전에는 여성의 재생산 경험에 무게를 부여했던 원칙을 알 수 있다.

그러던 19세기 초반부터 보통법 국가에서는 종교법의 유산에 따라 형법에 낙태의 범죄화를 성문화하기 시작한다. 특히 19세기 중반 미국에서는 영국의 보통법 전통과는 다른 차원에서의 범죄화 경향이 발생했다. 이전까지만 해도 낙태약은 공공연하게 영리 목적으로 광고·판매되었고, 낙태는 조산사의 진료소에서 흔하게 시술하던 행위였다. 그러던 19세기 중반, 의사들이 낙태 반대 캠페인을 시작했는데, 이들의 동기는 "일부 이데올로기적이고, 일부 과학적이며, 일부 도덕적이면서, 일부 실용적이기도" [3] 했다. 이들은 추가된 '과학적' 지식으로 생명의 시작이 태동이 아닌 착상부터라고 주장하기 시작했고, 도덕적인 차원에서 낙태를 생명에 대한 침해로 보기 시작했다.

하지만 보다 근본적인 동기는 따로 있었다. 이 무렵 의사의 직역은 학제로서 의과대학이 설립되고 직업으로서 전문화되기 시작한 시기였다. 의사들은 그동안 낙태를 제공했던 다른 의료 제공자들이나 여성들과 비교해, 자신들이 전문가적 권위를 독점하고 도덕적 우위를 점유하고 싶어 했다. [4] 당시 여성은 전문적 학

3 J. C. Mohr, *Abortion in America: The Origins and Evolution of National Policy*, Oxford University Press, 1979.

4 B. Ehrenreich & D. English, "Witches, Midwives, & Nurses: A History of Women

제가 된 의료 분야에 진출하는 것이 사실상 불가능했다. 1847년에 설립된 미국의학협회는 1857년 미국 산부인과학 형성에 기여한 의사로 일컬어지는 호라티오 스토어러Horatio Robinson Storer의 주도로 낙태의 범죄화 캠페인을 시작하고, 협회 내에 '낙태죄 위원회'The Committee on Criminal Abortion를 설립한다.[5] 협회는 1859년 만장일치로 스토어러의 보고서를 채택하고, 많은 주의 낙태 범죄화 입법을 적극적으로 주도한다. 미국의학협회는 그로부터 1세기가 지난 1967년에야 이 정책을 폐기한다.

1868년 스토어러는 자신의 주장을 요약한 대중 에세이 『왜 안 되겠는가? 모든 여성을 위한 책』Why Not?: A Book for Every Woman을 출간해 의사들에게 보급하면서, 생물학적으로 부여받은 모성의 의무에 반하는 여성의 임신중지 선택이 얼마나 본능에 어긋나는 비자연스러운 행위이고 도덕적으로 비난받아야 하는 일인지 강조하고, '남성'과 '의료'의 권위로 여성에게 낙인과 죄책감을 부여했다.[6] 이에 한 의사의 부인은 의료 저널에 익명의 반박 편지를 기고해, 부인들의 '평범한' 낙태 서사를 전하며 스토어러의 선동을 비판했다.[7] 19세기에 등장한 스토어러의 '배아의 인격

Healers", *The Feminist Press at CUNY*, 2010.

5 L. J. Reagan, "When Abortion Was a Crime: Women, Medicine, and the Law in the United States, 1867-1973", *Women and Politics* 21(4), 2000.

6 H. R. Storer, *Why Not?: A Book for Every Woman*, Arno Press, 1974.

성'fetal personhood 주장은 지금까지도 낙태 반대론의 중심적 프레이밍으로 사용된다.

비슷한 시기에 도덕주의자 앤서니 컴스톡Anthony Comstock에 의해 제정된 1873년 '컴스톡법'Comstock Law도 피임 등에 관련된 정보를 우편으로 전송하는 것을 금했다. 이로써 여성의 낙태 경험은 더욱 주변화되고 낙인화되어 갔다.

이즈음 소위 대륙법계로 분류되는 나라들은 프랑스의 '나폴레옹 코드'Napoleonic Code를 모델로 하여 형법전을 제정하기 시작한다. 일본도 근대화 작업으로 법제를 정비했는데 1880년 메이지 형법(이후 1907년 현행 형법)은 프랑스의 1810년 나폴레옹 코드를 참고하여 낙태죄를 도입한다. 비서구 국가인 일본에게는 생명이 태아 시기부터 시작된다는 종교적 개념이 매우 낯선 것이었으나, 서구를 모델로 한 근대화의 강한 열망으로 형법전에 포함시키게 된다. 일본의 1940년 국민우생법도 독일의 1933년 유전병법 영향을 받았다.

이렇게 하여 19세기까지 근대법 체계를 가지는 대부분의 국가가 낙태 행위를 범죄화하게 된다. 당시 여성은 공적으로는 참정권도 없었고,[8] 사적으로는 혼인 이후의 재산처분권이나 독자적

---

7 N. Stormer, "Why Not? Memory and Counter-memory in 19th-century Abortion Rhetoric", *Women's Studies in Communication* 24(1), 2010.

8 아킬 아마르(Akhil R. Amar)는 해당 법은 여성이 참정권을 얻기 전에 만들어졌으

친권이 없던 시대였다. 따라서 현재의 낙태법들은 여성이 올바른 결정을 할 수 없다고 판단하고 여성의 삶에 있어 자기결정권을 인정하지 않았던 19세기의 유산이라고 할 수 있다.[9]

로 대 웨이드 결정에서 해리 블랙먼Harry Blackmun 대법관은 "오늘날 대다수의 미국 주에 있는 제한적인 낙태 범죄화는 상대적으로 최근의 전통이다. 고대에서 연원하거나 보통법 전통도 아니다. 오히려 이 법들은 19세기 후반에 있었던 입법들에 의해 파생된 것이다. …… 당시 여성은 오늘날보다 더 넓은 범위로 임신을 중지할 권리를 향유했다"고 설시하며 범죄화를 오래된 전통으로부터 정당화하는 시각을 일축했다.[10]

1960년대 이후 임신중지의 접근에 대한 법적 변화

서구에서는 서프러제트Suffragette, 즉 여성의 참정권 보장 이후, 낙태 접근권에 대한 입법적 접근이 확대되었다. 여성운동과 여성

므로 그 자체로 위헌이라는 주장을 하기도 한다. J. M. Balkin, "Concurring in the Judgment in Part and Dissenting in Part in Roe v. Wade", *What Roe v. Wade Should Have Said*, 2005 참조.

9 재생산권 운동은 국가, 사회, 법원, 의사가 여성의 결정을 그 자체로 존중하고 신뢰하라는 의미에서 "여성을 믿으세요"(Trust Women) 같은 슬로건을 사용하기도 한다.

10 Roe v. Wade, 410 U.S. 113 (1973) at 123.

건강 운동의 1960년대 이후인 영국(1967년), 프랑스(1975년)를 비롯해, 임신 초기에 '제한 없는' 혹은 '사회경제학적 사유'로 낙태를 허용하는 나라들이 점점 늘어났다. 이 시기 국제 차원의 인구정책은 각 나라, 특히 서구에서 낙태 접근권이 확대된 것으로부터 영향을 받기도 했다.

한편 법원에서의 추상적 논증은 때로 사회로 잘못 번지기도 했다. 많은 법률학자들은 이전 시대의 일부 판례에서 '태아의 인격성'prenatal personhood 논의를 잘못 도입한 것이, 추상적인 차원의 논쟁과 좁은 의미의 법리 해석을 넘어, 여성의 재생산에 관한 결정에 대한 일상적이고 사회적인 논의에도 악영향을 끼쳤다고 비판했다. 세포의 생명성을 느끼는 사람들이 다른 생명에게는 그 가치를 부여하지 않는 아이러니처럼, 실제로 이 사회적 논의는 생명에 대한 존중보다는 여성의 자기결정권을 부정하는 용도로 종종 오용되기도 했다.

대부분의 헌법과 인권 규범은 명시적 권리 혹은 열거되지 않은 권리로 생명권을 든다. 하지만 그렇다고 하여 곧바로 태아에게 인격personhood을 인정하여 배아 혹은 태아에게 '생명권'right to life이 있다고 보지는 않는다. 각 국가에서 이렇게 보는 이유는, 많은 국가에서 생명권이 헌법상 절대적 권리라는 이유로 태아의 생명권이 여성의 기본권을 압도하는 법적 결과를 낳기 쉽기 때문이다. 헌법뿐만 아니라 법률에서도 사람의 생명은 착상에서부터 시작된다고 보는 경우는 거의 없다. 대부분의 국가에서 출생 이

로 대 웨이드
Roe v. Wade, 410 U.S. 113, 1973

미국 연방대법원의 1973년 결정. 여성이 가지는 헌법상의 사생활 권리가 임신중지에 대한 결정을 포함한다고 하며 임신중지에 대한 접근을 범죄화하거나 제한한 법이 위헌이라고 판단했다. 짧게 '로'(Roe)로 지칭되며, 미국의 낙태 의제가 로 이전과 로 이후로 구분될 정도로 역사적인 결정이다. 세계적으로는 여성 참정권 보장 이후 페미니즘 운동과 여성 건강 운동의 영향으로, 1970년대에 첫 세대의 낙태법 판례들이 차례로 등장하는 맥락에 놓여 있기도 하다.

1970년대 초까지 미국에서 낙태는 30개 주에서 모든 경우에 있어 불법이었고, 16개 주에서 강간, 근친상간, 건강상의 위험 등의 특정 상황에서만 합법, 4개 주에서만 완전히 합법이었다. 1970년 익명의 원고 제인 로(Jane Roe)와 그를 대리한 변호사들은 댈라스 카운티 지역 검사 헨리 웨이드를 피고로 하여 텍사스주 낙태법의 합헌성을 묻는 소송을 제기했다.

로는 해리 블랙먼 대법관이 작성한 다수 의견을 통해 삼분기(trimester) 원칙을 채택하여 처음 3개월 동안 임신한 여성이 (독자적 판단에 의하여) 의사와 상의하여 전적으로 낙태 여부를 결정할 수 있고 그다음부터는 제한 가능하다고 보았다. 다음 3개월 동안은 임부의 건강을 보호하기 위한 주의 필요 불가피한 이익을 인정하였고, 마지막 3개월 동안은 태아의 잠재적 생명에 대한 주의 필요 불가피한 이익을 인정했다. 또한 로는 태아가 수정헌법 제14조상의 사람은 아니며 생명이 언제 시작되는지는 법원이 답할 필요가 없다고 판단하였으나, 이에 불구하고 (태아의) 생명권은 낙태 반대 세력이 정치적으로 조직화하는 슬로건이 된다.

그러나 로가 국가 개입과 제한의 정당화의 길을 열어 준 것이 이후 하이드 수정안을 비롯한 많은 반동의 씨앗이 되었다는 비판도 있다. 또한 일부 헌법학자들은 이후의 정치적 반동을 막지 못한 로의 빈약한 법적 논증에 대해 아쉬움을 가지기도 했다. 이들은 국가가 낙태를 제한하는 것은 사적인 영역을 침해하는 것을 넘어 여성의 몸과 여성의 역할을 규제하며, 여성이 출산을 선택하고 계획할 능력을 제거해 스스로의 삶을 계획하고 타인과의 관계를 유지하고 임금노동과 공적 생활에 기여할 능력을 광범위하게 제한하며, 부당한 제한을 여성에게만 부가하는 성차별 차원에서의 여성의 자유와 평등, 동등한 시민권, 반종속이론 논증이 필요했다고 보고 있다.

이후 보수적인 대법관이 지명될 때마다 로의 운명은 주목받았다. 2018년 '균형추'로 불리던 케네디 대법관의 퇴임 선언 이후 트럼프 대통령은 보수 성향의 연방항소법원 판사 브렛 캐버너를 후임 대법관으로 지명한다.

지금 이 순간에도 재생산권 단체들은 "로를 지켜라"(#ProtectRoe)를 슬로건으로 하며 40여 년 전 어렵게 쟁취한 권리를 수호하고자 한다.

후에야 권리를 부여하며. 제한적으로 특정한 권리에 대한 '정지조건'으로 태아를 인정한다.

유럽인권위원회('유럽인권재판소'의 전신)의 1980년 '파톤 대 영국'Paton v. United Kingdom에서는 임신한 부인이 임신중단을 선택하는 것이 유럽인권협약 제2조 생명권을 위반한다는 남편의 주장이 제기되었으나, 인권위원회는 제2조와 다른 조항에서 "모든 사람"everyone에 태아가 포함되지 않는다고 보았다. 1992년 '알에이치 대 노르웨이'R.H. v. Norway에서도 동일한 주장을 기각했다. 유럽인권재판소는 2002년 '보소 대 이탈리아'Boso v. Italy에서도 이탈리아의 낙태 허용법이 협약 제2조를 위반하지 않는다고 보았다. 2004년 '보 대 프랑스'Vo v. France에서는 의사의 과실로 유산을 겪은 여성이 협약 제2조에 근거하여 형법상 과실치사를 주장했으나, 법원은 다시 "태어나지 않은 아이는 협약 제2조에서 직접적으로 보호하는 '사람'으로 볼 수 없다. 만일 태아가 (이른바) '생명'의 '권리'를 가진다고 해도 그것은 암묵적으로 모母의 권리와 이익에 의해 제한될 수밖에 없다"라고 하며 이 주장을 기각했다. 유럽인권재판소는 "생명의 시작에 대한 과학적·법적·유럽적 합의consensus는 존재하지 않는다"고 하며 이 주장을 반복적으로 기각한다.

국가 단위의 판례도 마찬가지다. 제1분기의 요청에 의한 낙태를 허용한 오스트리아 형법에 대하여 오스트리아 헌법재판소의 1974년 합헌 판례도 생명권 주장을 기각한다. 프랑스 국사원의

1975년 판례에서도 태아는 프랑스 헌법상 권리가 보장되는 '아이'가 아니라고 보았다. 프랑스 국사원의 1991년 판례는 프랑스 낙태법에 대하여 유럽인권협약 제2조의 생명권, 자유권 규약 제6조의 생명권을 침해하지 않는다고 보았다. 동일한 취지의 네덜란드 법원 1990년 판례도 존재한다. 1998년 남아공 판례에서도 남아공 헌법 제11장의 "모든 이는 생명권을 가진다" 가운데 "모든 이"everyone가 "모든 사람"every person을 의미하고, 이는 살아 태어난 이후에야 부여되는 것이며, "여기서 문제는 배아가 인간이냐가 아니라, 그것이 당신과 나와 동일한 법적 보호를 받아야 하는 것이냐이다"[11]라고 설시했다.

한편 독일의 판례는 1970년대부터 국제적으로 예외에 해당했다. 1975년 독일 헌법재판소는 "태아는 사람과 동일시할 수는 없지만, 그 자체로 독립적·법적 가치가 있기 때문에 몇 가지 제한적인 헌법적 보호를 받는다"고 판시했다. 특히 독일 판례가 태아의 생명에 대한 보호를 이야기하며 마치 여성의 권리와 양립할 수 없고 대립하는 가치로 설시한 것이 문제가 되었다. 독일의 판례는 같은 시기 1970년대의 다른 국가(미국, 프랑스, 오스트리아 등)에 비해 반대쪽 극단에 있었고, 비교법적으로 많은 비판을 받았

---

11 "The question is not whether the conceptus is human but whether it should be given the same legal protection as you and me."

다. 하지만 자세히 들여다본다면 이런 외관을 넘는 맥락이 존재한다.

독일은 통일 이후 구동독의 낙태법을 많이 받아들이며 서독 시기보다 넓은 범위의 합법화를 이뤄 낸다. 1993년에는 1975년의 판시를 유지하는 입장이었으나 또한 임부의 다양한 권리를 인정하기도 했다. 임부의 권리는 독일 기본법 제2조 제1항 개인적 발달의 권리, 제2조 제2항 신체 통합성과 생명의 권리, 제1조의 존엄성을 포함한다. 현재 독일 낙태법의 유연성과 실제 적용례를 볼 때, 독일 헌법재판소가 보는 태아의 권리와 이익은 임부의 권리에 종속적이라고 볼 수 있다. 배아·태아의 생명권을 간단하게 인정한 한국의 판례는 치밀한 논증 없이 독일의 영향을 받았을 수도 있다.

압도적으로 많은 사례에서 배아와 태아의 절대적 생명권을 인정하지 않음에도, 낡은 형법을 두고 '낙태가 범죄인가 혹은 합법적인가'를 다룰 수밖에 없는 법적 논증은 결과와 상관없이 사회적 담론과 언어를 제한해 왔다. 발달단계의 세포인 배아가 실제 비율과 맞지도 않는 큰 사진으로, 혹은 실제 낙태와는 거리가 먼 출산 직전의 태아 사진으로 낙태 관련 언론 기사에 등장하고, 여성은 트라우마적 상황에서 의료인에 의해 구원받는 '위험에 처한 여성'damsel in distress으로 판결문에 등장한다. 생식능력을 개인의 자율성에 따라 통제할 수 있게 된 여성, 함께 그 혜택을 받은 파트너와 다른 자녀들의 이야기는 거의 등장하지 않는다.

이에 법적 논증 과정이 만드는 서사의 빈곤을 간파한 여성운동 진영은 개인의 다양한 재생산권 이야기를 서로 나누고 사회에 전하고자 노력했다. 이 노력은 헛되지 않았고 지난 수십 년간 낙태법은 여성운동에 힘입어, 의회에 의해 입법적으로, 법원에 의해 사법적으로, 혹은 2018년 아일랜드 국민투표처럼 직접민주주의에 의해 진보해 나갔다.

제2차 세계대전 이후의 인구정책과 재생산 건강

인류 역사의 99퍼센트의 기간 동안 '인구'는 우려할 만한 문제가 아니었다. 하지만 최근 1세기 동안 인구는 전 지구적인 문제가 되었고 이에 국제적·국가적 인구정책이 등장하며 여성의 재생산 건강과 교차하게 됐다.

1798년 제1차 산업혁명의 시기 경제학자 맬서스Thomas Malthus는 『인구론』An Essay on the Principle of Population이라는 제목으로 더 잘 알려진 저작 『인구의 원리에 관한 일론, 그것이 장래의 사회 개량에 미치는 영향을 G. W. 고드윈·M. 콩도르세 그리고 그 밖의 저작가들의 사색에 언급하며 논함』을 익명으로 출판한다. 그로부터 150년이 지난 뒤, 인구가 기하급수적으로 증가하고 필요한 식량이 산술급수적으로 증가해 전 세계가 식량 위기를 맞을 것이라는 맬서스의 인구론에 기반한 국제적·국가적 인구정책이 등장했다. 제2차 세계대전 이후 의료 수준이 높아져 영·유아 사망률이 급감하고 평균수명이 늘어나면서 전 세계적으로 인구가 급증하자, 맬서스의 주장이 세계 각지에서 진지하게 받아들여진 것이다. 1968년 스탠퍼드 대학의 생물학자 폴 R. 에얼릭 교수와 앤 에얼릭[12] 부부도 저서 『인구 폭탄』*The Population Bomb*을 통해 "인간이 사실상 지구상에 너무 많이 존재하기 때문에 대재앙의 끝자락에 이미 도달해 있다"고 주장했다. 이 연구는 1950, 1960년대에 팽배했던 공포에 근거를 제공했고, 환경주의에 기반한 입장과 경고적인 내용 때문에 크게 주목받았다.

미래의 인구 결과는 출생과 사망의 수준, 내부와 국제 이민 등 다양한 역학에 의해 결정된다. 인구 숫자나 밀도도 중요하지만, 출생률은 인구구조, 부양 의존도, 노동력의 상대적 비율을 결정하기 때문에 특히 중요하다. 특히 전후 개발도상국은 대부분 인구 통제가 당면한 과제였고 국가로서는 이민 등 다른 복잡한 변수에 비해 출생률 감소는 개입하기 쉬운 변수였다. 본질적으로 가족을 구성할 권리는 개인의 권리이고, 개인과 가족이 자녀 수를 결정하면서 미래의 인구 결과를 결정하는 것이지만, 국가는 상황에 따라 반출생주의antinatalist 인구정책 또는 출생주의pronatalist 인구정책을 채택하며 이를 주도하는 문화를 형성하거나 커플에게 재정적 유인을 제공하여 직간접적으로 인구 결과에 개입

---

12 남편과 함께 연구했으나 단행본에는 공동 저자로 기재되지 않았다.

혹은 대응하고자 했다.

특히 1952년은 국제 인구 운동이 시작한 해로도 볼 수 있을 것이다. 두 개의 중요한 기구, 국제가족계획연맹International Planned Parenthood Federation, IPPF과 인구위원회Population Council가 이때 출범한다.[13] 초기 국제 인구 운동은 미국 출신의 인구학자, 정책 연구자, 싱크탱크가 주도하며 미국 정부의 대응을 추동했다. 특히 대외 원조와 개발 원조를 주 임무로 하는 미국 연방정부 독립 기구인 미국국제개발처United States Agency for International Development, USAID는 1961년 설립된 이래 지금까지도 세계의 민간 공적 원조의 가장 큰 부분을 담당하고 있다. 1960년대 말 미국국제개발처는 인구정책과 관련해 최대 원조를 제공했다. 또 1969년엔 유엔인구기금이 설립된다.

하지만 낙태에 대한 인구정책의 태도는 일관적이지 않았다. 때로는 '가족계획' '산아제한'이라는 단어에서 낙태를 드러내지 않고자 노력했다. 특히 가족계획 교육 이후 정작 '피임이 실패할 때는 어떻게 해야 하는지'를 전혀 이야기하지 않는 것은 심각한 위선이자 모순이다. 인구 변천demographic transition의 첫 번째와 두 번째 단계에서 원하는 가족 규모의 빠른 감소로 인해 피임과 낙

13 J. F. May, *World Population Policies: Their Origin, Evolution, and Impact*, Springer Science & Business Media, 2012.

태 욕구가 높아지기 때문에 가족계획 교육에서 이 두 가지가 분리될 수 없다. 따라서 일본 등 여타 국가에서는 낙태 관련법과 정책을 유연화하거나 한국처럼 형법전을 무력화하는 국가정책이 등장하기도 했다.

1950년대 일본, 싱가포르의 '모범적인' 인구 조절은 국제적인 주목을 받았다. 이에 따라 1975년 전체 개발도상국의 77퍼센트의 인구가 인구 증가의 감소 정책 채택에 영향을 받았다. 이 시기 많은 국가에 국가 주도의 인구위원회가 설립된다. 인구위원회들은 국제기구, 원조국들의 지원을 받았다. 한국도 미국국제개발처의 많은 원조를 받았고, 인도의 인구위원회도 1970년대 세계은행, 스웨덴국제개발기구, 유엔인구기금 등의 원조를 받았다. 하지만 인도의 집단 불임수술 캠프는 악명이 높아 얼마 전 2014년까지도 사망 사고가 발생했다. 출산력에만 집중하는 국가 주도 인구정책의 참사 가능성은 시작부터 우려를 받았다.

한편 로 대 웨이드 이후 미국 내 담론이 급격하게 정치화되면서 국제 원조도 공격을 받게 된다. 1984년 미국 레이건 정부는 멕시코시티에서 열렸던 유엔 인구 개발 컨퍼런스를 기점으로 '멕시코시티 정책' 혹은 '국제 금지 규정'Global Gag Rule을 채택하며, 낙태 상담이나 연계, 낙태를 비범죄화하거나 낙태 접근을 높이는 운동을 하는 비정부기구에 연방 기금을 수여하는 것을 금지했다. 이 과정에서 국제가족계획연맹은 20퍼센트의 기금을 잃었다. 이 정책은 1993년 빌 클린턴 대통령에 의해 철회되었다가

2001년 조지 W. 부시 대통령에 의해 재도입, 2009년 버락 오바마 대통령에 의해 다시 철회된다. 오바마 대통령에 의해 지명된 힐러리 클린턴 국무장관은 인준 청문회에서 낙태는 "안전하고, 합법적이고, 드물어야 한다"Safe, legal and rare라고 하며 낙태를 포함한 재생산 건강에 국제 원조를 지속할 의지를 펼쳤다. 하지만 인구 변천의 차원에서 특히 원하는 가족 규모가 극감하는 개발도상국의 여성은 피임과 낙태 욕구가 높기 때문에, 낙태가 드물기는 어려운 일이다. 이 발언 자체도 비도덕을 함의하는 낙인이지만, 미국의 정파적 상황에서 취할 수 있는 가장 최선이었다고 볼 수도 있을 것이다. 이때만 해도 미국의 국제 재생산 건강 관련 원조는 회복되는 상황이었지만, 2017년 도널드 트럼프 대통령에 의해 다시 국제 금지 규정이 도입되면서 또 다른 국면을 맞는다. 낙태에 대한 접근성은 미국에서 첨예한 당파적 논쟁의 의제가 되며, 어느 정당 출신 후보가 미국 대통령이 되느냐에 따라 전 세계 개발도상국 혹은 제3세계 여성들의 건강권이 좌지우지되는 결과를 낳게 된다.

미국에서의 기원을 가졌던 인구 운동은 미국 내 정치의 영향으로 미국의 역할이 점차 줄면서, 유럽과 일본이 국제 인구정책과 가족계획에서 중요한 원조국이자 이해관계자로 등장하게 되었고, 지금까지도 유지되고 있다.

전후 일본, 한국, 대만 등 아시아 국가들은 인구정책 담론을 잘 받아들였다. 일부 경제학자들은 인구 수준과 개발의 상관관계에 대해 의문을 제기하지만, 다수의 인구학자들은 한국, 대만, 싱가포르 등 소위 '아시아 호랑이들'의 경제성장에는 인구정책이 큰 역할을 했다고 보고 있다.

일본의 경우, 메이지 정부는 1868년 부국강병 등의 이유로 산파의 약물 판매와 낙태를 금지하는 법령을 공포하고, 1880년(메이지 13년)의 구 형법과 1907년(메이지 40년)의 현행 형법에서 '낙태죄'를 제정했다. 전후 마거릿 생어Margaret Sanger의 일본 방문은 가토 시즈에 등의 여성 계몽 운동가들에게 큰 영향을 끼쳤고, 외국의 빈민가를 방문하고 온 일본의 엘리트들은 산아제한 담론과 우생학적 함의를 그대로 수용했다. 1948년 우생보호법을 제정한 일본은 이듬해인 1949년 사회경제적 사유를 추가하고, 그 해 내각에 인구위원회를 설립했다. 이런 빠른 대응에는 의료계 등 이해관계자들의 로비가 중요한 역할을 했다. 1970, 1980년대에는 보수 단체에 의해 개정 논쟁이 촉발되었으나 그때마다 저지되었다. 이후 1996년 모체보호법으로 개편하면서야 비로소 장애인에 대한 강제 불임수술 조문이 삭제됐다. 현재도 강제 불임수술 피해자들의 국가에 대한 손해배상 청구소송이 계속되고 있으며, 일본의 재생산권 운동은 강제 불임수술에 대한 피해 대응을 시작한 1997년을 본격적인 운동의 기점으로 보기도 한다.

아시아에 비해 라틴아메리카 국가들은 인구정책의 필요성을 절실하게 느끼지 못했다. 하지만 불법적 낙태로 인한 임부 사망 등 의료와 공중보건 문제가 대두되었다. 활동가들은 가족계획 운동을 출생을 줄이는 것이 아니라 낙태를 줄일 수 있는 반낙태적인 것으로 프레이밍하여 정책 결정자들의 지지를 받고 또 가톨릭교회의 직접적인 반대를 피할 수 있었다. 그러나 지금까지도 침해적인 낙태법의 장벽에 막혀 제한적인 가족계획 교육을 병행할 수밖에 없다.

이렇듯 글로벌 정치에 따른 인구정책의 영향은 균질하지 않았다. 인구정책은 여성의 생식력이 국가에 의해 통제 가능한 변수라는 전제를 암시하고 있었고, 이는 인권 운동과 끊임없는 긴장을 만들어 냈다.

'가족을 구성할 권리'는 인권 규약에서 도출되는 권리이지만, 1968년 테헤란 국제인권회의에서야 재생산권과 유사한, 직접적인 표현이 처음 등장한다. 회의의 최종 결의서 제16조는 "부모는 자유롭고 책임 있게 그들의 자녀의 수와 터울을 결정할 기본적인 인권을 가진다"고 명시하고 있다. 이와 같은 자녀의 수와 터울을 결정할 여성의 권리는 1970년대와 1980년대 여타 국제회의에서도 확인되는데, 시간이 지나면서 기본적인 '재생산적 자결권 및 자율권'을 구성하는 것으로, 재생산권에 관해 더욱 폭넓은 이해를 포함하는 개념으로 발전되고 확장되었다.

1994년 카이로에서는 여성의 출산력에만 집중하는 인구정책에 대해 권리의 담론으로 제동을 거는 입장이 모아지기 시작했다. 비로소 인구문제에 재생산 건강과 권리를 이야기할 수 있게 된 것이다. 하지만 여전히 인구 관련 컨퍼런스에서는 낙태를 가족계획의 효과적인 수단으로 홍보하는 합의에는 이르지 못하고 있다. 인구정책 주의자들과 가족계획 운동가들의 불편한 동거는 '낙태'를 이야기하지 않는 수준에 그치고 있다.

국제 인구 운동은 이제 메시지가 다변화되었다. 국가마다 상황의 스펙트럼이 넓어졌기 때문이다. 이제 국제 인구 운동은 지구화, 이민의 역동성이라는 변수, 국가 개입에 대한 의심스러운 시선들, 인구정책, 가족계획, 재생산 건강, HIV/AIDS 프로그램 등, 주체나 이해관계자가 파편화되고 다양해졌다. 일부에서는 여전히 인구정책을 그 자체로 반페미니즘적인 것으로 보기도 한다. 그러나 인구정책을 우생학적 음모로 보았던 비판은 충분히 검증되지 않았다.

과연 인구정책과 여성운동은 화해할 수 있을까?[14] 인구정책은 경제성장과 환경의 문제를 다루며 '적정한 인구'의 수준을 고민하고 대응한다. 이 과정에서 인구정책은 필연적으로 일종의 권리 충돌 문제를 낳는다. 인구정책 자체도 사실은 권리의 문제, 즉 미래의 권리에 입각한 것이며, 집단의 권리에 대한 공리주의적 입장에서 나온 것이다. 이 전제 아래 출산력 제고에만 집착한다면 여성의 자율적 결정은 그가 속한 커뮤니티의 미래를 제한하

14 P. W. Eager, *Global Population Policy: from Population Control to Reproductive Rights*, Routledge, 2017.

지 않는 조건에만 정당화되는 것이 된다. 많이 낳아도 안 되고, 적게 낳아도 안 되고. 여기서의 미래는 전 지구적 차원일 수도 있고, 국지적인 국가의 차원일 수도 있다. 세계의 인구는 190개 이상의 국가에 분산되어 있는데 나라마다 인구의 상황은 매우 다르다. 어느 국가에 태어난 여성이냐에 따라 자신의 생식능력에 관한 결정이 어느 방향으로든 통제된다는 것을 누가 받아들일 수 있는가.

인구정책은 결국 개인의 인권에 기반해야 한다는 게 1990년대 이후의 합의다. 통합적 인구정책은 성평등 정책, 이민정책, 사회보험, 고령자의 고용정책 등의 많은 요소를 아우르고 있으며, 더는 단지 여성에 대한 문제가 아니다. 또 이미 수십 년간 여성을 비롯한 개인의 가치관, 선호, 삶 자체가 변화했다. 지금은 행동의 변화로 이어질 수 있는 실질적인 법과 정책을 고민할 때이지, 낡은 낙태죄의 규범성을 강화하는 등의 퇴행적인 방식을 고수할 때가 아니다. 유인을 넘어 개인의 선택을 강제하는 인구정책은 반인권적일 뿐만 아니라 결코 효과적이지 않다.

한국의 낙태 범죄화와 가족계획·인구정책

그렇다면 한국에서 낙태는 어떻게 다루어졌을까. 한국에서 낙태는 일제의용형법 이전에는 범죄화된 적 없는 행위였다.[15] 조선시대에는 자自낙태는 처벌하지 않았고 타他낙태는 상해의 일종

으로 보아 처벌했다.[16]

우리 법제가 직접적인 영향을 받은 일본에서는 제2차 세계대전 전까지 피임은 불법이었다. 1949년 우생보호법에 포함된 '사회경제적 사유'는 상당히 넓게 해석되어 서구의 1960년대보다 이르게, 사실상 '요청에 의한'on request을 낙태 허용 사유로 포함하게 된 것으로 평가한다. 일본은 법 개정과 함께 피임 방식이 보급되고, 전후 세대의 작은 가구 유지, 삶의 질 개선 등 경제적 욕구와 합쳐지면서 빠르게 인구 제한이 이뤄졌다. 이로써 낙태는 자유로워졌으나, 개인의 권리에 기반한 법의 변화는 아니었다. 이 영향을 한국도 직간접적으로 받았다고 할 수 있다.

한국에서 낙태는 규범의 존재와 현실의 실효가 불일치하는 양상을 보인다. 한국은 1953년 제정 형법에 낙태죄가 포함되었지만, 이는 1960년대부터 국가가 적극 추진한 인구정책과는 모순되는 것이었다. 경제개발 5개년 계획이 수립될 무렵, 정부는 가족계획 운동을 통한 인구 억제를 경제개발의 중요한 요소로 간주했고, 보건사회부는 가족계획 운동을 연차별 주요 업무로 책정했다. 또 정부는 해외이주법을 제정해, 브라질을 포함한 남미

---

15 이영아, "1920-1930년대 식민지 조선의 '낙태' 담론 및 실제 연구", 『의사학』 22권, 대한의사학회, 2013.

16 신동운·최병천, 『형법개정과 관련하여 본 낙태죄 및 간통죄 연구』, 형사정책연구원, 1991.

와 파라과이 등으로의 이민정책을 추진하기도 한다. 당시 한국 정부가 설정한 목표는 제1차 경제개발 기간(1962~1966년) 동안 인구 증가율을 2.7퍼센트로 감소시키는 것이었다. 한국의 인구정책 사업에는 미국국제개발처 등의 원조, 국제 인구 관련 기구들의 교육이 큰 역할을 했다. 사업을 넘어 법률적 차원으로는 1973년 모자보건법을 도입하고 제14조에 "임신의 지속이 보건의학적 이유로 모체의 건강을 심하게 해하고 있거나 해할 우려가 있는 경우" 임신중절 수술을 허용한다는 내용이 실리면서, 이 내용의 구체적 의미와 상관없이 정부가 인구정책 차원에서의 낙태 자유화의 신호를 주었고, 이는 현실에 영향을 미쳤다.

한편 형법학자들은 규범과 현실의 부조화로 인해 형법전의 규범력이 약화되는 것을 우려하기도 했다. 국가의 임의적 정책에 따라 (악법이라도) 법이 쉽게 무력화된다는 것은 어떤 법률가들에게 가장 견딜 수 없는 일이었다. 이 우려는 낙태유연화론으로 이어졌다. 한편 낙태유연화론에도 모자보건법을 통해 허용 범위를 늘이려는 차원과 형법전에서 삭제하는 비범죄화 차원의 온도차가 존재하고 이 같은 제한적인 논의는 '도덕적으로 바람직하지 않은 일'이라는 인식에서 출발한다. 이는 길지 않은 형법전의 범죄화 역사의 유산이자 낙인이라고 볼 수 있다.

한국의 가족계획과 인구정책의 진행 과정에서 여성은 생식능력 통제의 선택지가 넓어졌고, 이를 자신의 욕구에 따라 활용하려는 여성의 자율성과 행위성도 발견할 수 있다. 그러나 낙태의

범죄화는 여전히 여성의 재생산 경험을 비가시화하는 측면이 있었다.[17]

재생산 건강과 권리의 이름으로

거시적인 차원에서 인구정책은 필요하다. 고령화가 경제구조에 어떻게 영향을 미칠 것인지 대비하고 설계하는 일은 빈곤과 경제 붕괴를 막을 수 있다는 점에서, 모두의 미래를 위해 매우 중요한 일이다. 하지만 단언컨대, 이것이 개인의 기본적인 권리를 침해하거나 앞설 수는 없다. 또 '다문화'의 탈을 쓴 한국의 인종차별적 통합주의가 인구정책에 있어 이민 변수를 잘 활용할 수 없게 한 것이 아닌지 고민할 필요도 있다.

역사적으로 여성은 자신의 생식능력을 통제하고 그것을 넘어 자신의 삶을 자율적으로 설계하고자 했다. 인구 팽창 시기의 국가는 출산율을 낮추고자 했다. 한국의 1960년대부터 1980년대 초반까지, 서로의 입장이 합치되는 선에서만 국가는 여성에게 여러 출산 조절 수단을 제공했다. 하지만 이 서비스는 여성의 재생산 권리에 기반한 것은 아니었다.

17 배은경, "가족계획 사업과 여성의 몸: 1960-1970년대 출산 조절 보급 과정을 통해 본 여성과 '근대'", 『사회와 역사』 67권, 2005.

저출산 '위기'를 극복한다는 말은 도대체 무엇일까? 이것이 여성의 자율적인 재생산 권리를 침해하지 않고 가능할 수 있을까? 가장 최악의 사례로 일컬어지는 루마니아의 차우셰스쿠 정권의 여성 권리 침해는 인구정책의 미명 아래 진행되었다. 국가에 의한 임신·출산으로의 '강제'가 아니기 위해서는 재생산 권리의 실질적 보장 위에서 논의해 나가야만 한다. 인구 제한 시기에 국가가 제공하던 것, 이제는 시장 안에서만 판매되는 것들을 넘어, 포괄적인 차원의 재생산 건강과 권리의 이름으로 보장되어야 한다. 물론 임신중지의 넓은 허용이 항상 여성의 재생산 건강 보장으로 이어지지는 않았다. 페미니스트들이 비판했던 인구정책, 인도나 중국의 강제적·비자발적 불임수술, 전체주의적 '한 자녀 정책'의 그림자를 유념할 필요가 있다.

애써 돌아온 길이다. 낙태법을 형법으로 규율하는 시대는 국제적으로도 뒤처진 지 오래되었다. 낙태가 단지 국가가 허용하는 행위가 아니라 국가에 요구해야 하는 권리로 인정받는 동안, 한국은 아직도 형법상 낙태죄를 규정하는 국가로 남아 있다. 이 상태가 유지될 수 있었던 이유는 그나마 인구정책의 '혜택'이었을 것이다.

상상 속 어두운 뒷골목의 불법 시술소와 의료 사고만이 전형적인 피해인 것은 아니다. 한국의 범죄화 낙인은 기본권적으로 국가에 요구해야 하는 기초적 재생산 서비스조차 정당하게 제공받을 수 없게 하고, 재생산 건강과 권리의 논의를 어렵게 만들 뿐만 아니라, 근본적으로 여성과 개인의 결정을 신뢰하지 않는다는 여성 혐오이자 국가 폭력의 발로이다. 이를 바로잡기 위해 이제 재생산권에 기반한 낙태의 비범죄화부터 이뤄져야 한다.

섹스 없는 임신, 임신 없는 출산

김선혜

#1 30대 비혼 여성 A씨는 정자 기증을 받아 체외수정을 통해 자신의 아이를 낳았다.

#2 선천적으로 자궁이 없는 B씨는 자신의 난자와 남편의 정자를 이용하여 만든 배아를 대리모의 자궁에 착상시켜 아이를 낳았다.

#3 한 40대 게이 커플은 기증받은 난자와 대리모를 통해 아이를 낳았다.

이들은 연령, 장애나 질병 유무, 성적 지향, 혼인 여부는 각기 다르지만, 모두 대표적인 **보조생식기술**의 하나인 체외수정기술[1]을 이용해 아이를 낳았다. 이 새로운 기술은 아이를 낳고자 하는 커플 혹은 개인에게 어떠한 방식으로 '아이 낳을 권리'를 보장해 주고 있을까. 또 생식세포(난자 혹은 정자) 공여자 혹은 대리모처럼, 재생산과 관련된 신체의 한 부분이나 능력을 타인에게 제공하는 것은 어떻게 바라봐야 할까.

한국에서는 1985년에 처음 체외수정으로 임신한 아이가 태어났다. 체외수정은 채취된 정자와 난자를 시험관에서 수정시키고, 수정된 배아를 다시 여성의 몸속에 착상시키는 방식으로 임신이 이루어지도록 하는 기술이다. 여성의 몸 밖에서 수정이 이루어지기 때문에, 배아는 여성의 몸 밖에서 이동, 저장, 교환된다. 이 과정에서 배아는 제3의 여성에게 이식될 수 있으며, 이는 곧 대리 임신·출산이 가능함을 의미한다. 한국에서 이런 대리 임신·출산이 처음 성공한 것으로 공식 보도된 것은 1989년[2]이다.

1 '시험관 아기' '시험관 시술'이 널리 통용되나, '체외수정기술'이 올바른 표현이다. 정자와 난자의 수정이 시험관에서 이루어지기 때문에 시험관 시술이라고 불리게 되었지만, 수정된 배아는 여성의 몸에 다시 착상돼야만 자라나 태어날 수 있다. 시험관 아기라는 명칭은 마치 시험관에서 아기가 만들어지는 것 같은 인상을 주지만 그렇지 않으며, 이는 발전된 보조생식기술 사용에 있어서도 임신·출산의 과정에서 여성의 몸이 필수적으로 요청된다는 사실을 가려 버린다.
2 "잇따른 출산 논란 부른다: 대리 임신모", 『중앙일보』(1989/10/21).

보조생식기술

Assisted Reproductive Technologies

통상적으로 난임 치료 혹은 난임 시술을 의미한다. 보조생식기술의 하나인 체외수정기술은 남녀의 성관계를 통한 임신·출산이 아닌, 난자와 정자가 시험관에서 수정되고 다시 착상이 되는 방식으로 임신이 이루어지는 대표적인 기술이라 할 수 있다.

난임의 원인은 매우 다양할 수 있기에 보조생식기술은 난임의 원인을 근본적으로 치료하는 기술이라기보다, 보조적인 방식으로 임신·출산이 이루어질 수 있도록 개입하는 재생산 기술이다. 예를 들어, 나팔관이 막혀 있어 수정이 되기 어려운 상태라면, 난자를 추출하여 시험관에서 수정시키는 방식으로 임신을 시도하게 된다.

세계 최초의 체외수정을 통한 출산은 1978년 영국에서 이루어졌으며, 이후 이러한 보조생식기술은 전 세계적으로 빠르게 확산되어 정상화된 출산 의료 기술의 하나로 많은 나라에서 사용되고 있다. 지난 40년간 체외수정으로 태어난 아이의 숫자는 800만 명으로 추산되고 있으며,[3] 그 숫자는 지속적으로 증가하고 있다. 한국의 경우 난임 인구의 증가와 더불어 정부의 난임 부부 지원사업 등의 보조금 지급 사업을 통해서, 체외수정을 통해서 태어나는 아이의 비율이 다른 나라에 비하여 높은 편이다. 2018년 상반기 체외수정으로 태어난 출생아는 1만 654명으로 집계되었으며, 이는 같은 기간 전체 출생아 17만 1600명의 6.2퍼센트에 해당한다.[4]

이런 체외수정기술이 처음 도입되었을 때는 '인공적' 방식으로 임신과 출산이 이루어진다는 것에 대해 많은 사람이 거부감을 표현했지만, 2018년 현재 '난임'을 극복하기 위한 효과적인 의료적 개입으로 널리 이용되고 있다. 정부는 '저출산'을 해결하기 위한 장려 대책의 하나로 체외수정 시술비를 적극적으로 지원하고 있고, 다른 한편에서는 임신·출산을 미루고 있는 많은 여성에게 '난자 동결 은행'이 대안으로 고려되고 있다.

이처럼 '섹스 없는 임신, 임신 없는 출산'이 정상화된 의료 기술의 하나로 일상적으로 실천됨에 따라, 성, 재생산, 가족, 아이, 모성의 의미가 급격히 변화하고 있다. 임신과 출산은 이성간 성관계의 결과라는 오래된 믿음이 도전받고 있으며, 출산한 여성이 당연히 태어난 아이의 엄마일 것이라는 추정이 흔들리고 있다. 왜냐하면 남녀의 성관계 없이 정자와 난자가 시험관에서 수정되고 있고, 수정된 배아는 제3의 여성에게 이식될 수 있으며, 이렇게 태어난 아이의 법적·사회적 부모가 정자 제공자나 난자 제공자, 혹은 임신·출산을 수행하는 여성과 동일한 주체일 필요가 기술적으론 전혀 없기 때문이다. 이런 상황에서 여성들은 가부장적 혈연주의 속에서 이루어진 임신·출산의 압력으로부터

3 "8 Million IVF Babies Born in 40 Years Since Historic First", <CNN>(2018/07/03).
4 "체외수정 한번에 300만 원 훌쩍 …… 난임, 의료비 폭탄에 시름", 『한국일보』(2018/08/28).

해방될 수 있을까? 새로운 재생산 기술은 더 많은 선택지와 권한을 여성에게 부여해 줄 수 있을까? 아니면 오히려 여성의 몸이 '아이 낳기 산업' 속에서 또다시 대상화, 상품화되는 것일까? 이 글에서는 보조생식기술의 발전이 변화시키고 있는 일상을 페미니스트의 시각에서 어떻게 해석하고 개입할 수 있는지를 탐색해 보고자 한다. 또한 페미니스트들이 이제까지 주요한 정치적 의제로 주장해 온 재생산권이 보조생식기술 시대에는 무엇을 의미하는지, 이 속에서 아이를 낳을 수 있는 권리는 누구에게 주어질 수 있는지를 살펴보고자 한다. 한 아이를 낳는 과정에 여러 다른 주체들이 참여하게 됨으로써 다양한 주체들의 권리가 충돌하게 되는 경우, 어떤 권리가 우선적으로 보장되어야 하는지의 문제가 시급히 논의되어야 하기 때문이다. 보조생식기술 이용을 둘러싼 재생산권의 개념들이 어떻게 형성되는지를 살펴봄으로써, 이 과정에서 발생하는 윤리적 긴장과 갈등에 페미니즘이 어떻게 개입해야 할지에 대해 논의해 보고자 한다.

"불임이 아니라 난임입니다"

한국 사회에서 체외수정을 비롯한 보조생식기술의 일차적인 대상은 '불임'인 (이성애) 부부였다. 불임은 의학적으로 피임을 하지 않고 성관계를 정기적으로 했음에도 1년 이내에 임신이 되지 않는 경우를 의미한다.[5] 이런 정의가 가능한 것은 의학적으로 한

번의 월경주기당 임신 확률이 20퍼센트이며, 배란기에 성관계를 하는 경우에도 그 성공률이 35퍼센트가 넘지 않기 때문이다. 원인 불명으로 임신이 되지 않는 일도 점점 많아지고 있지만, 난소나 나팔관, 혹은 자궁에 문제가 있어서 임신이 잘 되지 않는 때도 있고, 정자의 활동성이나 숫자에 문제가 있어서 임신이 되지 않는 예도 있다. 과거에는 이런 다양한 원인에 의해 임신이 되지 않는 경우 이를 극복할 수 있는 방법이 별로 없었던 반면, 체외수정을 비롯한 의료 기술의 발전은 비교적 빠르게 문제를 해결한다. 하지만 이런 기술 사용을 '불임 치료'라고 보기는 어려운데, 불임의 원인을 근본적으로 치료하기보다는 '다른' 방법을 통해서 아이를 낳을 수 있도록 도와주는 방식이기 때문이다. 예를 들어, 난자에 유전적인 문제가 있어서 수정이 이루어지지 않는다면 이를 치료하는 것이 아니라 타인으로부터 공여받은 난자를 이용하여 임신을 시도한다거나, 선천적으로 자궁이 존재하지 않을 때에는 대리모를 고용하여 아이를 낳는 방법이 제시된다.

이처럼 임신·출산이 어떤 경우라도 불가능한 것이 아니라 조금 어려운 것일 뿐이며, 이런 어려움 또한 적절한 의료적 조치와 개입이 이루어진다면 극복할 수 있는 것이 됨에 따라, '불임'이

5 이 정의는 WHO에 의한 것이며, 한국 모자보건법에서는 '난임'을 "부부가 피임을 하지 아니한 상태에서 부부간에 정상적인 성생활을 하고 있음에도 불구하고 1년이 지나도 임신이 되지 아니하는 상태"로 정의하고 있다.

아닌 '난임'으로 용어가 바뀌어 널리 사용되고 있다. 불과 십여 년 전만해도 '불임'이라는 용어가 좀 더 익숙하게 통용되고 있었는데, 불임이라는 용어가 가지고 있는 부정적인 인식과 불임 여성에 대한 사회적 낙인을 개선하기 위해 '난임'이라는 용어가 당사자 여성의 요구에 의해 사용되기 시작했다. 이런 노력으로 이후 난임이라는 새로운 용어가 국어사전에 등록되었으며, 정부의 공식 명칭도 모두 불임에서 난임으로 변경되었다.[6] 용어의 변화는 단지 불임에 대한 사회적 인식의 변화하고만 관련되어 있는 것이 아니라 재생산을 둘러싼 기술이 실제로 불임의 영역을 난임으로 변화시킨 것과도 밀접한 관련이 있다. 질병이나 장애 때문에 임신이 불가능했던 여성뿐만 아니라 완경 이후의 여성, 정자를 생성하지 못하는 남성, 동성 커플, 그리고 아이를 낳고자 하는 개인 여성과 남성이 모두 '난임' 환자가 되고, 보조생식기술과 생식세포 공여 또는 대리모 출산을 이용해 아이를 가질 수 있게 되었기 때문이다. 과거에는 부모가 될 것이라고 기대되지 않았으며, 아이를 낳는 것이 불가능하다고 여겨졌던 주체들에게 이제 임신·출산은 남들보다 '조금 더 어려운' 과정일 뿐, 불가능한 일이 아니게 되었기 때문이다.

이처럼 '난임' 시술을 필요로 하는 대상이 다양해지고 많아짐

---

6 한국난임가족연합회. http://www.agaya.org

에 따라, 이 기술에 접근하여 이용할 수 있는 권리도 '재생산권'의 하나로 이해되기 시작했다. 서구 여성운동의 역사에서 재생산권의 개념은 여성의 출산 조절 권리라는 정치적 의미를 가지고 발생하고 발전해 왔으며, 이를 통해 안전하고 합법적인 낙태권 획득의 의미로 널리 사용되어 왔다.[7] 이후 1994년 국제인구개발회의International Conference on Population and Development, ICPD에서 재생산권이 주창되면서 보다 폭넓은 의미로 확장됐는데, 즉 외부의 압력 없이 자유롭게 자녀의 수와 터울을 결정할 수 있는 권리와 재생산 건강권의 의미까지 포함되었고, 이는 전 세계 여성운동의 주요 어젠다로 다루어졌다.[8] 이렇게 인권으로서의 재생산권은 보조생식기술의 발전으로 인해, '아이를 낳지 않을 권리'를 벗어나 '아이를 낳을 권리'로 확장되고 있다.[9] 이에 따라 보조생식기술의 접근권과 이용권이 재생산권의 하나로써 중요하게 다루어지고 있다.[10] 하지만 재생산은 위계화된 체계 속에서 작동

---

7 L. M. Knudsen, *Reproductive Rights in a Global Context: South Africa, Uganda, Peru, Denmark, United States, Vietnam, Jordan*, Vanderbilt University Press, 2006.

8 S. Correa & R. L. Reichmann, *Population and Reproductive Rights: Feminist Perspectives from the South*, Zed Books, 1994.

9 M. C. Inhorn & P. Patrizio, "Rethinking Reproductive 'Tourism' as Reproductive 'Exile'", *Fertility and Sterility* 92(3), 2009; R. H. Blank, "Assisted Reproduction and Reproductive Rights: The Case of in Vitro Fertilization", *Politics and the Life Sciences* 16(2), 1997.

10 D. Roberts, *Killing the Black Body: Race, Reproduction, and the Meaning of Liberty*,

하고 있기 때문에, '아이를 낳지 않을 권리'뿐만 아니라 '아이를 낳을 권리' 역시 모든 개인과 집단에게 동일하게 주어지지 않는다. 그렇기 때문에 연령, 혼인 여부, 성적 지향, 질병이나 장애 유무에 따라 보조생식기술의 경험과 효과가 다르게 나타날 수 있으며, 또한 보조생식기술에 참여하는 다양한 여성 — 난임 여성, 난자 공여자, 대리모 — 들의 재생산 활동과 재생산권의 의미는 서로 다른 위치 속에서 다르게 정의될 수밖에 없다. 그렇기 때문에 단순히 발전된 보조생식기술이 여성 — 이제까지 일차적인 재생산 책무가 주어진 주체 — 에게 여성해방의 가능성인지 혹은 더욱 심화된 여성 억압의 기제인지 논의하기보다는 각기 다른 여성 집단에게 어떻게 다른 영향을 끼치는지, 그리고 여성이라는 범주를 어떻게 다시 질문하고 있는지에 대해 생각해 볼 필요가 있다.

어머니가 되고자 하는 '난임 여성'들

한국 사회에서 '난임' 시술의 일차적 대상으로 호명되는 '혼인 관계에 있는 이성애 부부'들은 실제 보조생식기술을 어떻게 경험

Random House LLC, 1999; M. A. Ryan, "The Introduction of Assisted Reproductive Technologies in the 'Developing World': A Test Case for Evolving Methodologies in Feminist Bioethics", *Signs* 34(4), 2009.

하고 있을까? 체외수정의 경우 임신·출산에 이르는 전 과정이 분리될 수 있기 때문에, '난임' 시술은 각각의 영역에 개입해 아이를 낳을 수 있도록 보조하는 역할을 수행한다. 난임의 원인에 따라 방법은 다양하게 나타날 수 있겠지만, 우선 과배란 호르몬제를 통해 과배란을 유도하고 배란 시기에 맞춰서 인공수정을 시도하는 경우가 많다. 인공수정으로 임신이 잘 되지 않는 경우, 난자를 추출하여 채취된 정자와 수정시킨 후 수정된 배아를 다시 여성의 몸속에 이식하는 체외수정을 시도하게 된다. 난자를 추출하는 과정은 정자 채취의 과정과 비교할 때 침습적인 시술이기 때문에 부담감이 더 크며, 한 번에 여러 개의 난자를 추출해야 하기 때문에 호르몬제를 일정 기간 정기적으로 복용해야 한다. 남성의 경우 정자 채취를 위해 한 번 병원에 방문하면 되는 것과는 대조적으로, 난임 여성의 경우에는 한 번의 체외수정을 시도하기 위해 일주일에 3, 4회씩 병원을 방문해야 하기 때문에 직장 생활과 병행하기 어려운 경우도 많이 발생하며, 정부에서 체외수정 시술비를 지원하고는 있지만 여전히 높은 비용이라는 부담이 있다.[11] 또 개인차가 있지만, 과배란 유도 과정에서 발생

11 난임 부부 지원사업 결과 분석에 의하면, 시술비 지원을 받아 체외수정을 시도한 여성의 경우 전일제 근무 직장 여성의 비율이 시술 전엔 66.7퍼센트였으나 시술 이후엔 27퍼센트로 급감한 것으로 나타났다. 황나미, "난임 부부 지원사업 대상자의 원인 불명 난임 현황과 정책 과제", 『보건·복지 Issue & Focus』, 한국보건사회연구원, 2016.

하는 과배란자극증후군과 같은 합병증은 난임 시술의 목적과 대상이 '난임 부부'로 상정되어 있더라도, 실질적이고 직접적인 의료적 개입이 주로 '여성의 몸'에 이루어진다는 것을 보여 준다.

저출산 흐름이 장기화됨에 따라 아이나 가족에 대한 개념이 바뀌어 가고 있지만, 여전히 아이가 없는 가족은 미완의 상태이며, 아이가 있는 핵가족이 '정상가족'이라는 사회적 이데올로기가 강력한 힘을 발휘하고 있다. 예전보다는 많이 약화되었지만, 기혼 여성의 최대 임무는 출산과 양육이며, 부계 혈통을 잇기 위해서는 아이를 낳아야 한다는 가족 내의 압력에 의해 임신·출산을 경험하는 여성들도 여전히 존재한다. 이런 외부의 압력 속에서 아이를 가져야 하는 여성에게 보조생식기술은 '가능성'을 선사해 주는 기술임과 동시에 열심히 시도해야만 하는 과업으로 존재한다. 그렇기 때문에 이 기술을 통해 '아이를 가질 수 있는 권리'를 보장받을 수도 있지만, 동시에 여성의 '재생산 건강권'이 쉽게 무시되거나 부차적인 것으로 여겨지는 경향이 나타난다. 체외수정에 따르는 높은 비용과 시간적·심리적·신체적 부담 때문에 최대한 빨리 임신에 성공하는 것이 일차적인 목표가 되기 때문에, 난임 여성 커뮤니티에서 '좋은 병원' '좋은 의사'로 통용되기 위해서는 체외수정 성공률이 높아야만 한다. 그리고 이 높은 성공률을 위해 여성의 몸과 재생산 건강에 무리가 될 수 있는 공격적인 시술 방식이 빈번하게 이루어지게 된다.

임신을 위해 체외수정을 수십 차례 시도하는 경우도 드물지 않은데, 그럼에도 불구하고 실패할 경우, 주변에서 "포기하지 않으면 희망이 온다"라고 하며 반복적인 시술을 권유하거나, 반대로 핏줄에 집착하지 말고 '입양'하라며 설득하기도 한다. 하지만 이 두 가지 방안 모두 임신에 실패한 여성에게 대안으로 완벽하게 작용하기란 쉽지 않다. 나이가 듦에 따라 배란이 더는 되지 않아 임신이 어려운 경우, 끊임없이 약을 먹어 가며 '희망을 버리지 않고' 시도한다고 해서 기적이 이루어지는 것은 아니며, 입양의 과정이 꼭 체외수정의 과정보다 쉽고 간편하며 도덕적으로 훌륭한 행위라고 주장할 수도 없기 때문이다.

자신의 몸으로 임신·출산이 불가능하다는 것을 자각했을 때, 아이 없는 삶을 결정하고 계획하는 여성도 있지만, 공여된 생식세포를 이용하거나 대리모를 통해 아이를 낳고자 계획하는 여성도 존재한다. 이들은 난자 공여나 대리 임신·출산을 통해서 아이를 낳는 것이 가지는 위험성과 어려움에 대해 누구보다 잘 알고 있으며, 이런 선택이 타인으로부터 이해받거나 지지받지 못할 것임을 잘 인지하고 있다. 난자 공여나 정자 공여로 아이를 낳았을 경우, 자기 '씨'도 아니면서 부부 한쪽의 유전자라도 물려받았다는 것 때문에 '혈연주의'에 대한 집착으로 이해되거나, 대리모를 통해 임신하는 경우 아이를 낳고자 하는 과도한 욕심 때문에 다른 여성을 착취하는 — 그리고 다른 여성의 아이를 돈을 주고 사오는 — 행위로 의미화되면서 도덕적 비난에 직면한다. 그렇기 때문에 난자 공여자·대리모를 구하는 과정이나 이 과정을 통해 아이를 출산하는 일에 대해 철저하게 비밀을 지키는 것이 가장 중요한 문제가 되며, 부모나 가까운 지인도 모르게 진행하는 경우가 대부분이다. 여러 높은 위험성에도 불구하고 의뢰인 부부들은 의료 기술의 진보가 가져다 준 '마지막 희망' 혹은 '가능성' 때문에 대리 임신·출산을 시도하게 된다.

재생산을 거래하는 '난자 공여자'와 '대리모'

난자 공여자와 대리모[12]는 체외수정이 진행되는 과정에서 전혀 다른 역할을 수행한다. 난자 공여는 과배란을 통해 난자를 추출하여 거래하는 과정이며, 대리모는 의뢰인의 정자와 난자를 통해 만들어진 배아를 이식하여 임신·출산을 한다는 점에서 전혀 다른 의료석 처치와 기술을 경험하게 되지만, 모두 재생산 능력을 거래한다는 점에서 연결되어 있고, 실제로 난자를 공여했던 여성이 많은 경우 대리모가 되기도 한다. 이는 이전에 난자 공여를 통해 과배란이나 난자 채취, 체외수정의 과정 등을 직접 경험해 봤다는 것이 이후 대리모를 지원하는 데 있어 심리적·인지적 장벽을 낮춰 주는 역할을 했다고 추정할 수 있다. 보조생식기술

---

12 보통 '출산 대리모'(gestational surrogacy)를 지칭하며, 대리모와 출산한 아이 사이에는 유전적인 연결성이 없다.

이 경험하지 못한 사람들에게는 생소하고 이해하기 어려운 의료 기술인만큼, 대리모보다는 상대적으로 위험부담이 낮다고 여겨지는 난자 공여를 경험한 것이 대리모의 선결 조건이 되고 있는 것이다. 이런 과정을 이해하는 것이 중요한 이유는 난자 공여와 대리모 산업이 현실에서 어떻게 연결되어 있는지를 살펴보는 면에서도 중요하지만, 또한 '이타적 공여'와 '상업적 거래'가 어떻게 연결되어 있는지를 보여 주기 때문이다. 대리모가 되는 동기를 살펴보면 이들의 사회경제적 위치가 중요한 원인으로 작용한다는 것을 부정하기는 어렵다. 그러나 많은 경우 처음부터 '상업적' 대리모가 되었다기보다, 소위 '이타적' 난자 공여자로서 지인에게 난자를 공여하는 것을 시작으로 자신의 몸과 재생산 능력이 어떻게 다루어지며 어떤 교환가치를 가지게 되는지를 깨닫게 되는, 즉 '상업적' 대리모의 가능성을 학습해 가는 과정이 있었음을 볼 수 있다. 이러한 지점은 이제까지 이타적 공여와 상업적 공여를 구분하여 사고했던 법체계를 다시 사유해야 할 필요성을 제기한다. 현실적으로 이타적 공여와 상업적 공여가 구분되기 어려운 모호한 영역이 많이 남았을 뿐만 아니라, 이타적 공여의 경험을 통해 상업적 공여로 이동할 가능성이 있기 때문이다.

난자 공여자나 대리모 여성의 재생산권 문제는 이들 당사자들이 자신의 경험을 어떻게 해석하느냐에 따라 달라질 수 있을 것이다. 재생산권 개념에 있어 몸의 통합성을 중요시하는 입장에서는 재생산 능력의 상업적 거래가 여성의 재생산 능력을 분절화하고 대상화한다는 측면에서 비판을 던진다. 왜냐하면 이런 '아이 낳기' 산업이 발전하기 위해서는 끊임없이 정자, 난자, 배아, 자궁이 모두 분리된 과정으로 이해되어야 하며, 임신한 대리모 여성의 몸과 태아 역시 출산 후 다른 어머니에게 양도되기 위해 독립적인 개체로 여겨져야 하기 때문이다. 이처럼 유전적인 연결성이 전혀 없다는 것이 대리모가 인간 인큐베이터에 불과하다는, 대리모 산업을 발전시켜 온 주요한 한 축의 논리였지만, 동시에 열 달 동안의 임신 과정이 태아와 임부의 몸 사이의 불가분의 관계성을 전제로 한다는 것 또한 부정하기 어렵다. 이 때문에 다양한 역설들이 만들어지게 되는데, 태아와 대리모 사이에 관련(유전적 연결)이 없더라도, 태교를 위해 대리모의 학력이나 생활 습관과 태도가 면밀하게 평가되기도 한다.

전통적으로 '어머니 됨'은 임신·출산의 과정을 겪음으로써 완성되는, 매우 자연스러운 과정으로 인식되어 왔다. 대리모는 어머니가 되고자 하는 의지가 있는 의뢰인 여성에게 일정 기간 자궁을 '대여'하여, 출산한 아이를 안전하게 '양도'하는 것을 목적으로 임신하는 여성이다. 그러나 대리모의 임신·출산이 '어머니 됨'을 이루는 과정이 아니기 때문에, 이들의 역할은 양도해야 할 '타인'의 아이가 무사히 태어날 수 있도록 기르는 과정으로 이해된다. 이런 역할이 충실히 수행되기 위해 일차적으로 대리모는 출생아에 대한 어떤 법적 권리도 주장할 수 없고, 어떤 연결 고리도 만들어서는 안 된다. 현재 많은 나라의 법과 제도에서 대리모가 난자 제공을 동시에 해서는 안 된다고 정의하는 이유는, 본인의 유전적 형질을 이어받은 아이를 임신하고 출산하게 되는 경우, 대리모와 출생아 사이에 너무나 밀접한 관련성이 생긴다고 여기기 때문이다.

자신이 열 달 동안 뱃속에서 기르던 아이를 금전적 이익을 위해 타인에게 양도한다는 점에서 이들의 행위는 쉽게 '경제적 어려움 때문에 착취당하는 피해자 여성'으로 재현되거나 반대로 쉽게 자신의 생식능력과 자궁, 그리고 낳은 아이를 판매하는 부도덕한 여성으로 매도된다. 그렇기 때문에 난임 여성들과 마찬가지로 난자 공여자나 대리모의 경우도 자신의 경험을 이야기하거나, 주변의 지원과 지지를 받기 어려운 상황이다. 단지 그 행위가 '이타적'이며 '비상업'적인 경우에만 간혹 미담으로 소개되거나 알려질 뿐이다. 난임 여성의 재생산권이 '아이를 가질 권리'로 쉽게 이해되는 반면, 대리모 여성의 재생산 능력 혹은 재생산 노동을 거래하는 행위를 어떻게 해석되어야 하는지에 대해서는 여전히 많은 논란이 벌어지고 있다. 재생산과 관련해 자신의 신체를 어떻게 사용할 것인가에 대한 결정권은 본인에게 있기 때문에 본인의 생식세포를 교환하는 행위나 임신과 분만의 노동력을 거래하는 행위도 재생산권 실천의 한 부분으로 인정해야 한다는 논의가 있는 반면, 경제적으로 취약한 여성 — 특히 제3세계 빈곤 여성 — 이 생계를 위한 수단, 가족 내의 압력 등으로 대리모가 되도록 내몰리고 있는 상황에 대해 단순히 결정권이나 선택의 잣대로 이를 해석하는 것은 문제가 있다는 주장이 함께 존재한다. 또한 여성의 몸과 재생산 능력이 빠르게 상업화되는 측면 때문에 '상업적' 대리모를 인신매매로 규정하고 상업적 대리모 commercial surrogacy를 규제하는 대신, '이타적' 대리모만을 허용하는 국가들이 증가하고 있다. 하지만 이런 법적 규제는 새로운 문제를 야기하고 있는데, 여기서 이타적 기증과 이타적 대리모 altruistic surrogacy만을 허용하는 것은 여성이 태어날 때부터 타인을 돌보고 도와주며 희생하는 역할을 잘 수행한다는 전통적인 고정 관념과 성 역할을 강화시킬 수 있으며, 이제까지 임신, 분만, 양육, 가사, 돌봄과 같은 재생산 영역의 노동이 자본주의 체계 내에서 무급 노동으로, 여성이라면 당연히 할 수 있으며 해야만 하는 일로 여겨지며 노동의 대가를 인정받지 못했던 역사하고도 분리시켜 생각하기 어렵기 때문이다. 이런 상황에서 난자 제공자 혹은 대리모 여성의 재생산 실천을 어떻게 이해해야 할지, 그리고 이들의 재생산권을 무엇으로 규정하고 주장할 수 있는지는 앞으로도 많은 논의가 필요하다.

경계를 흔드는 새로운 '난임 주체'들

'아이 낳기 산업'에서 난임 여성·난자 공여자·대리모는 모두 보조생식기술의 '사용자'이지만, 이들이 기술과 맺고 있는 관계는 모두 다르고, 이들 사이의 관계성 역시 단일하게 정의하기 어렵

다. 하지만 이런 복잡한 관계는 새로운 '난임 주체들'의 등장으로
더욱 다층적으로 변화하고 있다. 보조생식기술을 통해 '섹스 없
는 임신'이 가능하기 때문에 동성 커플 혹은 싱글 여성/남성이 자
신의 아이를 출산할 수 있게 된 것이다. 한국 사회에서 체외수정
기술은 난임 부부에게 희망을 주는 기술로 의미화되었고, 정부
가 시술비를 지원하기 시작하면서 정상가족 이데올로기를 더욱
강화하는 경향도 보인다. 하지만 체외수정기술은 이성애 규범성
에 도전할 가능성도 동시에 가지고 있는데, 동성 커플이나 싱글
여성/남성이 '이성애 관계'에 의존하지 않으면서 재생산을 수행
하고, 가족을 구성할 수 있게 되기 때문이다.

특히 레즈비언 커플의 경우 비교적 간단한 인공수정을 통해
임신을 시도할 수 있다. 인공수정은 남성 성기의 삽입과 사정으
로 수정이 이루어지는 것이 아니라, 채취된 정자를 인공적인 방
식으로 여성의 몸속에 집어넣어 수정하는 방식이다. 이 과정에
서 사용되는 정자는 기증받을 수도 있고, 상업화된 정자 은행이
있는 나라에서는 정자를 구매할 수도 있다. 또 공여받은 정자로
체외수정을 시도할 수도 있다.[13] 또한 이는 싱글 여성이 비혼모
가 되기 위한 방법으로도 사용될 수 있다. 한국 사회에서 잘 알려

---

13 레즈비언 커플의 경우 인공수정만으로 아이를 가질 수 있는 경우가 많지만, 체
외수정을 하는 경우도 많다. 커플 중 한 사람의 난자를 채취하여 사용하고, 다른 한
사람이 임신하는 것으로 재생산 과정에 동참할 수 있기 때문이다.

진 사례인 방송인 허수경 씨는 기증받은 정자를 이용한 체외수정을 통해 2007년 딸을 출산했다. 이는 생명윤리법이 시행되기 이전에 이루어진 것으로, 관련법이 없는 상태에서 비교적 쉽게 이루어졌던 것으로 보인다. 현재 한국의 생명윤리법에 의하면, 정자를 기증받기 위해서는 법적 배우자의 동의가 필요하고, 또 남편이 무정자증이나 심각한 유전 질환이 있는 경우에만 사용할 수 있다고 제한하고 있다. 그렇기 때문에 미혼·비혼 여성이 난임 클리닉을 통해 합법적으로 정자를 기증받기는 어려운 상황이다. 하지만 정자의 경우 난자와 마찬가지로 법적 규제가 이루어지지 않는 영역에서는 거래가 이뤄지고 있으며, 이를 이용해 레즈비언 커플이나 싱글 여성이 임신·출산하게 된 경우, 그 자녀를 출생신고하고 모자 관계를 증명하는 것은 기존의 '미혼모'와 다르지 않기 때문에 법적으로는 큰 어려움이 없다.

반면 게이 커플이나 싱글 남성이 보조생식기술을 이용해 아이를 낳고자 한다면 좀 더 복잡한 법적 규제가 발생한다. 게이 커플이나 싱글 남성이 아이를 낳기 위해서는 난자 공여자와 대리모 모두를 필요로 한다. 대리모에 대한 전 세계적 법적 규제는 크게 불법[14]과 합법[15]으로 나뉘며, 합법인 경우에도 이타적 대리

---

14 대리모 계약이 불법인 나라는 프랑스, 벨기에, 스페인, 이탈리아, 스위스, 오스트리아, 노르웨이, 스웨덴, 아이슬란드, 에스토니아, 몰도바, 터키, 사우디아라비아, 파키스탄, 캐나다(퀘벡)이다.

모만 허용하는 경우와 상업적 대리모를 모두 허용하는 경우로
나뉜다. 한국의 경우는 대리모와 관련된 법이 존재하지 않는 상
태이다. 대리모 계약이 합법인 국가에서도 누가 이 대리모 기술
을 사용할 수 있는가에 대한 자격 조건은 나라마다 상이하고, '혼
인 관계의 부부'만이 가능하거나, '이성애 커플'만이 가능하거나,
'내국인'만 가능하거나, 연령 조건이 있는 등의 다양한 자격 조건
들을 가지고 있다. 각 국가의 상이한 법적 규제는 대리모 기술을
통해 부모가 되고자 하는 이들의 초국적 이동을 추동하고 있는
데, 대리모 기술을 이용해 아이를 낳고자 하는 게이 커플인 경우
더욱 민감하게 영향을 받고 있다.[16] 한국의 경우 동성 커플의 파

15 대리모 계약이 합법인 나라 가운데 상업적 대리모와 이타적 대리모를 모두 허용
하는 나라는 러시아연방, 우크라이나, 벨라루스, 조지아, 아르메니아, 시프러스, 인
도, 남아프리카, 그리고 미국(주별로 차이가 있으나, 아칸소, 캘리포니아, 플로리다,
일리노이, 텍사스, 매사추세츠, 버몬트는 상업적 대리모가 합법)이며, 이타적 대리
모만을 허용하는 나라는 호주, 캐나다, 영국, 네덜란드, 덴마크, 헝가리, 이스라엘,
그리고 미국(뉴욕, 뉴저지, 뉴멕시코, 네브래스카, 버지니아, 오리건, 워싱턴)이다.
16 예를 들어 인도는 전 지구적 대리모 산업의 허브가 되어 왔으며, 인도의 대리모
산업은 <구글 베이비>라는 영화를 통해서 한국에도 잘 알려져 있다. 하지만 2013
년 인도 정부가 게이 커플이 상업적 대리모를 사용하는 것을 금지하면서, 이후 네
팔과 태국이 새로운 종착지로 부상했다. 태국은 2015년 '베이비 가미'(Baby Gammy)
사건(오스트레일리아인 의뢰인 부부와 계약을 맺은 태국의 대리모는 쌍둥이를 출
산하였으나, 그중 다운증후군이 있는 아이는 데려가지 않으면서 국제적인 스캔들
이 되었다) 이후, 외국인이 태국 여성을 대리모로 고용하는 것을 금지했고, 이후 전
세계 게이 커플들이 캄보디아로 이동했으나, 2017년 캄보디아도 외국인의 대리모
계약을 불법화함으로써 또 어느 나라가 부상하게 될지 모르는 상황이다.

트너 관계가 법적으로 인정되지 않을 뿐만 아니라, 기혼자가 아닌 싱글 여성이나 남성의 경우 입양 자체에 실질적인 제약이 많기 때문에[17] 대리모 기술을 통해 아이 낳는 것에 성공했더라도 법적인 부자 관계를 입증하는 것이 쉬운 일이 아니다. 2015년 가족관계등록법이 개정되기 전까지 혼외 관계의 출생자는 '생모'가 출생신고를 해야 하는 것으로 규정[18]되었기 때문에, '미혼부'의 경우 자신이 아이의 아버지임에도 불구하고 출생신고를 하고 부자 관계를 법적으로 증명하는 것이 쉽지 않았다. 이는 이제까지 '아이 낳기'와 관련된 재생산 활동의 일차적 책임과 의무가 '여성'에게만 주어져 왔다는 것을 단적으로 보여 주며, 동시에 '남성'이 본격적인 재생산의 주체가 되어 재생산 기술을 이용해 아이를 낳고자 하는 경우 게이 커플이나 싱글 남성의 '재생산권'은 어떻게 사유되어야 하는지에 대한 새로운 문제를 던져 준다. 여성으로 태어났다는 것이 곧 모성을 수행해야 하는 숙명으로

17 2008년 입양특례법의 개정으로 독신자 입양이 가능해졌지만, 입양 기관이나 친부모의 반대로 거의 이루어지지 않는 것으로 보인다. "독신자 입양 글쎄……", 『한겨레신문』(2016/08/02).
18 제46조(신고 의무자) ① 혼인 중 출생자의 출생의 신고는 부 또는 모가 하여야 한다. ② 혼인 외 출생자의 신고는 모가 하여야 한다. ③ 제1항 및 제2항에 따라 신고를 하여야 할 사람이 신고를 할 수 없는 경우에는 다음 각 호의 어느 하나에 해당하는 사람이 각 호의 순위에 따라 신고를 하여야 한다. 1. 동거하는 친족 2. 분만에 관여한 의사·조산사 또는 그 밖의 사람.

이어지지 않는다는 전제에서, 남성이 임신과 출산, 그리고 양육의 주체가 되는/되고자 하는 현상은 이성애 중심주의와 성별 이분법을 넘어서는 재생산 실천으로 보이지만, 동시에 전 지구적인 차원에서 소위 제1세계 게이 커플을 위해 제3세계 여성의 몸이 대리모로 동원되고 있는 현실은 이들의 관계를 단순하게 긍정적으로 평가하기 어렵게 만들고, 그렇다고 이를 곧바로 억압과 착취의 관계로 정의하기도 어렵게 하는 측면이 존재한다.[19] 과연 개인 남성 혹은 동성 커플이 보조생식기술을 통해 아이를 낳는 과정이 이제까지 억압적인 '모성'을 여성에게 강요해 왔던 가부장적 질서에 균열을 내는 행위인 것일까? 아니면 남성이 재생산의 주체가 된다 하더라도 여전히 '자궁'을 필요로 한다는 것이 새로운 형태의 여성 억압이 되는 것일까? 이처럼 전통적인 의미에서 보조생식기술의 일차적 수혜자인 기혼 '난임 여성'에게도 이 기술의 효과를 단순하게 정의하기 어려운 상황에서, 동성 커플이나 싱글 여성/남성과 같은 새로운 '난임 주체'들의 등장은

---

19 미국에서 보조생식기술을 이용해 아이를 가진 게이 커플의 평균 소득이 이성애 커플이나 레즈비언 커플 평균 소득의 두 배가 넘는다는 연구 결과는 보조생식기술 사용의 계급적 측면을 분명히 보여 준다. 동시에 게이 커플의 대리모 계약이 이성애 부부의 대리모 계약과 비교해 더 큰 위험 요소가 존재한다는 어떠한 근거가 없음에도 불구하고, 최근 대리모 계약을 이성애 혼인 관계의 부부에게만 허용하도록 법을 개정하는 움직임(인도, 태국, 네팔, 캄보디아 등)은 재생산의 영역에서도 계급, 섹슈얼리티, 젠더가 복잡하게 교차하고 있음을 보여 준다.

보조생식기술 사용에 대한 여성주의적 접근과 개입이 더욱 다층적인 측면에서 이루어져야 함을 보여 준다.

재생산 기술이 직면한 질문들

'섹스 없는 임신, 임신 없는 출산'의 시대가 도래한 이후, 재생산 기술의 사용을 둘러싸고 새로운 쟁점들이 지속적으로 등장하고 있으며, 이는 단순히 여성해방의 원천 혹은 새로운 여성 억압으로 표상되기 어려운 복잡한 지점들을 가지고 있다. 또한 구체적으로 발생하고 있는 '생식세포 공여'나 '대리모'와 관련된 법적·사회적·윤리적 문제들 역시 합법화 혹은 불법화를 통해 쉽게 접근되거나 해결되기는 어려워 보인다. 이를테면 돈을 벌기 위해 자신의 난자를 파는 행위는 불법이지만, 비상업적 난자 공여는 허용되고 있다.

그렇다면 2005년 황우석 박사의 체세포 복제 연구를 위해 자발적으로 '난자 기증 운동'을 벌였던 여성들의 난자 공여는 상업화된 난자 매매가 아니기 때문에 허용되어야 하는 것일까? 난자 채취의 과정에서 이루어지는 의료적 처치들이 여성의 몸에 해롭기 때문에 모든 경우의 '난자 공여'가 문제라면, 자신의 아이를 낳기 위해 스스로 시술 과정을 겪는 난임 여성들에게는 왜 허용되거나 장려되는 것일까? 마찬가지로 상업적 대리모가 문제가 된다면, 친인척에 의한 비상업적인 대리모는 괜찮은 것일까? 자신이 앞으로 키울 아이가 아닌 타인의 아이를 임신하고 출산하는 것이기 때문에 모든 형태의 대리모가 문제라면, 입양을 전제로 출산하는 '미혼모'들은 모두 잘못인가? 그리고 입양 역시 초국가적 산업을 형성하고 있는 상황에서 '입양'은 이 모든 문제를 해결해 주는 대안이 될 수 있을까? 이 복잡한 질문들이 우리에게 던져졌으며, 한국 사회에서 이 논쟁들이 어떠한 방향으로 진행되어야 할지에 대해 합의된 내용은 하나도 없다. 다만 분명해 보이는 것은 과거의 이성애 성관계를 통한 '자연임신'의 시대를 낭만화하는 것은 현재의 문제 해결에 아무런 도움을 줄 수 없다는 점이다. 모든 여성이 (자연적으로) 재생산 능력을 동등하게 지니고 태어나는 것이 아니며, 모든 여성이 (사회적으로) 임신·출산·육아를 할 수 있는 것도 아니다. 이런 상황에서 또 다시 모성을 자연화하고 신성화하는 방식으로 '자연임신'과 '인공임신'을 구분하는 것은 재생산의 영역에 또 다른 위계화를 만드는 방식 이상이 되기 어렵다.

수용시설에 갇힌 성과 재생산 권리

조미경

그녀는 사랑하는 이를 만나 아이를 가졌다. 소록도에선 아이를 가지면 낙태해야 한다는 걸 알고 있었고, 들키지 않기 위해 압박붕대로 배를 꽁꽁 감쌌다. 하지만 그녀가 몇 달째 월경하지 않는 것을 같은 방 사람들이 알아챘고, 그렇게 낙태를 하게 됐다. 마취도 없이, 의사 면허도 없는 이가 수술을 집도했다. 하혈을 심하게 했으나 어떠한 치료도 받지 못했다. 한 달 뒤, 그녀의 남편도 정관수술을 받았다.[1]

2016년 6월, 국립소록도병원 개원 100주년을 맞이해 한센인[2] 단종·낙태에 대한 국가배상에 관한 재판[3]이 열렸다. 이날 재판은 실제 단종·낙태 수술이 시행됐던 소록도병원에서 진행됐다. 소록도병원은 일제강점기 시절 설립되어 해방 후 현재까지 국가가 한센인들을 수용·관리하기 위해 운영하고 있는 대규모 수용시설로, 설립 시기부터 1990년대 초반까지 한센인에 대한 국가 주도의 강제 단종·낙태 수술을 시행했다.

이 사건을 접하면서 가장 먼저 들었던 의문은 '한센병이 있다는 이유만으로 어떻게 본인의 의사와 무관하게 단종·낙태 수술이 강행되었을까' 그리고 '한센인들은 왜 100년이란 시간 동안 사회와 분리된 채 평생 소록도에 갇혀 사는 것일까'였다.

하지만 이런 질문들은 비단 소록도에 거주하는 한센인에게만 해당되는 것은 아닐 것이다. '정상성'을 기준으로 생명의 가치가 서열화되는 사회에서는 정상 범주에서 벗어났다고 규정되는 이

---

1 "소록도 한센인 단종·낙태에 대한 국가 손해배상 재판"(2016/06/20), 피해자 진술 중에서 발췌. 강혜민, "소록도 100년: 단종·낙태가 이뤄진 그곳, 한센인이 '증인'으로 섰다", <비마이너>(2016/06/22)에서 재인용.

2 한센병을 앓았거나 앓은 적 있는 사람을 일컫는다. 예전에는 '문둥이' '나환자'로 불리기도 했으나, 이는 부정적인 이미지를 재생산하는 용어이기에 나병균을 발견한 의학자 한센(G. H. A. Hansen)의 이름을 따 '한센인'이라는 명칭을 쓰게 됐다.

3 2011년부터 시작된 이 소송은 시작 당시 원고 561명, 총 6건에서 현재는 323명, 4건이 진행되고 있다.

들이 사회로부터 배제되고 이들의 재생산이 국가의 생명 정치를 통해 다양한 방식으로 통제된다. 그리고 그것이 가장 노골적이면서도 공공연하게 시행되는 곳이 수용시설이라 할 수 있다.

실제로 수용시설 안에서 성과 재생산 권리가 침해당한 거주인의 사례들은 쉽게 접할 수 있다. 장애인 수용시설에 거주했다가 몇 년 전 탈시설한 장애 여성은 이렇게 말했다.

> 저는 성 욕구가 생기지 않아요. (아마) 평생 원하지 않을 것 같아요. (아기 때부터) 27년 동안 (성과 관련하여) 제재당하고 통제받는 모습만 봐왔어요. 성적인 부분에서는 유치원 수준도 안 되는 것 같아요. 요즘은 7, 8살만 되어도 다 아는데, 저는 잘 몰라요. 3년째 시설에서 나와 살고 있는데 아직도 시설에서 살았던 모습이 가끔씩 나타나요.[4]

이 이야기는 수용시설에서의 거주인에 대한 성과 재생산 통제가 과거에 있었던 일이 아니라 지금도 진행되고 있는 문제이고, 시설에서의 통제 경험이 탈시설 후의 삶에도 영향을 미친다는 점을 시사한다. 그러나 시설에서의 성과 재생산 통제는 '문제'로 인

---

4 조미경, "장애인 거주시설 안의 성규범과 문화 중심으로 본 장애 여성의 성과 재생산", 『성과재생산×IL과 젠더 4차 포럼 자료집』, 장애여성공감, 2016.

식되지 않거나, 간혹 드러난다 하더라도 대개 인권 의식이 결여된 몰지각한 시설장이나 종사자 개인의 일탈만이 부각되고, 국가의 생명 정치 문제로는 접근되거나 이슈화되지 않는다.[5]

그러나 그 어느 때보다 여성의 재생산권에 대한 관심이 집중되는 요즘, 국가의 재생산권 통제에 있어 결코 간과해서 안 될 것 중 하나가 수용시설 정책이다. 수용시설에서 일어나는 성과 재생산 통제는 수용시설이 '문제 있는 사람'만 들어가는 곳이라는 인식 안에서, '나와 상관없는' 또는 '어쩔 수 없는' 것이 되기 쉽다. 그러나 국가의 생명 정치가 수용시설 정책을 통해 어떻게 실천되고 있는지 살펴보는 일은 우리 사회에서 정상 범주가 어떤 방식으로 강화되고, 생명이 서열화되는지, 또 낙태죄 폐지를 이야기함에 있어 우리가 경계해야 할 타자화가 무엇인지를 조망할 수 있는 과정이기도 하다.

수용시설은 대상과 설립 목적에 따라 여러 유형으로 나뉘며, 그중 성과 재생산 통제는 모든 시설에 적용되는 공통된 문제라 할 수 있다. 이 글은 필자의 활동 경험을 기반으로, 장애인, 부랑인 복지시설을 중점으로 이야기하고자 한다.

---

5 그런 점에서 한국 정부가 1980년대까지 한센인들을 상대로 강제 단종·낙태 등 인권침해를 한 것에 대한 국가 상대 손해배상 청구소송에서 2017년 2월 15일 대법원이 국가의 배상 책임을 인정한 판결을 한 것은 매우 이례적이다.

수용시설

사회학자 어빙 고프먼(Erving Goffman)[6]은 수용시설("총체적 기관"이라고도 명명한다)의 범주를 "무능하고 무해한 사람들(고아, 장애인, 노인 등)을 돌보기 위해 설립된 기관", "무능하지만 공동체에 위협이 되는 사람들을 돌보는 시설"(요양원, 정신병원), "의도적 위협 집단으로부터 공동체를 보호하기 위한 기관"(교도소, 강제수용소) 등으로 나눈다. 그는 수용시설이 근대 자유주의 사회의 기본 요소로서, 개인의 사생활과 공적 생활의 경계를 허문다는 데 가장 큰 특징이 있다고 했다. 즉, 수용시설은 동일한 장소에서 동일한 처우로 단일한 권위 아래 강제적인 활동들을 수행하도록 강제하기에 "사람들을 구획 전체로 조직해 관료적으로 관리하는 방식"이라고 정의할 수 있다.

이런 특성은 자연스럽게 거주인들의 '성적 권리'를 '애당초 없는 것'으로 만든다. 2017년 국가인권위원회에서 실시한 "중증·정신장애인 시설 생활인 실태 조사" 결과에 따르면 수용시설에 10년 이상 거주한 장애인은 약 60퍼센트이다. 장애인의 경우 인생의 대부분 또는 평생을 시설에서 생활하는 경우도 다수인데, 이들은 평생 수용시설 안에서 성과 재생산 권리가 박탈된 조건에 놓이는 것이다.

현재 진보적 장애 운동은 장애인 수용시설 전면 폐쇄를 요구하며 탈시설운동을 펼치고 있다. 이 운동의 대응으로 외국 사례를 들며 1인 1실의 좋은 시설을 만들면 문제가 해결될 것이라고 말하는 이들도 있다. 그러나 아무리 1인 1실의 좋은 시설이라도 수용시설 거주인들의 '시설에서 관리되어야 하는 대상'이라는 위치는 변하지 않는다. 여전히 시설이기에 시설 운영 규율이나 관리자의 가치관에 따라 거주인의 사생활이 통제될 수 있고, 성적 권리 또한 자유로울 수 없다.

국가는 수용시설을 통해 '정상이라는 범주에서 벗어난' '문제가 있다'고 규정된 사람들을 시설이라는 제한된 공간에 분리시킴으로써, 이들이 더는 재생산되지 않도록 감시와 통제가 용이한 체계를 구축해 왔다. 따라서 수용시설 전면 폐쇄 운동의 본질은 국가의 모순적인 생명 정치를 폭로하고 '정상성'에 대한 균열을 내는 것이라 할 수 있다. 낙태죄 폐지 운동이 국가의 수용시설 정책에 관심을 가져야 하는 이유이다.

수용시설은 왜 설립되었는가

수용시설을 통해 국가가 생명 정치를 어떤 방식으로 실현하고 있는지 이야기하기 위해서는 먼저 '수용시설이 누구를 위해, 왜 설립되었는가'를 질문할 필요가 있다. 수용시설은 사회적 약자를 보호하고 사회복지를 실현하기 위해 설립된 것으로 알려져 있지만, 실제로 수용시설에 거주하는 이들의 절대다수는 본인이 원해서가 아니라 '타의에 의해 입소'되었고, 자의에 의한 입소라 하더라도 다른 삶에 대한 선택지가 전무한 상황에서의 '어쩔 수 없는 선택'이었다고 말한다.[7] 사회적 약자를 위해 설립된 수용시설에 정작 당사자들이 입소하고 싶지 않다면 이유가 무엇일까. 수용시설은 과연 누구를 위해 존재하는 것일까.

수용시설의 설립 배경에 관해서는 사회복지시설의 기원이라

---

6 어빙 고프먼, 『수용소: 정신병 환자와 그 외 재소자들의 사회적 상황에 대한 에세이』*Asylums: Essays on the Social Situation of Mental Patients and Other Inmates*, 심보선 옮김, 문학과지성사, 2018.

7 2005년 국가인권위원회 장애인 생활시설 실태 조사에서 77.8퍼센트가 "타의에 의해 입소했다"라고 응답했다. 나머지 22퍼센트도 "가족에게 짐이 되기 싫거나 갈 곳이 없어서"라고 답한 것이 대부분이며, 이를 자의에 의한 것이라고 말하기는 어렵다. 또한 소록도에 거주한 한센인과 형제복지원 피해 생존자들 대다수가 "어느 날 갑자기 강제 이송되어 수용시설에 격리되었다"고 증언한 바 있다.

할 수 있는 영국의 구빈원을 참고할 필요가 있다. 영국은 초기 자본주의 단계에서 자생력이 있는 자영 농민과 수공업자의 노동력을 자본화하고 임금노동으로 전환하고자 이들의 생산수단인 토지 등을 수탈했고, 생산수단을 잃은 이들이 대량으로 빈민층이 되자 빈민 구제의 명분으로 구빈법을 제정했다. 그리고 빈민을 분류해 노동력이 있는 빈민은 부랑을 금지하고 노역장에 수용해 강제 노동을 시켰고, 병약자·노인·과부 등 노동력이 없는 이들은 구빈원에 수용했다. 이런 구빈 정책은 "빈민이 자립 생활에 실패해 공공의 구제를 받지 않으면 살아갈 수 없고, 존경할 만한 시민으로서의 자질이 결여되었다"고 간주함으로써, 시민과 다른, 차별적이고 징벌적인 처우를 부과하고자 했던 것이다.[8]

『광기의 역사』*Histoire de la Folie à l'âge Classique*에서 푸코는 1656년 프랑스 왕이 파리에 구빈원 설립 명령을 내리면서 거대한 수용 시설들이 건립되었고, 돈도 사회적 연줄도 없는 이, 일정 기간 생활이 불안정하게 된 계급, 장애인, 동성애자, 심지어 노처녀 등, 파리 주민 가운데 1퍼센트 이상이 구빈원에 강제 수용되었다고 서술한다. 이들은 수용되기 전에는 서로 아무런 유사성도 지각되지 않았고 수용 사유가 불분명했지만, 수용을 통해 한 가지 유

---

8 박은태, 『경제학 사전』, 경연사, 2009; 마토바 아키히로·오석철 외, 『맑스사전』, 도서출판b, 2011.

사성을 가진 집단으로 분류가 되었는데, 그것이 '광기'였다는 것이다. 그리고 이때 '무엇이 광기이다'를 증명할 새로운 규범들이 생겨났다.[9] 이는 수용된 이들을 비정상 범주에 포섭하기 위해 정신장애라는 개념을 확대·생산했다는 것을 의미한다.

한국의 경우 일제강점기 시대에 식민지 수탈로 생계 수단을 잃고 도시로 유입된 농민, 6·25 전쟁고아, 걸인, 장애인, 산업화의 혜택에서 배제된 빈민 등을 모두 통틀어 '부랑인'으로 통칭하면서, 이들을 '경제적으로 쓸모없는' '언제 문제를 일으켜 도시의 안전을 위협할지 모르는' 정상적이지 않은 사람들로 규정했다. 그리고 이런 부랑인들을 관리하기 위해 수용시설을 확대했다. 특히 부랑인에 대한 국가 개입은 5·16 쿠데타 이후 본격화[10]되었는데, 군사 정변으로 권력을 장악한 박정희 정권은 부랑인 단속 강화로 부랑인과 선량한 시민을 분리하는 인구 분할 통치를 시행함으로써 정권에 대한 지지를 끌어내고자 했다. 이는 동시에 '국민'에 포함된 인구에 대해서도 법질서 준수와 시민 정신 강조, 노동 윤리 강화를 통해 정권의 지배력을 행사할 수 있게 했다. 이런 정치적 필요는 전두환 정권으로 이어지면서 '부랑인'의 분

---

9 미셸 푸코, 『광기의 역사』, 이규현 옮김, 나남, 2010.
10 1963년 3월 단속 상황 3일 상오, 서울시는 시내 일원에 걸쳐 걸식하는 부랑아 및 부랑인 등을 일제히 단속, 83명을 수용했다. "걸인 등 일제 단속", 『동아일보』 (1964/03/03).

류와 호명, 사회복지를 앞세운 강제 수용을 지속하게 했다.[11]

당시 대표적 사례가 1975년에 설립된 사회복지 법인 시설인 형제복지원[12]이다. 형제복지원은 3146명을 수용할 수 있는 국내 최대 부랑인 수용시설로 당시 부랑인으로 분류된 이들만이 아니라 부산역을 배회하던 사람들도 무차별적으로 강제 감금되었다. 형제복지원 피해 생존자들의 증언에 의하면 단속반에 의해서 본인이 어디로 가는지도 모른 채 강제로 이송되었고, 매일 생명의 위협을 느낄 정도의 폭력과 노동에 시달렸다고 한다. 집단이 거주하는 수용시설에서는 질서 유지를 근거로 거주인에 대한 통제, 폭력이 정당화되었다. 당시 오직 살기 위해 수많은 이들이 형제복지원 탈출을 시도했으나, 도움을 청한 경찰들에게 이끌려 또다시 감금되는 상황이 반복됐다. 이런 감금과 재감금이 가능했던 것은 '부랑인'이 수용시설에 격리되어야 한다는 국가정책이 있었기 때문이다.[13]

11 전규찬, 『살아남은 아이: 우리는 어떻게 공모자가 되었나』, 도서출판 문주, 2012.

12 형제복지원 피해 생존자들은 1970, 1980년대 고아원을 비롯한 거의 대부분의 시설이 군대식으로 운영되었고, 매일 상상할 수 없는 극도의 폭력과 굶주림, 강제 노동에 시달렸다고 증언했다. 1975년 설립에서 1986년 폐쇄까지 12년간 형제복지원 자체 기록 공식 사망자는 513명이지만, 실제로는 3만 5000명이 추정된다.

13 관련 내용은 다음을 참조. 임덕영, "26년, 형제복지원: 1975년 내무부 훈령 제410호를 보면 형제복지원이 보인다", 인권오름(2016/12/07).

최근에는 2000~2014년 수차례 우수 사회복지시설로 선정되고 대통령상까지 받았던, 국내에서 세 번째로 큰 사회복지 부랑인 시설인 대구 시립희망원에서 2010년에서 2016년 사이, 거주인 309명의 사망은 물론, 과실치사, 불법 감금,[14] 비자금 조성 등의 문제가 드러나 충격을 안겨 주었다.

이처럼 감금과 강제 노역, 성/폭력과 그로 인한 의문사 등, 수용시설의 문제가 끊임없이 드러나고 있는데도[15] 어떻게, 여전히 존재할 수 있는 것일까? 애초에 수용시설이 사회적 약자를 위해 설립된 것이 아니라 국가의 필요에 의해 세워졌고, 정상 범주에서 제외된 이들을 사회로부터 분리시키려는 목적으로 운영되었으며, 이에 사회가 암묵적으로 공조해 왔기 때문이 아닐까.

따라서 수용시설 문제에 있어 국가가 '비정상'으로 규정하는 이들은 누구이고, 왜 이들을 시설에 격리시키고자 하는가를 질문할 필요가 있다. 이는 동시에 국가가 재생산 통제를 하려는 대상이 된 이들이 누구인가에 대한 질문이기도 하다. 앞에서도 언급했듯이, 타인으로부터 일상생활이 관리되고 집단이 거주하는 수용시설에서는 개인의 성적 권리가 자유롭게 행사되기 어렵고,

14 희망원은 이성 교제, 사행 행위, 금전 거래 등 내부 규칙을 위반한 거주인을 평균 11일(최장 47일)간 '심리안정실'이라는 명칭의 독방에 강제 감금·격리했다.
15 '인강원' '송전원' '인천해바라기' '자림원' '천혜요양원' '향림원' '마리스타의집' '남원평화의집' 등 최근 문제가 드러난 장애인 수용시설만 해도 무수하다.

재생산 또한 통제당할 가능성이 높기 때문이다. 그럼에도 불구하고 이것이 문제되지 않는 이유는 수용시설에 거주하는 이들이 '성적 권리를 누리거나 재생산해서는 안 되는 이들'이라는 사회적 인식이 전제되어 있었기 때문일 것이다. 국가는 수용시설 정책을 통해 시민을 이분화하고, 비정상이라고 규정된 이들을 사회로부터 분리시키는 것을 넘어, 이들의 성과 재생산 권리를 통제해 왔다. 이는 낙태를 범죄화해 마치 '태어나지 않은 생명'까지 모두 보호해야 할 것처럼 이야기하면서도, '태어나지 말아야 할 생명'을 미리 선별하고 있는 국가의 모순된 생명 정치하고도 직결된다. 이런 문제를 더욱 잘 드러내기 위해 수용시설 정책을 통한 국가의 재생산 통제가 어떤 방식으로 실행되고 있는지를 살펴봐야 한다.

낙인화, 재생산 통제의 기제

당초 사회복지 수용시설은 권리적 측면에서 누구나 필요로 하고 이용할 수 있는 곳이라는 보편성을 기준으로 설립되기보다는, 사회적으로 문제가 있어 보호와 관리가 필요한 사람들이 거주하는 곳이라는 '특수성'을 기반으로 설립되었다. 이런 의도된 수용시설의 특수성은 거주인을 비정상 범주로 낙인화함으로써 정상 규범을 강화시키고, 사회 구성원 간의 서열화를 공고하게 만든다. 이는 수용시설의 유지와 확대를 가능하게 할 뿐만 아니라, 동시에 특정 대상에 대한 성과 재생산 권리를 통제하는 핵심적인 기제가 된다.

수용시설 정책이 시설 거주인들을 집단화하기 위해 '정상적이지 않기 때문에 시설 수용이 불가피한 사람'으로 규범화하고, '정상과 다름'에 대한 차이와 경계를 만들기 위해 '건강하지 않은 몸과 정신을 가진 자'라는 의학적 병리화를 적용한 것은 매우 유효했다. 또 우생학적 관점을 대입해 시설 거주인에 대한 낙인과 타자화를 강화시켰고, 이로써 이들을 향한 국가의 재생산 통제가 '당연한 것'이라는 사회적 합의를 도출해 낼 수 있었다.

대표적 사례로 소록도에 격리된 한센인 사례를 들 수 있다. 의료의 발전은 한센인들 삶의 개선에는 별다른 영향을 끼치지 못했다. 식민지 시기에 설립된 소록도병원은 치료와 연구의 기능을 조금 갖추긴 했지만, 애초부터 '격리'에 방점을 두고 있었다. 병원은 한센인들을 효과적으로 관리하기 위해 엄격한 규율과 강제 노역을 강요했고, 이에 저항하면 감금하거나, 처벌의 수단으로 단종 수술을 자행했다.[16] 국가정책은 오랜 시간 공공연하게 소록도 한센인들의 재생산을 통제하는 근거가 되었다.[17]

---

16 김재형, "소록도병원 100년사" 의료사 편, 창비주간논평(2016/05/18).
17 한센병은 완치 가능한 질병이다. 한국은 1980년대에 이미 퇴치 국가가 되었지만, 정부가 이를 적극적으로 알리지 않았고, 한센병이 유전병이 아님에도 불구하고, 단종·낙태 수술을 강행했다.

수용시설 정책은 국가 차원에서 시행되기 때문에 거주인에 대한 낙인은 더 견고해질 수밖에 없었다. 이 낙인은 본인뿐만이 아니라 자녀 세대에도 신분 차별로 이어질 것이라는 불안으로 이어졌고, 이는 그들 스스로 재생산을 포기하게 만드는 기제가 되기도 했다. 국가가 나서서 한센인을 격리했기 때문에 한센병에 대한 국민들의 공포가 더욱 커졌고, 한센인들은 이런 낙인이 대물림되는 것을 두려워했다.[18] 그래서 자녀와의 강제 분리[19]나 자녀의 신분 상승을 위해 해외로 입양 보내는 것을 운명처럼 받아들이기도 했다. 형제복지원 피해 생존자들 또한 부랑인이라는 자신의 낙인이 대물림되는 것을 원하지 않았기에 가족을 만들지 않고, 혼자 사는 이들이 많았다.

제가 잘못한 것은 없지만, 시설에 있었다는 것이 자랑은 아니잖아요. 더구나 시설에 있었기 때문에 배운 것도 없고 가진

18 SBS <그것이 알고 싶다: 열네 개의 유리병의 증언>(2016/07/30). 한센인들은 지역 주민들의 폭력에 노출되는 경우가 많았다. 대표적인 사건으로 1957년 비토리 주민들로부터 무차별 폭행을 당한 비토리 사건과 1991년 한센인들이 치료를 위해 아이들의 간을 빼먹었다는 소문을 근거로 칠곡농원 한센인 전체가 가해자로 지목된 개구리소년 실종 사건을 들 수 있다. 한센인 자녀 세대는 입학 거부뿐만 아니라 취직, 결혼 등, 삶의 전 영역에 있어 차별당하는 일도 흔했다.
19 유전병이 아님에도 한센인 자녀는 '미감아'(아직 감염되지 않은 아이)로 불리며 소록도 보육소에서 별도로 양육되었고, 부모와는 한 달에 한 번만 만나게 해주면서 감염 방지라는 이유로 손도 잡을 수 없게 했다.

것도 없는 제가 부모 될 자격이 있는지 잘 모르겠어요.

탈시설한 지인의 이 이야기는 시설 거주인들이 흔히 하는 이야기이기도 하다. 이는 국가의 낙인화를 통한 재생산 정책이 수용시설 안에서의 직접적인 통제만이 아니라 수용시설을 벗어난 이후에도 유효하게 영향을 미치고 있음을 보여 준다. 또한 당초 재생산 주체로서 인정되지 않았던 이들이 시설에 격리되면서 사회적 자원을 획득할 수 있는 기회조차 얻을 수 없었고, 이 '자원 없음'은 개인의 무능력이 되어 '재생산할 자격이 없'는 것이 되었다. 이런 자원과 능력을 기준으로 하는 재생산 자격에 대한 낙인은 비단 시설 거주인에게만 해당되는 것이 아니기도 하다.

신자유주의 시대의 사회복지 정책은 사회자원이 유한한 것에 비해 인간의 욕망이 무한하다는 이유로, '게으른 자'에 대한 낙인화 정책을 재활용했다. 인간이 무한한 시장 경쟁 속에서 자립할 능력이 있다고 전제하고 사회복지 예산을 삭감하면 노동을 통한 경제활동이 활발해질 것이라고 전제하는 신자유주의는 노동력을 기준으로 '자립한 건전한 시민'과 '나태하고 게으르거나 아무 쓸모없는 사람들'로 사회를 이분화한다.[20] 그리고 사회보장제도

20 이명현, "신자유주의 복지정책과 사회복지구조의 개혁", 『사회복지개별연구』 6권 4호, 2000.

수급을 노동력 없는 '개인의 문제'로 낙인화한다.

이처럼 낙인화 정책은 정상성에서 벗어났다고 규정된 이들의 재생산을 직간접적으로 통제한다. 하지만 이것이 드러나지 않는 것은 문제의 원인을 국가정책이 아닌 부모가 될 자격이 없는 개인에게 두기 때문이다. 생명에 대한 서열화와 낙인은 정상 범주에 들지 못하는 이들의 삶을 불안하게 만든다. 그러기에 정상 범주에 들어가기 위해 사람들은 나와 다름을 쉽게 타자화하고 이렇게 타자화된 문제는 '비정상적인 개인의 문제'가 되는 것이다. 그러나 정상성이란 허구가 만들어 낸 비정상성과 낙인, 이로 인한 생명의 서열화에서 온전히 자유로울 수 있는 사람은 과연 얼마나 될까? 낙태죄 폐지를 둘러싼 논의에서 배제되고 타자화된 이들의 성과 재생산 권리와 경험을 드러내는 일은 정상성이란 허구에 균열을 내는 작업이 될 것이다.

삭제된 개인, 권리의 소멸

다수가 집단으로 거주하는 수용시설에서는 개인의 욕구 실현과 일상에 대한 선택과 자유가 통제됨으로써 '개인'이 삭제되고 '시설 거주인'이라는 '집단'으로서만 존재하게 된다. 시설 안에서 '집단만 있고 개인은 없다'라는 것은 단순히 집단생활 안에서 같은 시간대에 같은 일상생활을 보낸다는 의미가 아니라, 공동으로 사용하는 공간만 있고 '개인 공간이 없음'을 의미한다.[21] 사생활이 존중되지 않는 수용시설 환경은 인권이 일상적으로 침해당하는 현실을 상징적으로 보여 주는 것이기도 하다. 그리고 이는 거주인들의 성적 권리와 재생산권이 통제되는 결정적 요인이다.

그러나 성과 관련된 통제는 사적 공간 부재와 같은 물리적 조건뿐만 아니라, 정상성을 중심으로 한 엄격한 규율에서 체화되기도 한다. 대표적인 예로, 대부분의 수용시설들은 이성 간의 접촉을 철저히 분리하는 것을 절대 원칙으로 한다. 최근 문제시됐던 시립희망원 또한 거주인을 독방에 감금한 사유 가운데 하나가 이성 교제였음을 상기할 필요가 있다.

> 시설에서는 밥 먹으면 숙소로 올라가야 하고, 프로그램을 할 때는 선생님들이 지켜보고 있어요. (직접) 표현은 안 하지만 남자, 여자 둘이 있으면 싫어하고 (눈치 줘서) 숙소로 보내요. 똑같은 사람인데 왜 안 되는지 이해가 안 돼요. 원장도 아들, 딸 있을 거 아니에요? 자기 아들, 딸도 시집, 장가보내지 말고 다 자기가 데리고 살지. 이해가 안 돼요.[22]

---

21 2017년 국가인권위원회가 실시한 중증 장애인 거주 시설과 정신요양시설 생활인 실태 조사에 따르면, 한 숙소에서 생활하는 인원이 3-5명이라는 응답이 52.4퍼센트, 6명 이상이라는 응답이 36.1퍼센트였다. 시설 거주인들은 타인이 보지 않는 곳에서 옷을 갈아입을 수 없고(38.3퍼센트), 타인과 함께 목욕해야만 하는(55.2퍼센트) 등, 개인의 프라이버시가 보호될 수 없다는 응답이 많았다.

22 조미경, 앞의 글, 20쪽.

여성과 남성이 한 공간에 머무르기만 해도 마치 성적으로 문제가 생길 거라고 전제하는 수용시설의 상황을 보면 이들이 얼마나 정상성에 기반한 이성애 규범에 따라 운영되고 있는가를 알 수 있다. 이는 거주인의 성적 욕구나 주체성, 성적 지향과 성별 정체성을 무시/부정하고, 거주인들에 대한 차별이나 폭력을 심각한 문제로 파악하지 않음으로써 거주인 모두를 통제가 필요한 '골칫덩이'로 만드는 잘못된 규범이다.

게다가 대부분의 시설이 장애인 수용시설이고 대개 종교 단체에서 운영하고 있는 현실을 감안한다면, 시설 안의 성 규범과 문화는 보수적일 가능성이 높다. 특히 장애인에 대한 편견이 강력한 한국 사회에서 장애인이 비규범적인 성적 지향, 성별 정체성, 성적 실천에 대해 고민하고 표현하고자 할 때, 이는 다양성으로 인정되지 못하고 장애로 인한 비정상적인 행동, 학습이 부족하거나 능력이 떨어지는 잘못된 행위로 판단될 수 있을 것이다. 시설 거주인들을 성적 주체로 보지 않고 주체성을 확보하거나 발현할 만한 조건을 갖추지 못하게 하면서, 같이 있기만 해도 '문제'가 생길 것이라고 여기는 전제는 분명 문제적이다. 시설의 이런 태도는 거주인들 성별을 '성 문제'로 인식했다기보다 거주인 자체를 '문제 있는 사람'이라고 여기는 낙인에서 비롯되는 것이다. 그러나 어느 누구에게도 성적 욕망과 실천이 허용될 수 없다고 규정할 수 없으며, 이는 수용시설 안에서도 예외일 수 없다.

최근에는 시설에서도 성교육이 의무화되고 있다고 하나, 형식적인 진행이 많다고 한다. 또 성교육 자체가 정상신체주의나 이성애·정상가족 중심의 가치를 기준으로 하고 있어 문제다. 실제로 교육부에서 발표한 "국가 수준 학교 성교육 표준안"은 성소수자를 배제하고 성별 고정관념과 잘못된 인식을 강화할 수 있다는 문제점이 지적되기도 했다. 수용시설에서의 성교육 내용도 별반 다르지 않다. 거주인은 성적 권리 실현의 주체가 아닌 비주체로 그려지며, 시설 안에서 성적인 문제가 발생하지 않도록 예방하기 위한 내용으로 구성되어 있다.

> 성교육은 난자와 정자가 만나서 임신이 되고 …… 그런 교육을 했는데 …… 저는 필요가 없다고 생각했어요. 왜냐하면 손 잡는 것도 못하게 하면서…….

> 시설에서 성에 대한 통제를 심하게 하는 것은 아마 임신이 될까 봐 그런 것 같아요. 근데 그게 문제라면 성교육할 때 피임법을 알려주면 될 텐데…… 그런 건 하나도 안 가르쳐줘요.[23]

필자가 얼마 전에 만난 장애인 수용시설의 종사자 또한 "시설에서는 어차피 성행위를 하기 힘들기 때문에 성적 주체로서의 권

---

23 조미경, 앞의 글, 21쪽.

리 교육은 안 맞는 것 같아요"라고 말했다.

성적 주체이자 재생산 주체로서 자신을 정체화할 수 있는 경험이나 기회를 박탈하는 수용시설의 규율은 단순히 거주인의 성과 재생산 권리만을 침해하는 것이 아니다. 수용시설에서의 성적 존재일 수 없고 개인이 삭제된 삶은 자신이 누구인지, 언제 행복을 느끼고, 누구와 관계 맺으며, 현재를 살고 미래를 살아갈 존재임을 부정당한다. 인간으로서 존엄을 지키며 사는 일을 불가능하게 만든다.

간혹 24시간 타인의 돌봄을 필요로 하고 재/생산을 할 것이라 기대되지 않는 중증 장애인의 경우, 지역사회에서 힘들게 사느니 좋은 시설에서 생활하는 게 안전하고 편하지 않겠느냐는 이야기를 주변인으로부터 듣는다. 이때 수용시설은 중증 장애인이 살아가기에 턱없이 부족하고 불안전한 지역사회의 지원 체계에 대한 최선의 대안이 되는 것이다. 지원 체계를 어떻게 만들고 바꾸어 나갈 것인지를 고민하기보다 인간을 수용시설 안과 밖으로 나누려는 생각은 어디에서 기인한 것일까. 단언컨대, '자신의 존재'를 '부정'당하며 살아도 되는 사람은 '없다'.

타자화와 비정상성 드러내기

2018년 장애인차별철폐의날을 맞아, 진보적 장애 운동 진영에서는 '장애인거주시설폐쇄법' 제정을 촉구하며 2028년까지 장애인 수용시설 전면 폐쇄와 이에 따른 계획을 수립하는 것이 국가와 지방자치단체의 책무임을 선언했다. 수용시설의 폐해가 주로 거주인에 대한 강제 감금과 폭력의 측면으로만 사회에 알려져 있지만, 근본적으로 정책 자체가 생명의 존엄성과 가치를 서열화하는 것임을 절대로 간과해서는 안 된다. 수용시설 폐쇄와 그에 따른 책임이 모두 국가에 있음을 분명히 하는 탈시설운동은 매우 중요하지만, 탈시설을 해도 '비정상적인 사람'이라는 낙인에서 자유로울 수 없고, 정상 범주에 합류되지 못한 바깥의 사람으로 머물기 쉽다는 점을 생각한다면, 운동의 목적이 단순히 시설을 나오는 것에 있어서는 안 될 것이다.[24] 정상성을 추구하면서 다양한 형태의 비정상 범주를 끊임없이 생성하는, 국가의 재생산권 통제가 묵인되는 사회구조 안에서는 어쩌면 사회 자체가 수용시설이 될 수도 있을 것이다.

저출산이 심각한 사회문제로 대두되면서 정부는 가임기 여성의 인구수를 표기한 지도까지 배포[25]하며 출산을 장려하고 있다.

---

24 완치된 이후에도 한센인은 사회로 복귀하지 못하고 한센인들만 모여 사는 정착촌에 갇혀 살아야 했다. 형제복지원 피해 생존자도 부랑인이라는 낙인으로 "정상적인 삶"을 살 수 없었다고 증언한다.

25 2016년 12월 행정자치부는 전국 243개 지자체의 출산 통계와 출산 지원 서비스를 찾기 쉽도록 한다는 명목으로 "대한민국 출산지도"를 발표하면서, 지역별 가임기 여성 수를 공개했다. 이에 저출산을 여성의 문제로 한정하고, 여성의 몸을 도구화한다는 항의가 빗발치자, 홈페이지를 닫아 버렸다.

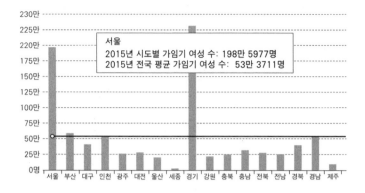

서울
2015년 시도별 가임기 여성 수: 198만 5977명
2015년 전국 평균 가임기 여성 수: 53만 3711명

표6 2015년 시도별 가임기(20~44세) 여성 수
행정자치부, "대한민국 출산지도", 2016

낙태죄를 폐지하려는 움직임과 달리, 모자보건법의 우생학적 낙태 허용 사유는 여전히 유효하고, 수용시설 정책 또한 아무런 변화가 없다. 국가 차원에서 시행되는 재생산 통제는 여전히 계속되고 있다.

반면에 우생학적 관점에서 제정된 단종법을 근거로 강제 불임수술을 시행했던 미국은 주 정부 차원에서 7개 주가 피해자에게 사과했으며, 그중 노스캐롤라이나주는 공식적으로 보상금을 지급했다.[26] 또한 최근 일본의 우생보호법에 의해 강제 불임수술

26 "IQ 70 이하는 애 가질 자격 없다? 강제로……", <오마이뉴스>(2012/01/31). 단종법에 따라 1929년에서 1974년까지 7600명에게 강제 불임수술을 시행했다. 불임

을 당한 지적장애 여성이 "정부가 장애를 이유로 불임수술을 강제한 것은 헌법이 정한 행복추구권, 개인의 존엄성과 자기결정권 위반"이라며 일본 정부를 대상으로 낸 손해배상 청구소송에 관심이 집중되었다.[27] 이런 시점에서 한국 정부가 장애인 수용시설에서 시행했던 강제 불임수술 또한 가시화될 필요가 있다.[28]

성과 재생산권이 누구에게나 보장되는 보편적 권리가 되기 위해서는 정상성을 기준으로 배제됐던 우리 안의 타자가 누구인지를 살피는 것부터 선행되어야 한다. 이를 위해 정상 범주가 강화되고 있는 것에 대한 경각심과 타자화에 대한 각자의 점검이 필요하다. 정상성에 대한 균열을 내는 이 과정은 비정상이라 규정되었던 다양한 이들의 경험이 공유되어야만 가능해진다.

스스로를 드러내기 어렵고 자기 언어를 가지지 못한 소수자들이 논의의 주체로서 자신의 목소리를 낼 수 있는 다양한 현장들

수술 대상자는 정신 질환이 있는 이들과 장애인 시설, 소년원 등에 수용된 이들, 저소득층인 젊은 여성이 다수였으며, 친부 성폭력 피해자도 있었다.

27 "'장애' 이유로 강제 불임수술한 국가를 고소한다", <여성신문>(2018/02/07). 일본변호사연합회에 따르면 우생보호법을 근거로 실시된 임신중절 수술은 약 5만 9000건, 불임수술은 약 2만 5000건이라고 한다.

28 1999년 국회 보건복지위원회 김홍신 의원이 "장애인 불법·강제 불임수술 실태와 대책에 관한 조사 보고"를 발표하면서 전국의 시설에서 지적장애인이 강제 불임수술을 받은 사실이 대대적으로 이슈화되었지만, 당시에는 정부의 대처 없음만이 문제시되었다. 소록도 한센인의 경우 정부 차원에서 인권침해에 대한 공식 사과가 있었지만, 재생산 통제에 대해서는 직접적으로 언급하지 않았다.

이 마련되어야 한다. 그 현장에서 각자의 '비정상성'과 그로 인해 받았던 차별과 부당한 경험이 자유롭게 표현되기를, 많은 사람의 공감과 지지로 널리 알려지고 나아가 개선될 수 있기를 바란다. 바로 그곳에서 우리는 인간의 존엄성과 가치가 무엇인지 다시 확인하게 될 것이다. 그리고 모두의 성과 재생산 권리 확보를 위해 앞으로 무엇을 해야 할지 가늠하게 될 것이다.

건강한 국가와 우생학적 신체들

황지성

2017년 말, '낙태죄' 폐지 요구는 23만 명의 청와대 국민청원으로 이어졌고, 이에 정부는 공식 답변을 통해 장애나 질병으로 인한 실직과 경제적 어려움에 처할 경우 등의 특정 상황에서는 임신중지가 불가피하다고 답했다.[1] 이는 '낙태죄' 전면 폐지를 바라는 국민적 열망은 물론, 장애와 질병이 야기하는 삶의 문제들에 대한 현 정부의 의지 없음을

---

[1] "친절한 청와대: 낙태죄 폐지 청원에 답하다", 청와대 홈페이지(2017/11/26). https://www1.president.go.kr/articles/1606

고스란히 확인할 수 있는 대목이었다. 기실 장애나 질병은 사회적으로 경제력의 상실을 초래하지만, '비정상'적인 개개인의 문제이고 따라서 책임도 그 당사자에게 온전히 돌아갈 수밖에 없다는 식의 논리가 사회에서 매우 익숙하게 통용된다. 이는 곧 누구에게나 사회 구성원으로서 사회경제적 권리를 보장받고 재생산을 계획할 수 있는 자격이 주어지지 않는다는 말이기도 하다. 표면적인 장애와 질병은 언제나 우선적으로 그러한 '예외' 상태를 만들어 내는 데 등장해 왔던 것이다.

좀 더 거슬러 올라가 1970년대 '인구정책'을 화두로 등장하는 일련의 언론 기사들을 보면, 이러한 실태가 더 적나라하게 드러난다. 1970년대는 군사 쿠데타로 정권을 잡은 박정희가 유신을 통해 일방적으로 사회 개조를 밀어붙인 시기다. 이에 정부 부처 및 민간단체들이 합심해 "대대적 인구 억제"를 위한 계획을 추진하기도 했으며, 불임수술자에게는 공공 임대주택 우선 입주권 등 다양한 혜택을 제공하기도 했다.[2] 당시는 인구의 지속적·양적 팽창이 전근대적이고 미개하며 나약한 국가를 벗어나지 못하게 하는 원인으로 지목됐던 시기이다. 전 사회적으로 인구 억제 시책을 펴던 당시 상황 속에서 장애인 등에게 시행한 강제 불임수술에 대한 기사들이 곳곳에서 보인다. 보건사회부(현재 보건복

2 "정부 인공임신중절 허용 범위 확대 확정", 『동아일보』(1976/12/03).

지부)가 선천성 지적장애인과 간질 환자 등에게 강제 불임수술을 명령하고,[3] 이에 이런 정부 시책이 "인간 경시"인지 "공익상 불가피한 일"인지를 두고 정부 관계자와 의료인 등 관계자 간의 찬반 논쟁이 벌어지기도 한다.[4]

한 사회의 인구와 생명은 사회의 '공익'을 위한다는 명분으로 차등적으로 관리된다. 예나 지금이나 장애나 질병이 있는 인구는 바로 그 차등적 관리의 대상으로, 재생산을 하지 않는 편이 '공익'상 바람직한 집단으로 대표된다. 여기에는 특정 인구가 존재 조건 그 자체로 이미 바람직하지 않다는 전제가 깔려 있다. 하지만 만약 장애와 질병과 같은 몸의 존재 조건이 그 특정 인구에게만 달라붙어 있는 고정된 것이 아니라, 사회적으로 무수히 양산되는 것이라면 어떻게 되는가? 그리고 질병이나 장애가 있는 몸들을 일정하게 분류하고 경계 짓기 하여 재생산을 금지하는 것은 구체적으로 어떤 종류의, 누구를 위한 '공익'을 산출하게 되는 것일까? 이런 질문들을 토대로, 이 글은 '건강한' 국가를 위해 재생산하지 않는 것이 바람직한 인구는 따로 정해져 있지 않다는 전제에서 시작한다. 먼저, 장애와 질병 그리고 우생학적으로 바람직하지 않은 '열등한' '비정상' 신체들이 특정한 사회적 관계 속

---

3 "보사부, 선천성 정박·간질 환자 9명 강제 불임수술 명령", 『경향신문』(1975/06/24).
4 "정박아 불임수술 찬반 토론: '공익상 불가피' 대 '인간 경시 표본'", 『동아일보』(1975/07/22).

에서 어떻게 생산되고, 이것이 어떤 결과를 산출하는지를 구체적 맥락을 통해 살펴보겠다. 또 신체의 '정상성' '생산성'이 언제나 성과 재생산의 문제와 밀접하게 결부되고 있음을 상기하며, 우생학적인 신체들의 경계를 추적하는 과정에서 마주하게 될 다양한 성적 '비정상'들의 경계가 교차하는 장면들을 주목해 보려 한다.

한국 우생학 법의 탄생

주지하듯, 한국의 '낙태죄'와 예외적 '낙태 허용'의 문제에서 가장 쟁점이 되는 것 중 하나는 우생학이다. '우생학'eugenics은 서구에서 19세기를 지배한 주류 자연과학·생물학 이론의 하나였다. 영어 어원으로 알 수 있듯이, 한마디로 '좋은'eu '인종'genos을 육성하고, 반대로 열등한 것은 배제·제거하는 논리와 방법을 제공하는 과학 지식이다.[5] 또 우생학은 통계학·공중보건학·성과학 등과 함께 서구 근대국가 형성 및 이와 궤를 같이한 국가주의·제국주의의 토대를 마련한 지식 권력이다.[6] 서구 열강들(예외적으로 일

5 김예림, "전시기 오락 정책과 '문화'로서의 우생학", 『역사비평』 73호, 2005.
6 미셸 푸코, 『성의 역사 1』*Histoire de la Sexualité: La Volonté de Savoir*, 이규현 옮김, 나남, 2010; Lenard Davis, *Enforcing Normalcy: Disability, Deafness, and the Body*, Verso, 1995.

우생학

우생학은 한동안 '사이비 과학'으로 폄하되기도 했지만, 최근 『이기적 유전자』나 『통섭』과 같은 책의 유행에서 보듯, 진화론적 생물학과 인간 사회를 연결하는 많은 담론과 연구가 나날이 각광을 받고 있다. '약육강식' '우승열패' '각자도생' 식의 경쟁적인 삶의 패턴과 영구적 전쟁, 신자유주의적 세계화의 그늘이 점점 더 깊어지면서, 실제로 우생학과 함께 맹위를 떨쳤던 파시즘의 악몽을 떠올리게 한다.

우생학은 다윈의 진화론, 사회진화론, 유전학과 긴밀한 관계를 맺으며 19세기에 등장한 과학 이론이다. 진화론의 선구자인 다윈과 스펜서는 각각 생물학과 사회학 분야에서 '자연도태' '적자생존'의 생존경쟁에 의한 진화의 관점을 개발했다. 사회진화론은 이론을 넘어 담론과 사회운동으로 막강한 영향력을 행사했으며, 기본적으로 사회를 끊임없는 진화·진보라는 관점으로 본다는 측면에서 매우 '근대적'이다. 사회진화론이 발아해 큰 영향력을 떨친 19세기는, 유럽 서구 열강들이 제국주의 (특히 19세기는 아시아 지역에 대한) 무력 정복과 점령을 활발히 전개하던 시기다. 서구 열강이 점령과 정복을 정당화하는 데 논리를 제공한 것이 바로 사회진화론이었는데, 집단들 사이의 생존경쟁인 정복, 점령이 원시사회가 근대적 산업사회로 발전하는 과정이라고 본 것이다.

그러나 이런 진화론의 논리는 피침략 국가와 집단들에서도 마찬가지로, 냉혹한 세계 질서에서 살아남기 위해 달성해야 할 근대화의 중요한 요소로 받아들여지게 된다. 이런 흐름 속에서 우생학은 사회진화론이 인종적 진화론으로 전개되는 데 논리적 기반을 제공했다. 프랜시스 갈톤(다윈의 사촌)이 우생학 이론의 선구자로 불린다.

우생학은 한마디로 자연적으로 타고나는 우수한 혈통·인종이 열등한 쪽을 도태시키고 지배하게 되는 것이 자연 법칙이라는 논리다. 우생학의 이론과 실천은 나치즘 아래 자행된 유태인과 (비교적 덜 알려진) 장애인·성소수자 학살 등, 인종적 수탈, 학살, 노예화 등으로 알려져 있다. 그러나 단지 이러한 극악무도한 '사건'만이 우생학의 폐해는 아니며, 다양한 인간의 신체적 차이나 행위·문화 등의 차이를 우생학적으로 설명하고 사고하려는 전통과 그 폐해는 우리 삶과 문화에 강력히 뿌리내리고 있다.[7] 또한 한국의 경우 우생학이 법의 형태(모자보건법 제14조)로 남아 있는데, 이는 법이 제정됐던 1970년대의 군사독재 개발 국가 인구 통치의 차별적이고 폭력적인 면모를 집약적으로 보여 준다.

본)의 제국주의 식민지 침략에 있어서도 우생학 — 우월한 서구 인종과 미개한 비서구 피식민 인종 — 이 핵심적 논리가 된 것이다. 이에 침략으로 폭력과 파괴를 경험한 피식민 국가들은 서구 근대 문물을 통해 근대화를 이루는 것이 자국의 독립적 주권 회복과 경제 발전을 위해 필수적이라고 여기게 되었다. 여기서의 '근대화'란 정치·과학·경제 등의 복합적 구성물이지만, 피식민 국가들은 수탈과 전쟁의 파괴 등으로 인해 '불구'가 될 수밖에 없었던 허약한 나라의 신체를 생물학적이고 과학적인 진화와 개량을 통해 향상시키는 것이 근대성의 중요한 한 부분이라고 인식했다.[8] 국가의 치욕과 피해의 경험을 몸의 '불구'(특히나 "거세된" 남성의 몸[9]으로서)나 허약함으로 상상하고, 불구의 몸을 갱생하는 노력은 근대화이자 주권국가로서 힘을 가지는 것을 의미하게 된

7 우남숙, "사회진화론의 동아시아 수용에 관한 연구: 역사적 경로와 이론적 원형을 중심으로", 『한국동양정치사상사연구』10호, 2011; 신영전, "식민지 조선에서 우생 운동의 전개와 성격: 1930년대 '우생'을 중심으로", 『의사학』15호, 2006; Eunjung Kim, *Curative Violence: Rehabilitating Disability, Gender, and Sexuality in Modern Korea*, Duke University Press, 2017.

8 이 논의와 관련해서는 다음을 참조. 김홍중, "서바이벌, 생존주의, 그리고 청년 세대: 마음의 사회학의 관점에서", 『한국사회학』49호, 2015; 박차민정, "1920~1930년 대 '성과학' 담론과 '이성애 규범성'의 탄생", 『역사와 문화』22호, 2016; 우남숙, 앞의 글; Veena Das, *Affliction: Health, Disease, Poverty*, Fordham University press, 2015; Eunjung Kim, 앞의 책.

9 류진희, "'무기 없는 민족'의 여성이라는 거울: 해방 직후 탈/식민 남성성과 여성 혐오를 단서로 하여", 『문화과학』83호, 2015.

다. 한국을 비롯한 식민지 피해 경험 국가들에서 '우생학'이 도입되고 자리 잡는 데에는 이런 복합적인 배경이 밑바탕이 되었다. 근대적 '과학' '지식'(이라는 믿음)으로서 우생학이 가지는 위상, 그리고 약자로서의 끔찍한 피해와 치욕에서 벗어나 향상되고자 하는 집단적 정념의 응축이 바로 우생학적인 다양한 실천과 문화를 탄생시키게 된다.

한국은 일제 식민지 시기 우생학이 적극 도입된 이래로 사회 다방면에 영향을 미쳤지만, 그것이 법으로 제정된 것은 1970년대 유신 체제에 와서다. 전 세계적으로 파시즘의 악몽을 겪은 후 우생학은 그 이전보다 영향력을 상실했지만, 한국은 국가 근대화를 밀어붙인 군사독재 정부 아래 오히려 우생학이 법제화되기에 이른다. 유신 시기 산아조절 시도는 흔히 출산의 양적 측면의 감소 노력으로만 상상되지만, 인구의 양적 감소만큼 중요했던 것은 강력한 경제 발전과 근대화라는 미명 아래 '생산성' 있는 인구를 유지·증가시키는 것이었다. 당시 "체력은 국력" 같은 슬로건과 "국민의 일상생활에서 구래의 나태하고 체념적인 생활 태도가 추방되어야 하며, …… 자립 자활을 위한 적극적 태도와 근대적 노동 윤리로 무장된 주체화"[10]라는 기치 속에서 '비생산적'이고 "병든 신체"[11]가 광범위하게 배제와 제거의 대상이 되어야

10 배은경, 『현대 한국의 인간 재생산: 여성, 모성, 가족계획 사업』, 시간여행, 2012, 74쪽.

하는 시기였다. 이에 따라, 우생학적 산아제한을 주요 골자로 하는 '모자보건법'이 1973년 제정됨으로써, 한국 역사상 최초로 우생학이 법의 형태를 갖추게 되었다.[12]

1973년 모자보건법 최초 제정 당시 우생학적 인공임신중지 허용 사유와 자세한 장애·질환명을 나열한 시행령은 표7과 같다. 또 1999년 삭제됐지만, 최초의 법에는 제9조에 "불임수술 절차 및 소의 제기"라는 항목을 두어 "의사가 환자를 진단한 결과 대통령령으로 정하는 질환에 걸린 것을 확인하고 그 질환의 유전 또는 전염을 방지하기 위해 그 자에 대하여 불임수술을 행하는 것이 공익상 필요하다고 인정할 때에는 대통령령이 정하는 바에 따라 보건사회부 장관에게 불임수술 대상자의 발견을 보고하여야 한다"고 했다. 이와 같이 인간의 기본적 신체자율권과 존엄성

11 김원, 『박정희 시대의 유령들: 기억, 사건, 그리고 정치』, 현실문화, 2011.

12 같은 성과 본관의 사람을 혈족으로 여겨 결혼을 금지한 민법상 '동성동본금혼제'(1958년 공포)를 모자보건법보다 먼저 입안된 우생학법으로 볼 수도 있다. 동성동본혼을 '근친혼'으로 여겨 이 사이 태어난 자손이 열등하다고 생각한 우생학적 믿음은 가부장적 부계 혈통주의와 결합해 동성동본금혼제 존치의 밑바탕이 되었기 때문이다. 현실의 가족제도나 결혼 풍습과 전혀 맞지 않는 이 법은 1997년까지 존치되었고, 이에 '사생아'라는 '비정상적' 존재의 탄생이 지속적인 사회문제가 되자, 정부는 사생아의 출산 자체를 통제하기에 이른다. 모자보건법상 임신중절 허용 사유 가운데 제4항 "법률상 혼인할 수 없는 혈족 또는 인척간에 임신된 경우"는 동성동본혼을 가리킨 것이었다. 이에 대한 자세한 논의는 소현숙의 글 "부계 혈통주의와 '건전한' 국민", 『'성'스러운 국민: 젠더와 섹슈얼리티를 둘러싼 근대국가의 법과 과학』, 홍양희 엮음, 서해문집, 2017을 참조.

모자보건법 제8조
(인공임신중절 수술의 허용 한계)
① 의사는 다음 각호의 1에 해당되는 경우에 한하여 본인과 배우자(사실상의 혼인 관계에 있는 자를 포함한다. 이하 같다)의 동의를 얻어 인공임신중절 수술을 할 수 있다.
1. 본인 또는 배우자가 대통령령으로 정하는 **우생학적** 또는 **유전학적** 정신장애나 신체 질환이 있는 경우
2. 본인 또는 배우자가 대통령령으로 정하는 전염성 질환이 있는 경우
3. 강간 또는 준강간에 의하여 임신된 경우
4. 법률상 혼인할 수 없는 혈족 또는 인척간에 임신된 경우
5. 임신의 지속이 보건의학적 이유로 모체의 건강을 심히 해하고 있거나 해할 우려가 있는 경우

본 법 시행령 제3조
(인공임신중절 수술의 허용 한계)
① 법 제8조의 규정에 의한 인공임신중절 수술은 임신한 날로부터 28주일 내에 있는 자에 한하여 할 수 있다.
② 법 제8조제1항 제1호의 규정에 의한 **우생학적** 또는 **유전학적** 정신장애나 신체 질환은 다음 각호와 같다.
1. 유전성 정신분열증
2. 유전성 조울증
3. 유전성 간질증
4. 유전성 정신박약
5. 유전성 운동신경원 질환
6. 혈우병
7. 현저한 유전성 범죄 경향이 있는 정신장애
8. 기타 유전성 질환으로써 그 질환의 태아에 미치는 발생 빈도가 10퍼센트 이상의 위험성이 있는 질환

표7 1973년 모자보건법 최초 제정 당시의 법령 및 시행령

을 침해하는 내용의 법안이 버젓이 입법화될 수 있었던 것은 당시 유신이 선포되고 국회가 해산된 비상 상황에서 정부가 일방적으로 밀어붙였기 때문이었다. 앞서 언급한 1970년대 신문 기

사는 본 입법과 관련해 벌어졌던 당시의 상황들을 짐작하게 해준다. 1975년 '정심원'이라는 장애인 등 수용시설의 시설장은 본 조항에 의거해 시설 거주 여성 12명의 불임수술 허가를 요청했다. 이에 사회 각계각층(당사자 '장애인'은 제외하고)이 모여 강제 불임수술에 대한 찬반 토론을 벌이기도 했다. 정부 관계자 등은 비생산적·비정상적 인구인 장애인에 대한 불임수술이 장차 태어날 자녀의 "양육 문제" 등 사회경제적 "공익상 필요"[13]에 의해 지지될 수 있음을 역설했다. 반대 여론이 거세지고 사회적 논란이 일자, 보사부는 결국 불임수술 허가를 내지 않았다. 그럼에도 불구하고 정심원은 57명의 남녀 시설 수용자에게 정부의 허가 없이 불임수술을 실시한 것으로 이후 드러났다.[14]

모자보건법상 우생학적 '불임수술'을 명시한 제9조 조항은 논란 끝에 1999년 삭제되었고, 같은 해 국회의원 김홍신은 "장애인 불법·강제 불임수술 실태와 대책에 관한 조사 보고"를 발표했다.

> 총 10개 시설에서 결혼한 사례가 있었다. 10개 정신지체장애인 시설에서 총 63쌍의 정신지체장애인이 결혼했으며, 현재 56쌍의 부부가 시설에서 생활하고 있는 것으로 조사되었다.

13 앞의 『경향신문』 기사.
14 Eunjung Kim, 앞의 책. 정심원의 사례처럼, 공식적 허가 없이도 시설이나 가족(보호자)의 요청에 의해 얼마든지 비공식적으로 강제 불임수술이 행해질 수 있었다.

해당된 10개 정신지체장애인 시설에 대해 서면·전화 조사를 재실시했고, 4개 시설에 대해 현장 조사를 실시했다. 현재까지 확인된 조사 결과에 따르면, 결혼한 케이스가 있었던 10개 시설 중 8개 시설에서 75명(남자 48명, 여자 27명)의 정신지체장애인에게 불임수술을 실행한 것으로 밝혀졌다. 부모가 불임수술을 강행한 2개 시설을 제외한 6개 시설에서는 시설 일방의 판단에 의해 강제 불임수술을 행한 것으로 밝혀졌다.[15]

시설 생활자의 인권침해와 관련한 실태는 시설의 폐쇄성과 생활자와 시설의 분리 불가능함으로 인해 제대로 밝혀지지 않는다는 특성이 있으며, 위에 인용된 보고서의 내용은 그러한 특성을 감안해 살펴보아야 한다. 보고서에 따르면, 전국의 수용시설들에서 파악된 강제 불임수술 피해자는 70여 명(남녀 불문)이며, 또 이들의 상당수는 시설 내에서 결혼해 살고 있었다. 즉, 불임수술로 인해 생식능력을 상실하는 것이 결혼의 전제 조건이 되었고, 그나마 결혼을 하고 나서도 시설에서 나와 독립적인 주거나 생계 수단을 획득해 살 수 있는 기회는 전무했다. 그리고 법에 규정하고 있는 불임시설 사전 허가 절차에도 불구하고, 당시 시설들은

---

15 윤민화, "정신지체 장애인 강제 불임수술 실태와 대책", 『복지동향』 12호, 1999, 31~32쪽.

양팔 붙잡힌채 사무실서 수술
반항하다 몽둥이로 얻어맞기도

■ '강제불임' 피해자 일문일답

그림1 "(불임)수술 반항하다 몽둥이로 얻어맞기도",
『한겨레』(1999/08/23).

지자체, 가족(보호자) 등의 협조와 묵인 아래 시술을 진행했다.

한편, 불임수술 피해자와의 인터뷰로 이루어진 한 기사(그림1)에서, 당시 명목상의 '요양' 시설이 '장애인'뿐만 아니라 '부랑인' 등 다양한 사람들을 집단적으로 격리 수용하는 곳이었고, 시설에서 강제 불임수술 피해를 입은 이들 중에는 부랑인 집단이 포함돼 있었다는 사실을 알 수 있다("90퍼센트가량은 정신병을 앓고 있는 사람들이었다. 나머지는 알코올중독자 등 부랑아들이었다" ─ 위 기사). 부랑인 집단은 한국 현대사의 비극과 사회문제가 낳은 집단으로, 한국전쟁 이후 가족을 잃었거나 심각한 가난에 시달리면서 어린 시절부터 거리로 나와 구두닦이, 구걸 등을 하거나 절도 등의 범죄를 저지를 수밖에 없었던 이들이었다.[16]

부랑인

'부랑'이라는 용어로 낙인찍힌 집단은 조선시대부터 존재해 온 것으로 알려져 있으나, 이를 사회적으로 척결해야 할 '문제'로 지목한 것은 식민지 시기부터였다. 일제의 전시 총동원 체제로 인적·물적 수탈이 절정에 달한 1930년대—이 당시의 극심한 인적 수탈의 한 면모가 '위안부'라는 이름으로 잘 알려져 있다 —에는 대규모로 도시 빈곤층을 형성한 이들(이른바 '토막민') 에게 범죄자나 사회 미관을 해치는 문제적 집단이라는 낙인이 씌워지고, 따라서 이들을 거리에서 소탕하거나, 체계적 인적 수탈을 위한 시설 수용이 실시됐다. 이어 해방 직후에는 한국전쟁으로 수많은 고아와 빈곤층이 생겨났으며, 사회적 보호망이 부재한 상황에서 많은 이들이 '부랑아' '걸인' '껌팔이' '슈샤인 보이'(구두닦이) '넝마주이' 등의 이름을 부여받으며 언론에 등장했다. 이들이 생계 수단이 불안정하거나 부재한 상황에서 구걸 행위나 절도·소매치기 집단에 합류하게 되면서 점차 '범죄자' '문제 집단'으로 등장하게 된 것이다. 1950년대까지는 이들에 대한 정책이 주로 '소탕'과 '시설 수용'에 한정됐다면, 박정희 정권에 이르러서는 '근로재건대' '개척단'의 이름으로 이들을 일정하게 격리하고, 살인적으로 노동을 착취하는 정책이 시행됐다.

1975년도에는 부랑인을 범죄나 치안의 대상으로 강력하게 표상하는 '내무부 훈령 제 410호'를 설치하고, 단속 및 (착취를 위한) 시설 수용을 강화했다. 부랑인 시설 수용자에 대한 노동 착취와 인권침해는 물론, 수백 명의 사망자를 내고도 제대로 된 진상 규명이나 법적 처벌이 이루어지지 않은 '형제복지원'은 그 대표적 사례이다.

'근대화'와 '경제 발전' '건강한 사회'라는 명목으로 수많은 취약한 집단에게 '위험하다'거나 '열등하다'는 낙인을 씌워 노예적 착취와 인권침해를 정당화하고, 한낱 '죽어도 되는 존재'가 되도록 한 부조리와 폭력은 한국 근현대 역사의 민낯이다. 그리고 '부랑인'은 그러한 국가 폭력의 가장 대표적인 피해 집단이다. 최근 부랑인에 대한 연구, 언론 보도, 영화화 작업(이조훈 감독의 2018년 영화 〈서산개척단〉) 등이 활발하게 이루어지면서 이들의 삶과 구체적 피해 실태가 뒤늦게나마 밝혀지고 있다.[17]

16 이소영, "'건전사회'와 그 적들: 1960-1980년대 부랑인 단속의 생명 정치", 『법과 사회』 51권, 법과사회이론학회, 2016.

이 같이 우생학이 법의 형태로 그 효력을 발생하자, 장애인은 남녀 불문하고 우선적으로 강제 불임수술을 당할 수 있는 대상이 되었다. 우생학적으로 '장애인'은 '공익'을 위해 국가나 시설, 가족(보호자)에 의해 이 같은 폭력을 당하는 것이 당연하게 여겨진 집단이 된 것이다. 그런데 가난 때문에 사회적 보호의 체계 없이 거리로 내몰린 부랑인 역시 '장애인'과 마찬가지로 마구잡이로 격리 수용됐고, 나아가 강제 불임수술 대상에도 함께 포함되었다는 것은 무엇을 의미하는가? '우생학'을 근거로 한 신체들에 대한 분류와 관리 ─ 사실상 통제와 폭력 ─ 는 선천적으로 미리 결정된(다고 믿는) 신체 또는 종種의 차이를 표적 삼는다. 하지만 실제로 드러나는 것은, 당대 사회의 신체 분류와 관리 체계, 법을 통해 오히려 어떤 종류의 신체·종이 '생산'되고 있다는 사실이다.

섹슈얼리티와 계급의 인종화·장애화·범죄화

'우생학적 강제 불임' 조항이 삭제되자, 해당 법 조항이 여전히 필요하다고 하는 여론이 신문 등에 보도되기도 했다. 우생학법이 우생학적 임신중지 '허용' 조항의 형태로 여전히 건재하고 있

17 김아람, "5·16 군정기 사회정책: 아동복지와 부랑아 대책의 성격", 『역사와 현실』 82호, 2011; 이소영, 앞의 글; 박홍근, "사회적 배제의 형성과 변화: 넝마주이 국가 동원의 역사를 중심으로", 『사회와 역사』 108호, 2015 참조.

는데도, 가장 강력하고 강제적인 조치로써 강제 불임이 필요하다는 주장이 계속 제기되었던 것이다. 법학자 지광준은 아래와 같은 근거를 들어 강제 불임 법제가 필요하다고 역설한다.

…… 현대 과학에서 정신지체장애는 환경적·문화적인 영향에 의해서보다는 유전적인 소질이 높다는 사실이 입증되고 있다. 선진국에서도 정신장애인에 대한 강제 불임수술이 이뤄지고 있다. 스웨덴의 경우는 1975년까지 40여 년 동안 6만 2000명을 시술했으며, 미국서도 30개 주에서 정신지체아 등에 대한 단종법을 시행했다. 일본도 우생보호법으로 유전병 환자, 정신장애인 등에게 강제 불임수술을 했고, 이탈리아와 프랑스에서도 장애 여성에 대한 강제 불임수술이 시행되었다. 정신지체인들에 대한 강제 불임 조치가 우리나라에서만 일어나고 있는 야만적인 행위는 아닌 것이다.

우리 사회가 정신지체 장애인들을 정상인들과 다름없이 기르고 같이 생활하며 아무 편견 없이 그들을 대할 수 없다면 그들의 불행을 또 생산시켜서는 안 될 것이다. 때문에 이 문제에 대해 얕은 동정심으로 접근해서는 안 된다. 필자는 사회에 위해한 유전인자를 가진 사람들에 대한 단종斷種을 시행하는 일이 더 인간적이라 생각된다. 따라서 이제라도 정신지체장애인 불임수술을 명령할 수 있는 조항을 삭제한 모자보건법을 재개정, 이를 부활시켜야 한다.

…… 요즈음 미국에서 성폭력 상습범에 대한 화학적 성기거세형을 선택형으로 부과하고 있음을 한 번 생각해 볼만한 일이다. 우리도 이제는 은밀하게 강제 불임수술을 할 것이 아니라 공개적으로 정당한 법 절차에 따라 이루어졌으면 하는 마음이다.[18]

그가 보기에 "장애인" — 여기서 '정신장애인' '정신지체장애인' '병자' 등이 구분되지 않고 모두 같은 의미로 나열되고 있다 — 에 대한 우생학적 강제 불임수술이 정당화될 수 있는 이유는, 한국이 근대화되면서 발전을 따라잡아야 할 유럽이나 미국의 강대국들도 이를 시행하고 있기 때문이다. 흥미로운 점은 성폭력범 등 범죄자에게 '화학적 거세형'[19]을 실시하고 있음을 들면서 장애인에 대한 강제 불임수술 역시 정당화할 수 있다는 식의 논리를 펼쳤다는 것이다. 범죄자, 극빈자, 장애인을 불문하고, 이들

18 지광준, 『대한매일』(1999/09/06) 게재 글. 최원규, "생명 권력의 작동과 사회복지: 강제 불임 담론을 중심으로", 『비판사회정책』 12호, 2002, 144~145쪽에서 재인용. 강조는 인용자.
19 "화학적 성기거세형"이라고 지칭되는 이것은 소위 '화학적 거세형'을 가리키는 것으로 보인다. 그러나 '화학적 거세형'(현행 해당 법령명은 "성폭력범죄자의 성충동 약물치료에 관한 법률")은 성호르몬의 생성을 억제, 감소시키는 약물을 투여해 성적 충동을 낮추는 효과를 유도하는 것으로, 생식능력을 원천적으로 제거하는 불임수술과는 아무런 관련이 없다.

신체를 사회적 오염과 퇴화를 가져오는 '비정상' 신체로 함께 분류하는 양상이 여기서 다시 확인된다. 이런 '비정상' 신체는 국가권력에 의해 폭력적으로 통제, '관리'될 수 있어야 하고, 그것이 더 "인간적"이라고 주장된다. 또한 이 비정상성은 언제나 젠더 및 섹슈얼리티와 동시에 등장하면서 더욱 증폭된다. 장애인의 섹슈얼리티가 성 범죄자의 것과 마찬가지로 '통제 불가능'하고 '위험하다'는 생각은, 그들의 비정상적인 섹슈얼리티 통제를 위해 '거세'와 단종 조치가 불가피하다는 것으로 귀결된다. 이 담론에서 장애·섹슈얼리티·계급 등의 다양한 요소들은 '비정상' 내지는 '열등한' 인종적 특징으로 자연화되고, 동시에 인종화된 신체와 섹슈얼리티는 장애화되거나 범죄화되는 양상을 볼 수 있다. 강제 불임수술뿐만 아니라 우생학적 임신중지 '허용' 조치에도 이 생각이 노골적으로 기입돼 있다. 1973년 모자보건법 최초

제정 당시부터 2009년까지, 임신중지가 '허용'된 장애·질환명에 '유전적으로 범죄 성향이 있는 정신장애'가 포함됐던 것이다.[20]

이처럼 '비정상적' 신체 특징을 '타고난' 집단이 범죄와 연결될 가능성이 높다는 믿음은 아래 기사에서도 극명하게 드러난다.

> 소녀 유괴 살인 사건의 범인으로 신문 가판원 OOO 씨(28세, 주거 부정)를 검거, 범행 일체를 자백 받고 …… 범인 OOO 씨는 작년부터 후천성 성 불구자로 고민해 오다 지난달 26일 오후 5시 경 성기능을 시험하기 위해 집 앞에서 친구들과 놀던 …… OOO 씨는 범행 다음날 새벽 5시경 가판하려고 받아둔 신문 뭉치를 범행 현장 부근에 버려둔 채 부산으로 도주, 맹인으로 가장하고 OOO 일대를 돌아다니면서 껌팔이를 해왔다 …….[21]

1977년도에 일어난 한 살인 사건을 보도한 위 기사(그림2)에서, 범행을 저지른 가해자를 설명하는 단어들은 "신문팔이" "주거

---

20 우생학적 '임신중절 허용' 한계로 명시되는 장애 및 질환 종류는 모자보건법 최초 제정 후 37여 년 만인 2009년에 이르러서야 대폭 조정되고 축소된다. 2009년의 개정에서 최종적으로 포함된 장애 및 질환은 "연골무형성증, 낭성섬유증, 풍진, 톡소플라즈마증"이다.

21 2016년 여름, 자유인문캠프에서 개최한 박차민정의 강의 "Queering History: '변태', '기형', '음란'으로 읽는 현대사"를 통해 해당 기사를 찾았다. 강조는 인용자.

부정" "후천성 성 불구자" "가짜 맹인" "껌팔이"이다. 기사가 다루고 있는 인물이 실제로 어떤 장애나 질병을 가졌는지, 또 어떤 경위로 주거 부정과 극빈자의 위치에 놓이게 됐는지는 전혀 관심사가 아니며, 다만 불구(라고 추정되는 사람)이면서 부랑인인 이런 '비정상' 신체가 '괴물'이자 사회를 위협하는 굉장히 위험한 존재가 될 수 있다는 것만을 기사를 통해 확인할 수 있을 뿐이다. 이처럼 신체적 '비정상'이자 범죄 가능성을 가진 '괴물'들은 거리를 활보하다가도 마구잡이로 시설에 끌려가 ('장애인'과 마찬가지로) '죽어 있는 삶'을 살도록 강제될 수 있었다.

최근에야 그 실태가 언론 보도 등을 통해 대중에게 알려지면서 제대로 된 진상 규명과 책임자 처벌에 대한 논의가 어렵게 진행되고 있는 '형제복지원' '근로재건대' '서산개척단' 등은 이와 관련한 대표적 사례다. 한국전쟁 후 사회적 보호망 없이 거리로 쏟아져 나올 수밖에 없었던 수많은 고아와 빈민 등 '부랑인'들을 이승만·박정희 정부는 건강한 국가 건설과 안보(이들은 '잠재적 범죄자'로 취급되었다)를 위해 거리에서 쓸어 내 격리시켜야 할 존재들로 취급했다.[22] 여기에 더해 박정희는 5·16 군사 쿠데타 직후인 1961년 국토 개발 사업에 필요한 노동력으로 빈민과 부랑인을 대거 동원해 본격적인 노동 착취를 했다.[23] 이러한 조치는 명

---

22 박홍근, 앞의 글.

확한 법적 근거 없이 지속되다가 정부는 1975년 (보건사회부나 노동부가 아닌) '치안부' 관할로 "내부무 훈령 제410호"를 마련했다. 본 훈령은 '부랑인의 신고, 단속, 수용, 보호와 귀향 및 사후 관리에 관한 업무 처리 지침'을 담고 있었는데, 잠재적 범죄자나 일탈의 표상인 부랑인으로부터 사회를 '보호'하기 위해 그들의 '단속'과 '수용'뿐 아니라 '사후 관리'란 명목의 학대와 폭력, 그리고 강제 노역을 강행할 수 있는 근거가 되었다.[24] 이렇게 '불능화'되고 '비정상'으로 만들어지는 인구의 신체는 국가가 마구잡이로 폭력을 가하고 노동 착취를 통해 수익을 창출하는 원천이 되었다. 한편, 국가의 또 다른 '관리' 대상이었던 성매매 여성들과 '개척단' 남성들의 합동결혼식이 정부 주도로 대대적으로 추진되기도 했다. 하지만 이것 역시 그들을 가족 구성과 재생산의 주체로 전제하는 것은 아니었다. 앞서 장애인 수용시설에서 생식능력을 강제적으로 제거당한 남녀에게만 명목상 '부부'의 자격을 준 것처럼, 이들에게 주어진 섹슈얼리티와 가족의 친밀함은 잠재적 사회문제의 근원을 제거하고 국가 대신 가족(=여성)이 무임으로 복지의 의무를 떠안도록 고안된, 또 다른 감시와 착취의 수단이었다.[25]

---

23 이소영, 앞의 글.

24 김용원, "형제복지원 사건 수사와 재판", 형제복지원 사건 진실 규명 및 해결 방안 모색을 위한 토론회(2013/03/22).

25 이와 관련해 1950-1960년대 사회 주변부에 있는 이들에게 이성애 결혼 및 가

한국의 근현대사 속에서 이처럼 비규범성, 비생산성과 동의어인 '불구의' 몸들이 만들어지고, 또 다른 한편으로는 '건강'하고 '발전'된 국가라는 이상을 위해 바로 그 불구의 몸들을 강박적으로 제거하거나 '갱생'시키려 한 첨예한 모순이 드러난다. 사회의 '후진성'과 빈곤 등에 대한 암울한 현실 인식은 '병든 신체' 또는 '불구의 신체'로서 국가를 상상하게 하고, 진보와 건강함을 위해 '장애인'에 대한 우생학적 강제 불임이나 낙태의 예외적 '허용'을 법제화하는 노력, 그리고 장애인들을 대거 시설에 수용하는 정책이 실행됐다. 이와 동시에 전쟁고아나 부랑인, 성매매 여성(여성 부랑인이 성매매 여성이 되었다),[26] 혼혈아[27] 등, 사회적 상황이 낳은 온갖 사회적 약자와 극빈층들은 젠더 및 섹슈얼리티와 결부되어 장애가 있거나 범죄 가능성이 높은 사람으로 인종화되었고, 따라서 이들은 사회에서 소탕되고 시설에 수용되어, 강제 불임 수술의 대상이 되거나 착취와 폭력을 쉽게 가할 수 있는 존재가 되었다. 결론적으로, '비정상' 신체라는 범주는 미리 정해져 있는, 자연스러운 것이 아니다. 국가와 사회 안에서 모순적 방식으

족 구성을 주선한 국가 주도 사업이 일종의 '구호'와 '자활'의 수단이었다고 논하는 김아람, "가족이 짊어진 구호와 자활: 1950-1960년대 합동 결혼과 그 주인공", 『역사문제연구』 33호, 2015을 참조할 것.

26 김원, 앞의 책.

27 Eunjung Kim, 앞의 책; 김아람, "1950년대 혼혈인에 대한 인식과 해외 입양", 『역사문제연구』 22호, 2009.

로 끊임없이 증식하는 것이고, 그 과정의 억압과 폭력의 수행이 열등한 신체들을 계속해서 생산해 내는 것이다.

우생학을 넘어 '불능'의 정치를 위하여

일찍이 신체적 생산성/규범에 대한 근대의 생각은 그 속성이 신체에 이미 주어져 있어, 개인들마다 다른 '차이'로 나타나는 것으로 구성되었다. 남성과 비-남성, 백인종과 비-백인종, 장애인과 비-장애인, 이성애자와 비-이성애자 등 인간의 신체적 차이를 이분법적으로 범주화하는 인식 틀은 모두 근대 세계에 이르러 인간에게 요구하는 생산성/규범에 따라 '발명'된 것이다. 이렇게 발명된 이분법과 타자의 몸(의 생산성)은 근대 헤게모니인 남성 중심주의와 이를 뒷받침하는 국가주의 및 자본주의의 착취와 수탈의 표적이 될 수 있었다. 여성의 몸이 남성과 완전히 다를 뿐만 아니라 열등한 몸이라고 설명하는 남성 중심적 과학의 논리(대표적으로 두개골 사이즈로 여성의 열등함을 증명하려 했다)[28]는 여성을 남성의 보호가 필요한 의존적 존재가 되게 했다.[29] 비-백인·비-서구

28 김학이, 『나치즘과 동성애: 독일의 동성애 담론과 문화』, 문학과지성사, 2013; 하정옥, "'두 개의 성'과 성차에 대한 과학적 신념", 『젠더와 사회: 15개의 시선으로 읽는 여성과 남성』, 한국여성연구소 엮음, 동녘, 2013.
29 이 논의와 관련해 풍부한 페미니즘 문헌들을 찾아볼 수 있다. 정희진 외, 『양성

민족의 신체가 열등하다는 논리는 백인 중심 서구 열강의 식민 제국주의와 노예노동 착취를 가능하게 했다.[30] 이 같이 한 사회 집단 및 인구의 비생산성이나 열등함은 정치적·경제적으로 구성되기 마련이다. 그럼에도 불구하고 이는 비생산성으로 낙인찍히는 신체적 차이가 생물학적·자연적으로 주어지는 것이라고 설명하는 근대적 과학·지식 체계 — 우생학은 이와 관련해 가장 영향력 있는 '과학'이었다 — 와 결합했다. 그리하여 다양한 신체적 차이들은 인종화되고, 인종화된 몸은 '결함' '손상'이 있는 몸으로 인식(장애화)되기도 한다.[31]

그렇다면 한국의 '낙태죄'와 우생학적 낙태 '허용' 법률이라는 '현재의 역사'는 어떠한 효과를 가지는가? '낙태죄' 존치는 모든 여성의 몸을 '정상적' 이성애 결혼 관계 내에서만 출산하는 몸으로 강제하며, 동시에 우생학적 낙태 '허용' 법률은 정상적·합법

평등에 반대한다』, 교양인, 2017; 낸시 프레이저, 『전진하는 페미니즘: 여성주의 상상력, 반란과 반전의 역사』Fortunes of Feminism, 임옥희 옮김, 돌베개, 2017; 실비아 페데리치, 『혁명의 영점: 가사노동, 재생산, 여성주의 투쟁』Revolution at Point Zero, 황성원 옮김, 갈무리, 2013.

30 패트리샤 콜린스, 『흑인 페미니즘 사상: 지식, 의식, 그리고 힘 기르기의 정치』Black Feminist Thought, 박미선·주해연 옮김, 여이연, 2009; 찬드라 모한티, 『경계 없는 페미니즘: 이론의 탈식민화와 연대를 위한 실천』Feminism without Borders, 문현아 옮김, 여이연, 2005.

31 프란츠 파농, 『검은 피부, 하얀 가면』Black Skin White Masks, 노서경 옮김, 문학동네, 2014; Jasbir Puar, The Right to Maim: Debility, Capacity, Disability, Duke University Press, 2017.

적 인간('여성')의 신체 및 행위에서 벗어난 몸을 위계적으로 구분해 재생산을 금지하고 있다. '낙태죄'와 우생학적 낙태 '허용' 법률 모두 변태적·비생산적·불법적 신체 및 행위뿐만 아니라 정상적·생산적·합법적 인간 신체 및 행위를 문제적으로 만들어 내고 있는 것이다. '우생학적 또는 유전학적 정신장애나 신체 질환'[32] 이 있다 하여 성과 재생산의 주체로서 권리를 부정당해야 하는 집단은 선천적으로 결정된 신체적·종적 차이로 질병과 장애를 가진 고유한 집단이라는 전제가 깔려 있다. 그러나 한국 근대화 과정에서 우생학적 타자들의 계보는 사회가 일정하게 분류하고 경계 짓는 '장애' 범주로 포괄되지 못하는 "여분"[33]으로 드러난다. 후기 식민지와 군사 점령, 전쟁, 학살, 분단 등의 파괴와 비극 속에서, 그리고 군사독재 정부의 경제개발과 '건강한' 국가 만들기라는 과정의 폭력 속에서, 가난하고 주변화된 사람들에게 강요된 신체적·정신적 '불능화/장애화'는 피할 수 없는 사회적 결과였다. 그러나 가난을 비롯한 온갖 사회적 약자, 소수자의 '결함 있는' '비정상성' '변태성'은 미리 타고난 것으로 자연화된다.

서구 사회에서 시작된 백인 남성 중심의 장애인 인권 운동은 장애를 '치료'해야 할 대상으로 병리화하는 역사에 저항했다. 장

---

32 현행 모자보건법 제14조 '인공임신중절 수술의 허용 한계'의 제1항.
33 Jasbir Puar, 앞의 책.

애는 '비정상'이거나 치료·갱생되어야 할 상태가 아니며, 장애를 그와 같이 병리화하는 비장애 중심의 사회가 문제라고 지적한 것이다. 그러나 이렇게 서구 백인 사회를 토대로 만들어진 '장애'의 개념 범주는 젠더화, 범죄화, 인종화, 장애화되는 신체들, 곧 식민지, 전쟁, 성차별, 지구화된 자본주의의 폭력 등을 경험해야 하는 수많은 신체들의 모순적 위치를 반영하지 못한다. 우리나라에서 '장애'의 법적 범주를 명시하고 있는 법률은 1981년 '심신장애자 복지법'으로 최초 제정되었으며(현 '장애인 복지법'), 이 역시 '장애'를 개인의 신체적 기능 여부에 따라 범주화하고 있다.[34] 이러한 장애 범주는 우리 사회에 만연해 있고 끊임없이 재생산될 수밖에 없는 '불능'의 신체들을 비가시화한다.

요컨대 '불능'은 특정 개인이나 집단 — 특히 법률상 '장애인'으로 귀속되는 — 에게만 한정되는 문제가 아니라, 사회 전체에 만연한 문제이다. 그럼에도 우생학적 낙태 '허용' 법률과 그것이 기반으로 삼는 '장애' 범주는, 국가와 사회가 '불능'이 되는 신체를 생산하며 심지어 체계적으로 조장해 내는 현실을 은폐한다. 이런

---

34 현행 장애인 복지법상의 정의에 따르면, 장애는 크게 신체적·정신적 장애로 나뉘며, 여기서 '신체적 장애'란 주요 외부 신체 기능의 장애 및 내부 기관의 장애이며 '정신적 장애'란 발달장애 또는 정신 질환으로 발생하는 장애를 말한다. 나아가 우리나라에서 장애인은 국가 등록 제도를 통해 선별되며, 그 근거가 되는 15가지 신체적·정신적 장애 기준이 '장애인 복지법'에서 제시되고 있다.

책임 은폐 속에서 국가와 사회는 불능화된 신체(의 생산성)를 더 손쉽게 수용시설로 처분하거나 노동을 수탈하는 방식으로 '건강한' 국가 재건과 발전이라는 '공익'을 만들어 낼 수 있는 것이다.

현재 우리에게는 너무나 익숙한 것이 되었지만, 정체성 및 법적 범주로서의 장애인/비장애인을 이분법적으로 상상하는 것은 무수한 인구의 삶과 신체가 취약성과 폭력, 수탈로 불능이 되는 역사적 현재에 대한 급진적 사고의 가능성을 차단한다. 불능화된 인구를 생산하는 국가와 억압적 권력에 대한 저항은 장애인/비장애인이란 정체성의 경계를 넘어서는 것에서부터 시작할 수 있다. 한번 생각해 보자. '비장애인'으로 분류되는 개인들은 이미 언제나 '생산적'이고 '역량 있는' 상태에 있는가? 반대로 '장애인'은 젠더·인종·민족·경제적 능력 등과 상관없이 이미 언제나 '불능'이자 '비생산적'인 집단일까? 이 물음에 대한 답은 결국 누가 '장애'인가를 분류하는 문제나 장애인의 '차이'와 '다양성'을 포용해야 한다는 '포섭' 전략 모두 핵심을 벗어나는 것임을 일깨운다. '불능'의 정치는 권리를 박탈당한 모든 사람들에게 필연적일 수밖에 없는 신체적 취약성과 '불능'을 드러내고, 애초에 모든 인구와 생명을 규범과 정상성으로 차등화하면서 작동하는 근대 국가의 통치 시스템 자체에 전면적으로 도전한다.

다시, 2017년 청와대 국민청원 답변을 떠올려 보자. 장애나 질병이 경제적 어려움을 초래하므로 예외적으로 임신중지가 불가피하다고 하는 정부의 이 메시지는 심뜩하다. 무수히 '불능화'되는 '비정상' 신체를 격리해 죽은 채 살게 하거나 그도 아니면 죽음에 이를 때까지 폭력적으로 착취해 온 오래된 우생학의 유령을 '지금' '여기'의 우리에게로 소환해 내기 때문이다.

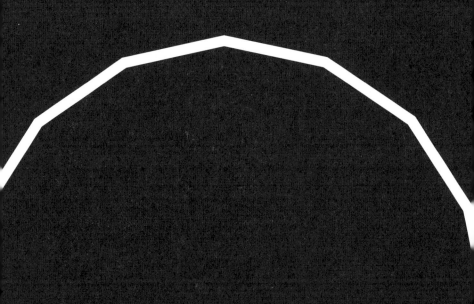

재생산 담론과 퀴어한 몸들

박종주

낙태죄를 둘러싼 문제들은 이
성애자 여성의 문제로, 그러니까 성소수자와는 무관한 문제로
흔히 상상된다. 동성애자는 임신으로 연결되지 않는 섹스만을
한다고, 트랜스젠더는 임신할 수 없는 몸을 가지고 있다고 상상
되기 때문이다(이런 상상에는 양성애자나 인터섹스와 같은 '덜 알려진' 성
소수자는 아예 등장하지 않는다). 그러나 이것은 어디까지나 상상일
뿐 현실과는 다르다. 합의된 관계를 통한 것에서 강간을 통한 것
에 이르기까지, 성소수자 역시 얼마든지 임신하는 경우가 있기
때문이다. 그렇다고 해도 누군가는 여전히 낙태죄 논의를 '여성'
의 문제라고 부르고 싶어 할 것이다. 어쨌거나 임신의 주체가 되

는 것은 소위 '생물학적 여성'이라는 이유에서다. 그럼에도 이 글에서 '성소수자 여성'이 아닌 '성소수자'를 말하려는 것은 낙태죄를 둘러싼 문제들을 여성만의 문제가 아닌 성소수자의 문제로 볼 때, 그러니까 남녀 이분법 속에서의 젠더만 작동하는 것이 아닌 문제로 볼 때, 새로운 사고의 여지가, 그에 따른 강력한 저항의 여지가 생기기 때문이다.

임신중지를 하나의 '권리'로 여길 때, 여기에 붙일 수 있는 수식어는 여러 가지다. 이를테면, 여성의 권리, 자기결정의 권리, 성적 권리, 건강의 권리, 사회경제적 권리와 같은 것들이다. 돌려 말하면, 임신중지라는 이슈는 다양한 권력 축들이 교차하는 곳에서 형성되는 이슈라 할 수 있다. 성소수자의 권리로서 임신중지를 말하는 것은 젠더뿐만 아니라 섹슈얼리티나 소수자의 사회경제적 지위와 같은 지점들을 논의의 지평 안으로 끌어들이는 단초가 된다. 또한 이는 임신중지를 독립적인 하나의 사건이 아니라 성과 재생산이라는 넓은 틀에서 사유할 필요를 분명히 드러내게 된다. 낙태죄 논의에서 '성소수자'는, 서로 얽혀 있어 마치 단일해 보이는 논의의 여러 축들을 떼어 내 세밀한 논의를 가능케 하는, 그리고 그 떼어 낸 틈으로 기존에는 접합되지 않았던 논점들을 삽입함으로써 전체 논의를 확장하게 하는 역할을 할 수 있다.

2003년, 미국 연방대법원은 '로렌스 대 텍사스'Lawrence v. Texas 사건에 대한 판결을 통해 동성애를 금지한 텍사스의 '소도미법'Sodomy Law이 위헌임을 선언한다. 1998년 로렌스와 가너가 동성 간에 성관계를 맺은 혐의로 벌금형을 받은 사건에서 촉발된 이 재판은 미국의 동성애자 인권 신장, 동성혼 합법화 등의 초석이 된 것으로 평가받는다. 이 판결문에서는 여러 개의 판례들이 언급되는데, 그중 특기할 만한 것으로 1965년의 '그리월드 대 코네티컷'Griswold v. Connecticut과 1972년의 '아이젠슈타트 대 베어드'Eisenstadt v. Baird, 1973년의 '로 대 웨이드', 1992년의 '미국가족계획연맹 펜실베이니아주 남동지부 대 케이시'Planned Parenthood v. Casey 등이 있다. 앞의 둘은 피임의 권리를 인정한 판결이며, 뒤의 둘은 잘 알려져 있듯 임신중지의 권리를 인정한 판결이다.

동성애의 범죄화를 부정하는 근거로 어째서 피임과 임신중지의 권리가 호명되었을까. 그것은 청원인들의 행위가 앞선 판례들에서와 마찬가지로, 사생활의 권리로서 인정되었기 때문이다. 판결문에는 이런 구절이 나온다. "청원인들은 사적인 삶을 존중받을 권리가 있다. 국가는 그들의 사적인 성적 행위를 범죄화함으로써 그들의 존재를 격하하거나 그들의 운명을 통제할 수 없다." 피임이나 임신중지를 금지함으로써 여성의 삶의 방식을 통제할 수 없듯, 특정 성행위를 금지함으로써 동성애자의 삶의 방식을 통제할 수 없다는, 두 건 사이의 논리적 연결성을 보여 주는 문장이다. 다시 말해, '성소수자의 임신(중지)'이라는 좁은 이슈 바깥에서도 흔히 여성 문제라고 이야기되는 것과 성소수자 문제라고 이야기되는 것이 밀접한 관계에 있음이 여기서 드러난다.

물론 이것이 개인의 (특히 성적인) 행동들, 결정들이 사적인 영역에 머물러야 한다는 주장으로 이어지는 것은 아니다. 다음으로 이어지는 문장들을 놓쳐서는 안 될 것이다. "적법 절차 조항 Due Process Clause 아래에서 그들의 자유에의 권리는 그들에게 자신의 행동을 정부의 개입 없이 수행할 전적인 권리를 부여한다. '정부가 개입할 수 없는 개인적 자유의 영역이 있다는 것은 헌법이 약속하는 바'이다."[1] 즉 (어떤 행위는 사적인 영역에 한정되어야 한다고 말하는 것이 아니라) 개개인의 삶에 국가가 함부로 개입할 수 없고, 국가가 개인을 심문하고 특정 행동을 강제할 권리를 갖지 않음을 분명히 하고 있는 것이다. 이를테면 복지 혜택을 필요로 하는 개인에게 국가가 가난의 증명을 요구해서는 안 되듯이, 혹은 자격 요건으로서 특정한 노동을 요구해서는 안 되듯이 말이다.

나는 여기서 성소수자의 권리라 불리는 것과 여성의 권리라 불리는 것이 이처럼 일반론의 층위에서 서로 연결된다고 말하려는 것이 아니다. 오히려 이런 접근은 낙태죄 폐지 운동에 아주 구체적인 시사점을 던져 준다. 상상해 보자. 남성을 대상으로 성 판매를 하던 도중 임신하게 된 탈가정 청소년 레즈비언이나 다른 남성과의 합의된 관계를 통해 임신하게 된 수술하지 않은 트랜

---

1 판결문에서 인용한 이 문장들의 원문은 다음 사이트에서 확인할 수 있다. https://supreme.justia.com/cases/federal/us/539/558/case.html 마지막 작은따옴표 속 문장은 '미국가족계획연맹 펜실베이니아주 남동지부 대 케이시'의 판결문에서 인용된 문장이다.

재생산 담론과 퀴어한 몸들

247

스젠더 남성을 말이다. 일각의 주장대로 모자보건법상의 사유 확대를 통해 이들의 삶을 지켜 낼 방법이 있을까? '성소수자로서 임신·출산을 수행할 경우 자신의 정체성을 지킬 수 없다고 판단하는 사람'의 임신중지를 허용하는 조항 같은 것을 생각할 수는 있을 것이다. 그러나 이런 식의 접근은 모자보건법상의 기존 조항들이 그렇듯,[2] 국가가 개인을 심문하는 일을 정당화하는 명분이 된다. 위 사례에서 청소년 레즈비언은 자신이 성 판매를 할 수밖에 없었던 사연과 콘돔을 사용할 수 없었던 사연, 그리고 자신이 정말로 레즈비언임을 국가에 증명해 내야 하기 때문이다. 또수술하지 않은 트랜스젠더는 자신이 수술하지 않은 이유와 그럼에도 불구하고 트랜스젠더인 이유, 동시에 동성애자인 이유를 국가에 증명해 내야 하기 때문이다. 이것은 저들의 삶을 지키는 일이 아니라, 국가가 개개인에게 특별한 자격을 부여할 권리를 갖게 하는, 국가의 권력과 폭력을 강화하는 일이 될 뿐이다.

이 글에서는 몇 가지 '퀴어한 몸'들을 중심으로, 낙태죄를 둘러싼 재생산 담론에 어떻게 국가가 개인의 삶과 몸에 개입하고 있는지를 살펴볼 것이다. 여기서 퀴어queer란 단순히 성소수자 일반

---

2 예컨대 모자보건법은 강간에 의한 임신에 한해 임신중지를 허용함으로써, 여성에게 이 임신이 강간에 의한 것임을 — 방종한 생활에 의한 것이 아님을 — 증명하라고 요구한다. 이것은 단지 임신중지라는 행위에 대한 권리뿐만 아니라, 성적인 권리 전반을 규제하는 결과를 낳기도 한다.

을 가리키는 외래어가 아니라, 이성애라는 제도에 의문을 가하
는 모든 실천들을 가리키는 용어이다. 애너매리 야고스Annamarie
Jagose는 퀴어라는 용어에 관해 이렇게 쓴 바 있다.

> 거칠게 말하면 퀴어란 염색체적 성sex, 젠더gender 그리고 성적
> 욕망sexual desire 사이의 소위 안정된 관계에 모순들이 있다는 것
> 을 극적으로 드러내는 태도 혹은 분석 모델을 가리킨다. 안정
> 성 모델 ― 보다 더 적절하게 말한다면 이성애가 바로 이 안
> 정성 모델의 효과라고 봐야 할 때에 오히려 이성애를 안정성
> 의 근원이라고 주장하는 것 ― 을 거부하면서 퀴어는 성, 젠
> 더, 욕망 사이의 부조화에 초점을 맞춘다. …… '자연 그대로'
> 의 섹슈얼리티란 존재 불가능하다는 것을 보여 주면서 퀴어
> 는 '남자' 혹은 '여자'라는 말과 같은 명백히 문제될 것이 없
> 어 보이는 것에도 의문을 제기한다.[3]

이 글에서 다룰 것은 인터섹스와 트랜스/젠더/퀴어라는 실천이
다. 이 용어들은 대개 어떤 존재를 가리키는 데에 사용되지만, 성
별 이분법과 이성애 모델이 제시하는 이상적인 성 역할에 들어

재생산 담론과 퀴어한 몸들

---

3 애너매리 야고스, 『퀴어 이론 입문』Queer Theory : An Introduction, 박이은실 옮
김, 도서출판 여이연, 2003, 10쪽.

맞기를 거부하는 한, 예컨대 외과적 수술을 통해 특정 성별로 (재)지정되거나 특정 성별에 적극적으로 동일시하기를 거부하는 한, 그 자체로 하나의 실천이라고 말할 수 있을 것이다. 이 '퀴어한 몸'들에 국가가 어떻게 개입하는지, 이 '퀴어'한 실천을 국가가 어떻게 제지하는지를 살펴봄으로써 임신중지를 처벌하는 것이 어떤 성격을 갖는 일인지, 그것에 우리가 왜, 어떻게 저항해야만 하는지가 우회적으로 드러날 것이다.

낙태죄가 만들어 내는 몸들

법으로 임신중지를 금하는 것이 어떤 효과를 낳는가. 단순히 누군가의 주장대로 고귀한 생명 하나를 세상에 태어나게 하는 일도 아니고, 또 누군가의 바람대로 국가가 인구를 토대로 발전할 수 있게 하는 일도 아니다. 정확히 말해, 그 효과는 이 정도에 그치지 않는다. 형법상의 낙태죄는 특정한 몸들, 즉 출산하는 몸들을 만들어 낸다. 이는 법 바깥의 건강·윤리 담론들과 결합함으로써 출산에 적합한 몸을 만들어 내는 데에로 나아간다. 예컨대 흡연하거나 음주하지 않는 몸, 혹은 무작위의 파트너와 섹스하지 않는 몸을 만들어 낸다. 다시 말해, 임신중지를 처벌함으로써, 나아가 특정한 방식의 출산을 요구함으로써 한국 사회는 궁극적으로 여성을, 여성이라는 성 역할에 순응하는 주체를 생산해 낸다.

출생 시 여성이라는 성별을 지정받았으며 스스로를 여성으로 여기는 시스젠더cisgender 여성이라 할지라도, 제도와 담론의 이런 작동 속에서야 비로소 '여성'으로 만들어지는 것이다. 스스로를 여성으로 여기지 않는 이에게 이런 문제는 보다 분명히 드러난다. 2017년 9월 28일, 서울에서 '모두를위한낙태죄폐지공동행동' 출범 기자회견이 열렸다. 여러 참가자들이 출산이나 피임, 그리고 임신중지에 관한 자신의 이야기를 나눈 이 회견의 연단에는 스스로를 남성과 여성 중 어느 쪽으로도 규정하지 않는 논바이너리non-binary 트랜스젠더 한 사람 또한 올랐다. 여성으로 분류되는 몸을 가진 사람이었다. 월경을 할 때마다 지정 성별과 정체성 사이의 불일치에서 오는 불쾌감을 경험해 온 그는, 뜻하지 않게 임신을 하게 되었을 때 망설임 없이 임신중지를 택했다며 이렇게 말했다. "만약 임신을 지속하였다면, 저는 죽음을 선택했을지 모릅니다. 임신중절 수술은 저의 목숨을 살리고, 제가 원하는 성별로서 계속해서 살아갈 수 있게 해주었습니다."[4]

그에게 있어 임신중지는 흔히 상상되는 대로 무언가를 책임지지 않기 위한 선택, 책임으로부터 도피하기 위한 선택이 아니라,

재생산 담론과 퀴어한 몸들

---

4 '안전하고 합법적인 임신중단을 위한 국제 행동의 날'(Global Day Of Action for Access to Safe and Legal Abortion)을 맞아 기획된 이날 행사에서 여러 참가자들이 낙태 혹은 임신·출산을 둘러싼 자신의 경험을 나누었다. 발언 일부를 <허핑턴포스트>의 기사 "여성들이 '임신중단'을 선택한 자신의 경험을 이야기하다"에서 확인할 수 있다. http://www.huffingtonpost.kr/2017/09/28/story_n_18124122.html

원하지 않는 성별로 규정되지 않기 위한 선택, '이성애 규범에 적합한 몸으로 만들어지지 않기 위한' 선택이었다. 그런 그 앞에서 형법은 그저 임신중지라는 하나의 행동을 금지하는 법이 아니라, 그의 온 삶을 불가능한 것으로 만드는 법, 그의 삶 전반을 통제하려 드는 법, 그의 몸을 여성의 몸으로 만들어 내는 법이다.

　'몸을 생산한다' 혹은 '몸을 만들어 낸다'라고 쓰고 있는 것이 의아하게 여겨질지도 모르겠다. 이런 '생산' 전후의 몸이 물리적으로 달라지는 것이, 그러니까 팔 하나가 돋아나거나 키가 자라는 것 같은 변화를 수반하는 것이 아니니 말이다. 그러나 20세기 초부터 이미 재생산 담론은 특정한 몸들을 문자 그대로의 의미에서까지 생산해 왔다. 생식하지 못하는 몸을 생식할 수 있는 몸으로 바꿀 수 있는 의학 기술을 생각해 보라. 이것은 단순히 출산의 욕망을 채워 주는 과정이 아니라, '비정상'이 될 위기에 처했던 어떤 몸을 하나의 정상적·규범적normal 신체로 다시 '만들어 내는' 과정이기도 하다.

　반대의 경우, 생식할 수 있는 몸을 생식하지 못하게 하는 데에도 같은 기술이 관여해 왔다. 한국에서 한센인이나 장애인 등을 대상으로 국가가 주도해 시행한 강제 불임수술, 혹은 보다 널리 행해진 산아제한 정책을 예로 들 수 있을 것이다. 그러나 이것 역시 마찬가지로 정상적이고 규범적인 몸 — 이 경우에는 질 좋은 인구를 적정량 재생산하는 몸 — 을 만드는 일로 이해할 수 있다. 질적으로나 양적으로 '부적절한' 존재를 생산하는 몸은 정상적이고 규범적인 몸이 아니게 된다. 차라리 재생산하지 않는 몸, 병이나 장애를 물려주지 않는 몸이 되는 것이 정상적인 몸에 가까워지는 길이다. 모자보건법이 예외조항을 통해 "우생학적 사유"로 인한 임신중지를 허용하는 것은 관용이 아니다. 형법상의 낙태죄가 인구 증가를 통한 국가 발전을 꾀했던 것과 정확히 같은 논리로, 모자보건법은 인구 조절을 통한 국가 발전을 꾀할 뿐이다. 두 법은 이렇게 협조하며, 국가 발전에 적합한 몸들을 제 입맛에 맞게 생산해 낸다.

여기서 국가는 남녀 이분법과 이성애 중심주의를 그 토대로 갖는다. 앞으로 언급할 '퀴어한 몸'들은 이 토대를 갉아 먹는 존재들이다. 사회는 이들에게 임신중지를 금지하고 질 좋은 재생산을 요구하는 것 이상으로 노골적·물리적으로 개입한다. 이 몸들을 정상화하는 기술적 교정의 끝이 결코 임신이나 출산이 아니라고 해도 말이다. 성을 두 개로 고정시키기 위해, 양성 체제를 유지하기 위해, 두 성의 역할을 고정시킴으로써 이성애 규범을 유지하기 위해, 담론은 기술을 동원해 몸의 일탈을 막는다. 그 끝에 있는 것은 바로 이런 몸들의 재생산을 금지하는 것, 이 몸들의 재생산을 기술적으로 차단하는 일이다.

트랜스젠더의 경우

해외 토픽류의 뉴스를 통해 이런 소식을 접해 본 경험이 있을 것이다. 'FTM'Female To Male, 그러니까 여성에서 남성으로 성전환한 트랜스젠더 남성이 불임인 파트너를 대신해 임신했다는, 더군다나 둘째 혹은 셋째를 출산했다는 소식 말이다. 이는 의학적 성전환 과정을 거치면서도 난소와 자궁을 제거하지 않은 경우에 가능한 일이다. 왜 이런 소식은 해외 토픽으로만 전해질까? 아직 트랜스젠더에 대한 사회적 의식 수준이 낮은 한국이기에 당사자들이 이를 숨기기 때문일까? 그런 문제만은 아니다. 한국의 법적 성별 정정 과정이 이를 원천적으로 막고 있기 때문이다.

트랜스젠더transgender에서 '트랜스'trans라는 접두사는 '횡단'이라는 의미다. 두 개로 표상되는 젠더 사이를, 여성에서 남성으로든, 남성에서 여성으로든 (혹은 그 사이 어딘가에서 다른 어딘가로든) 횡단한 이들을 가리켜 '트랜스젠더'라 부른다. 그러나 단순한 문제만은 아니다. 어디까지가 여성이고 어디부터가 남성인가, 예컨대 가슴 수술은 하고 성기 수술은 하지 않은 이는 두 개의 성 가운데 어디에 속해야 하는가와 같은 문제가 남는다. 골치 아픈 일이다. 이대로 두면 양성 체제 자체가 의심받게 된다. 그렇기에 한국의 담론은 이런 '반쪽짜리' 전환transition을 허용하지 않는다.

모호하게 '담론'이라고 한 것은 입법부를 거친 법을 통한 것이 아니기 때문이다. 성별 정정 관련법이 없는 상태에서, 한국에서의 법적 성별 정정은 대법원 가족관계등록예규 제435호, "성전환자의 성별 정정 허가 신청 사건 등 사무처리 지침"에 준해 처리된다. 2006년 제정된 이래 몇 번의 개정을 거쳤지만 핵심 내용은 변화 없이 유지되고 있는 이 예규는 트랜스젠더 당사자가 "성전환증에 의하여 성전환 수술을 받았음을 이유로 성별 정정 허가 신청을 하는 경우에 적용"되는 지침이다. 여기서 드러나듯, 지정 성별과 자기정체성의 불일치만으로도 성별 정정이 가능한 몇몇 나라와 달리, 한국은 "성전환 수술"을 성별 정정의 필요조건으로서 제시하고 있다. 여기서 성전환 수술이란 무엇을 가리킬까? 이 예규는 성별 정정 허가를 위해 조사해야 할 사항들을 규정하고 있는데 거기에는 다음과 같은 내용이 포함된다.

> 3. 신청인에게 상당 기간 정신과적 치료나 호르몬요법에 의한 치료 등을 실시했으나 신청인이 여전히 수술적 처치를 희망하여, 자격 있는 의사의 판단과 책임 아래 성전환 수술을 받아 외부 성기를 포함한 신체 외관이 반대의 성으로 바뀌었는지 여부
>
> 4. 성전환 수술의 결과 신청인이 생식능력을 상실했고, 향후 종전의 성으로 재전환할 개연성이 없거나 극히 희박한지의 여부

여러 가지 논점을 담고 있는 조항이지만, 지금 맥락에서 문제가 되는 것은 이 예규가 외부 성기 및 생식능력 전반과 관련된 불가역적인 외과적 조치를 요구하고 있다는 점이다. 트랜스젠더가 한 성에서 다른 성으로의 전환을 원한다는 전제에서는 이것이

문제적이라는 지적이 이상하게 여겨질 수도 있을 것이다. 그러나 지정된 성으로 살기를 원하지 않는다고 해서 모든 트랜스젠더가 '반대 성'으로의 전환을 원하는 것은 아니며, 원한다 해도 어떤 종류의 전환을 원하는지는 개인에 따라 다르다. 또 외과적 요법의 경우 수술이나 후유증의 부담이 있기에 원한다고 해서 무조건 실시하지는 않는다. 그나마 외부 성기의 경우는 형성 수술을 강제하지 않는 판결이 나오고 있지만,[5] 이런 판결에서도 생식능력 제거가 성별 정정의 필수 조건으로 고려되고 있다.

영국, 독일, 덴마크, 스위덴 등 일부 국가에서는 이런 외과적 개입을 요구하지 않는다. 유럽 평의회 의원 총회는 2010년 1728번 결의안 "성적 지향과 성별 정체성에 기반한 차별"Discrimination on the Basis of Sexual Orientation and Gender Identity을 통해 "불임 혹은 성별 재지정 수술이나 호르몬 치료와 같은 의료적 과정"을 공문서상의 성별 표시를 위한 선결 조건으로 요구하지 말 것을 명시한 바 있다.[6] 나아가 UN 고문 특별 보고관 후안 멘데스Juan E. Mendez는 2013년 보고에서 트랜스젠더에 대한 강제적 불임 요구가 고

5 2013년 3월 서울서부지방법원의 판결을 시작으로 FTM의 성별 정정 허가 판결이 몇 차례 나온 바 있고, 2017년 2월에는 청주지방법원 영동지원에서 성기 수술 없이 MTF(Male To Female)의 성별 정정을 허가하는 판결이 나왔다

6 Parliamentary Assembly of Council of Europe, "Resolution 1728: Discrimination on the Basis of Sexual Orientation and Gender Identity"(2010/04/29).

문에 해당된다고 지적했다.[7] 이런 인식을 바탕으로 UN자유권위원회가 법적 성별 정정 과정에서 과도한 의료적 개입을 요구하는 한국의 방침에 우려를 표한 것이 2015년의 일이다.[8]

그런 세계적 추세에도 불구하고 유지되고 있는 이 대법원 예규는 법적 성별 정정의 필요조건으로 특정한 외과적 개입을 명시함으로써, 트랜스젠더를 'MTF'와 'FTM'으로 제한하고 그 외의 모든 가능성 — '임신하는 남자'와 같이 양성 체제와 이성애 규범성에 혼란을 가져오는 모든 존재의 가능성 — 을 제거하는 것이다. 재생산의 맥락에서 이것은 강제적인 불임수술을 요구하는 것으로 나타난다. 양성 체제를 흩뜨릴 수 없도록, '횡단'의 폭을 강제함으로써, '일탈하지 않는 몸'을 생산해 내는 것이다. 이것이, 예의 소식을 오로지 해외 토픽으로서만 접할 수 있는 이유다.

인터섹스의 경우

앞에서 가슴 수술은 하고 성기 수술은 하지 않은, 양성 체제의 관점에서 보면 '횡단 중에 있는' 몸에 관해 말했다. 그러한 몸을 트

---

7 Human Rights Council, "Report of the Special Rapporteur on Torture and Other Cruel, Inhuman or Degrading Treatment or Punishment, Juan E. Mendez"(2013/02/01).
8 Human Rights Committee, "Concluding Observations on the Fourth Periodic Report of the Republic of Korea"(2015/12/03).

양성 체제와 이성애 규범성

Two-Gender System,
Heteronormativity

성별을 남과 여, 두 개로만 상상하는 사고방식을 '성별 이분법'(gender binarism)이라 한다면, 이것이 구조에 의해 실현되는 양상을 '양성 체제'라고 말할 수 있다. 이 구도 내에서 소위 생물학적 성별이라 불리는 '섹스'(sex)와 사회적 성별이라 불리는 '젠더'(gender), 그리고 개개인의 성적 실천 양상과 관련되는 '섹슈얼리티'(sexuality)라는 성의 세 가지 요소는 긴밀하게 연결되고, 일률적으로 정렬된다.

외관상 남성의 성기를 가진 것으로 보이는 영아에게 남성이라는 법적 성별이 부여되고 (이 과정은 분명 동어 반복적이다), 그에게는 소위 남성적인 행동 양식이 기대되고 요구된다. 여기에는 물론 그의 성적 지향이 여성을 향해야 한다는 이성애적 요구까지가 포함된다. 이런 의미에서 '이성애 규범성'은 양성 체제의 이면이자, 이것을 떠받치는 핵심 기제라고 할 수 있다. 이성을 사랑하고 이성과 섹스할 것, 그 섹스를 통해 출산하고 '적절한' 방식으로 아이를 양육할 것과 같은 세세한 규칙들이 따라 붙는다.

이는 '남자라면 이래야 하고 여자라면 이래야 한다'라는 언어적이고 문화적인(?) 요구에서 그치는 일이 아니다. 본문에서 보듯, 양성 체제와 이성애 규범성은 임신중지의 금지, 인터섹스 영아에 대한 교정 수술 등을 통해 물리적으로 개개인의 몸에 침입한다. 2013년 러시아에서 제출되었던, 성소수자 커플에게서 자녀를 격리하는 법안 또한 같은 선상에 있다고 할 수 있겠다.

양성 체제와 이성애 규범성이 삶의 곳곳에 ─ 협의의 '성적인' 영역들에는 물론이고, 걷거나 앉을 때의 자세부터 경제적인 역할에까지 ─ 침투해 있다고 한다면, 그 바깥의 삶을 상상하는 것은 단순히 (종종 사적인 영역으로 생각되는) 성에서의 자유를 좇는 일에 그치지 않을 것이다. 물론 쉽지 않은 일이겠지만, 이러한 성적 규범에의 저항은 ─ 이를테면 '퀴어한 삶'을 상상하고 실천하는 것은 ─ 우리 삶을 구획 짓는 지배 체제 전반에 대한 저항이 될 수 있을 것이다.

예컨대 '동성애자는 문란하지 않다'는 주장으로 대표되는 동성애 규범성(homonormativity)을 생각해 보자. 이에 대한 비판적 논의는 일견 '퀴어'해 보이는 삶의 양식마저도 그 동화주의적 욕망 속에서 얼마나 쉽게 규범에 포섭될 수 있는지, 그리고 그 과정에서 얼마나 쉽게 다른 퀴어한 삶을 배제하게 되는지를 잘 보여 준다.

랜스젠더만이 갖는 것은 아니다. 인터섹스intersex 혹은 간성間性이라 불리는[9] 이들 역시 비슷한 경우에 속한다. 인터섹스란 두 개의 성 가운데 어느 하나로 정확히 분류되지 않는 이들, 예컨대 난소와 자궁, 그리고 페니스를 동시에 가진 이들, 혹은 정소와 질을 동시에 가진 이들, 혹은 난소와 정소를 모두 가진 이들, 혹은 성기 등의 표지와 성염색체가 전형적인 방식으로 연관되지 않는 이들 등을 가리킨다(단, 인터섹스가 가진 두 생식기가 모두 생식능력을 갖는 것은 아니다). 이런 몸을 가지고 태어난[10] 이들에 대해서도 재생산 담론이 힘을 발휘한다. 이들의 성별을 어느 한쪽으로 교정하는 데에 말이다.

트랜스젠더가 '비정상적인' 방식으로 재생산하는 것을 금지당하듯, '비정상적인 몸'을 가진 인터섹스 역시 비슷한 상황에 처해 있다. 크게 두 가지 일이 인터섹스에 가해지는데, 흔히는 '성기

---

9 "불리는"이라는 표현은 정확하지 않다. 의학적으로 대개 '비정상적 성 분화'(abnormal sexual development) 혹은 '성별 분화 장애'(disorders of sex development)라 불리는 이런 몸을 가진 이들이 스스로를 칭하는, 이를테면 사회운동의 맥락에서 사용하는 명칭이 '인터섹스'이기 때문이다.

10 모두 같은 과정을 겪는 것은 아니다. 모든 신생아를 대상으로 유전자 검사나 내부 생식기 검사 등을 하는 것은 아니기 때문이다. 2013년 한겨레신문이 인터뷰한 김래연 씨의 경우, 남성으로 분류되어 자랐으나 사춘기에 여성 성징이 나타났고, 페니스와 정소뿐만 아니라 난소와 질, 음순을 갖고 있는 것을, 그리고 XY염색체가 아닌 XX염색체를 갖고 있는 것을 25세가 되어서야 발견했다. "남자였는데 …… 25살, 여성의 성기가 발견됐다", 『한겨레신문』(2013/12/07) 참조.

정상화 수술', 보다 드물게는 불임수술이 그것이다. 앞에서 언급한 후안 멘데스의 보고서 77항에서는 인터섹스 또한 다루고 있다. "비전형적atypical 성별 특성을 갖고 태어난 어린이들은 종종 본인의, 혹은 그 부모의 잘 알고 결정한 동의 없이 비가역적 성별 지정, 비자의적 불임, 비자의적 성기 정상화 수술에 처해 진다"는 것이다. 서구에서 인터섹스 운동이 본격화되기 전까지 지난 수십 년간, 인터섹스 영아는 대개 출생 직후 성별 지정 수술을 '당했다'. 수술의 여러 후유증/합병증, 성기 통증, 성별 위화감, 생식능력 상실 등은 부모에게조차 충분히 고지되지 않았고, 인터섹스 개인에게 평생에 걸쳐 고통을 주곤 했다.

인터섹스에 대한 의료적 개입에는 건강상의 필요, 생식능력의 유무, 양성 간의 성기 결합 및 섹스 가능 여부 등의 기준이 있다. 고환암의 위험이 있는 잠복 고환의 제거와 같이 건강상의 필요에 따른 의료적 개입에 대해서는 논란의 여지가 적지만, ─ 없는 것은 아니다 ─ 그 외의 경우는 인터섹스 개인에 대한 권리 침해의 소지가 있다. 예컨대 기능하는 난소와 자궁, 혹은 정소가 있을 경우 이에 맞춰 성별이 지정되며 양성 간의 섹스가 가능하도록 성기 성형이 시행된다. 이런 수술은 의학적으로 필수적이거나 시급한 것이 아님에도 본인의 동의 없이 행해지고 있는 것이다. 본인 동의 없는 "정상화" 수술(극단적으로는 본인 동의 없는 불임수술을 포함하는)은 인터섹스와 관련한 재생산 논의의 가장 핵심적인 논점이다.

이렇게 볼 때, 인터섹스 개인들의 재생산권은 출생과 동시에 위협에 처하게 된다. 출생과 함께 행해지는 강제적인 불임수술은 개인의 재생산권에 대한, 사회의 재생산 정의에 대한 전면적인 부정이다. 그러나 1999년 5세 미만 영아·유아의 성기 수술에 대한 부모의 대리 동의를 금지한 콜롬비아 헌법재판소의 판결, 인터섹스 영아를 수술 없이 출생 등록할 수 있도록 제3의 성 항목을 신설한 독일의 경우 등의 몇몇 사례를 제외하면, 인터섹스 운동의 영향력은 아직 미미한 편이며 이런 식의 수술은 아직 세계 도처에서 행해지고 있다고 봐야 할 것이다. 인터섹스에 대한 구체적인 통계를 찾는 것은 어려운 일이지만, 비교적 최근인 2013년에 발표된 오스트레일리아의회의 보고서 "오스트레일리아에서의 인터섹스에 대한 비자의적 혹은 강요된 불임"Involuntary or Coerced Sterilisation of Intersex People in Australia에서도 관련 사례는 꾸준히 보고되고 있다.

피상적으로 양성 체제와 이성애 규범성에 들어맞는 신체를 생산하는 것이 아니라, 개인의 권리와 행복을 최대한 보장하는 것이 관련한 법적·의료적 개입의 초점이 되어야 한다. 예컨대 지금으로서는 불임인 경우라 하더라도 추후 의학의 발달로 생식능력을 가질 수 있을 어떤 몸에 대해, 이후의 가능성을 차단하는 식의 의료적 개입이 행해져서는 안 되는 것이다. 인터섹스 영아는 이후의 생애 과정에서 한 개인으로서 행할 수 있는 최대한의 선택지들을 유지한 채 자랄 권리가 있다. 자신의 몸에 대해 충분히 알고 자신의 정체성과 몸의 형태 및 기능을 스스로 결정할 수 있는 선택지를 유지한 채 자랄 권리 말이다.[11]

엮여 있는 몸들

지금까지 보았듯, 이들의 몸은 형법의 낙태죄 조항을 둘러싼 재생산 담론이 어떻게 특정한 몸을, 그러니까 성별 이분법과 이성애 규범성에 순응하는 몸을 생산해 내는지가 가장 극명하게 드러나는 장이다. 이상의 논의가 단순히 한국 사회의 재생산 담론이 성소수자 역시 억압하고 있다는 말로만 읽히지 않기를 바란다. 이 퀴어한 몸들이 드러내는 것은 낙태죄 폐지가 단순히 이성애자 여성만의 문제가 아니라는 사실, 형법이 단순히 임신중지라는 독립적인 행위를 금지하는 데에 그치는 것이 아니라는 사실, 거대한 재생산 담론이 우리 모두를 순응적인 몸으로 생산해 내는 작업을 하고 있다는 사실이다.

11 인터섹스는 단순히 개입이 필요한 어떤 의학적 상태를 지칭하는 말이 아니다. 당사자가 그것을 자신의 정체성으로 포용하는 한에서, 그것은 또 하나의 성 정체성 — 양성 체제에 포섭되지 않는 — 을 가리키는 말이 될 수 있다. 요컨대, 영아기의 본인 동의 없는 성기 정상화 수술을 피한 인터섹스 개인은 이후 자신의 선택에 따라 성기 성형을 할 수도 있지만, 인터섹스 자체를 자신의 정체성으로 삼아 살게 될 수도 있는 것이다. 그렇게 정체화하는 것은 어떤 지점에서는 논바이너리 정체화와 겹치겠지만 온전히 같지는 않을 터이다.

그런 점에서 이 몸들은 낙태죄 폐지 운동의 주변부가 아니라, 이 논의의 가장 첨예한 자리 — 성별 이분법과 이성애 규범성을 토대로 한 재생산 담론의 작동을 가장 노골적으로 드러내며 그에 가장 직접적으로 맞서는 자리 — 를 차지하게 된다. 과연 그 자리에서 이 몸들은 시스젠더 (비장애) 여성들과 함께 할 수 있을까? 달리 말하자면, 이 논의가 시스젠더 여성을 중심으로 이어져 온 재생산 논의와 만날 수 있을까? 주류적인 재생산 논의가 지금의 체제 내에서 직접 임신을 경험하는 — 그것을 직접적으로 요구받고 동시에 허락받는 — 여성 이외의 몸들에게 주체의 자리를 주지 않는 점을, 그나마의 논의조차도 태아의 생명과 여성의 선택 간의 충돌로 그려 온 점을 생각한다면, 이 분기하는 몸들이 서로를 마주할 일은 요원해 보인다.

퀴어한 몸들이 온몸으로 증언하듯, 성소수자의 권리와 여성의 권리가 따로 떨어진 문제가 아님을 명심해야 한다. 피임과 임신 중지를 통해 재생산과의 거리 두기가 가능해진 여성의 성은 — 예컨대 쾌락을 위한 섹스는 — 재생산을 목적으로 하지 않는 어떤 성소수자들의 성과 직접적으로 맞닿아 있다. 어느 한쪽이 정당화되고 쟁취될 수 없다면, 다른 한쪽 역시 그럴 수밖에 없다. 낙태죄 폐지 운동이 단순히 법 조항 하나를 고치고 특정 행위의 자유를 얻어 내는 운동이 아니라, 재생산 담론에, 성별 이분법과 이성애 중심주의 자체에 맞서는 운동임을 유념할 때에만, 성공적으로 우리의 방향을 찾을 수 있을 것이다.

저 담론들, 그것을 지지하는 제도들 앞에서 모두가 같은 처지에 놓여 있다. 특정한 몸으로 생산되는, 그러니까 몸을 침해당하고 기본권을 침해당하는 몸들로서 말이다. 신체에 대한 기본권을 침해당하는 몸들로서, 자신의 몸을 지키기 위해 성별 이분법과 이성애 규범성에 맞서야 하는 몸들로서, 이 모든 몸들은 같은 전선에 있게[12] 된다. 단, 거듭 말하건대, 낙태죄 조항에 얽혀 있는 여러 권력 축들을 우리가 이해하는 한에서, 각각의 권력 축에 묶인 여러 존재들이 서로 함께하고자 하는 한에서 말이다.

서로 다른 이름을 갖고 있다고 해도, 서로 다른 경험을 갖고 있다고 해도, 그래서 서로 다른 삶의 서사를 갖고 있다고 해도, 이처럼 서로의 삶을 관통하는 요소를 찾을 수 있다면, 서로가 같은

---

12 일례로 에단 레빈은 "UN정책과 인터섹스 공동체"라는 글에서 인터섹스 권리 보호를 위해 UN의 입장에서 취할 수 있는 접근의 출발점으로 (독립적인 LGBTI 권리협약과 함께) 여성차별 철폐협약(Convention on the Elimination of All Forms of Discrimination Against Women, CEDAW)과 장애인 권리협약(Convention on the Rights of Persons with Disabilities, CRPD)을 제시하며 이에 관한 (주로 미국의) 논의들을 정리하고 있다. 장애를 단순히 개인의 신체적·정신적 결함이 아닌, 사회적이고 가변적인 문제로 간주하는 전자를 통해, 혹은 성(섹스 및 젠더)적 차별 전반에 대한 저항으로서의 후자를 통해, 인터섹스 개인들이 겪는 차별과 억압을 설명하고 방지할 수 있는 가능성을 타진해 본 것이다. 오히려 기존의 낙인을 공유하게 되는 경우, 혹은 예컨대 장애인과 인터섹스가 서로에게 가하는 낙인 등, 해결해야 할 문제가 없는 것은 아니지만, 이런 교차적인 접근이 서로의 입장을 확장시키기를 기대할 수는 있을 것이다. Ethan Levine, "United Nations Policy and the Intersex Community", *Disability, Human Rights and the Limits of Humanitarianism*, Ashgate Publishing, 2014.

곳에 위치하는 새로운 서사를 써 볼 수 있을 것이다. 예컨대 이런 질문들을 해볼 수 있겠다. 인터섹스 영아에게 가해지는 성기 수술과 일부 문화권에서 행해지는 할례는 어떤 요소들을 공유하고 있는가? 혹은 흔히 성소수자로 분류되는 인터섹스를 장애의 지평에서 볼 때 어떤 이야기가 가능한가? 여기에 답해 보는 것이 서로의 삶을 엮어 하나로 조직하는 출발점이 될 수 있을 것이다.

한국에서 트랜스젠더는 강제적 불임수술을 요구받음으로써 재생산의 기회를 박탈당한다. 거칠게 말하면, 이는 정상가족에서 태어난 정상적(시스젠더, 비장애, 이성애, 비혼혈 등) 아이를 생산할 수 없기 때문이다. 태어날 아이가 '정상성'의 요소들을 모두 갖추고 있다 하더라도, '정상 부모'를 가질 수 없는 한 그 아이는 결국 비정상적인 존재이므로, 트랜스젠더의 재생산이 근본적으로 금지되는 것이다(출산으로든 입양으로든 '정상가족'을 꾸릴 수 없는 동성 커플의 문제와도 직접적으로 이어지는 문제기도 하다).

이처럼 재생산을 원천적으로 금지당한 사례는 다른 곳에서도 쉽게 찾을 수 있다. 장애인의 경우는 어떠한가? 시대를 막론하고 시설에서는 장애인들에 대해 강제적인 불임수술을 해왔고, 가정에서도 이는 다르지 않았다. 장애는 '재생산'할 만한 것이 못 된다는 점에서, (유전을 통해) 장애를 재생산할 것으로 '우려되는' 경우 그 가능성을 미리 차단해 온 것이다. 이 글은 양성 체제가 강제하는 몸만을 논했지만, 장애인의 경우까지 확장해 본다면, 어떤 몸들의 생산이 장려되고 어떤 몸들의 생산이 금지되는지, 정상성 이데올로기가 얼마나 폭넓게 작동하고 있는지가 드러난다.

적지 않은 경우 강제적인 불임수술을 당하고, 많은 경우 성적인 교제 자체를 금지당한다는 점에서 성적 낙인을 공유하는 소수자로서의 장애인을 말할 수 있지 않을까. 장애를 개인의 결함이 아닌 사회적 구성물로 간주하는 장애학의 논의를 참고해, 사회의 생산성에 기여하지 못하는, 재생산할만한 것이 못되는 것으로 평가받는 성적 소수자성을 일종의 사회적 장애로서 이야기해 볼 수 있지 않을까. 이런 것들이 가능하다면 우리는 보다 많은 이들을 모아 보다 큰 적과 싸울 수 있을 것이다.

낙태죄 폐지 투쟁의 의미를 갱신하기

나영정

잘못된 구도를 해체하기

지금 한국 사회에서 성과 재생산에 관한 권리를 연결하고, 실질적인 권리를 확보하기 위해서는 어떤 방법을 강구해 나갈 수 있을까. 여성이 임신·출산과 관련된 결정권을 갖기 위해서는 모자보건법상 '인공임신중절 허용 사유'를 현실화해야 한다는 주장과 형법상 낙태죄를 폐지해야 한다는 주장이 공존하고 있는 가운데, 우리에게 필요한 것은 국가가 임신을 중단한 여성을 죄인으로 만드는 '낙태죄'에 대한 근본적인 질문으로 돌아가는 일이다. 또한 성적 권리와 재생산 권리의 연속성을 이해하고, 성적 권리를 삭제하지 않기 위해, 임신·출산으로 수렴되지 않는 다양한 주체와 경험, 권리들을 함께 사유해야 한다. 그동안 성적 권리가 지워진 재생산 권리는 임신과 출산이라는 사건으로 축소되어 모든 것을 모체의 책임론으로, 또 태아와 모체만의 관계로 구성되었다. 권리는커녕 왜 임신과 임신중단, 출산의 이슈가 '범죄'로 구성되는지를 질문하기 어려웠고, 그만큼 여성의 성적 자유와 평등을 논의할 수 있는 장을 확보할 수 없었기 때문이다. 그러나 성과 재생산의 이슈를 국가 주도의 인구정책이 아니라 성평등의 목표를 둔 인권의 영역으로 가져오기 위해서는 반드시 필요한 작업이 있다. 형법상 낙태죄와 모자보건법의 관계를 '성과 관련된' 다른 법 조항과의 관계 속에서 이해하고 질문하는 일, 국가권력의 성격을 규명하고 이에 대응할 방향을 모색하는 일이 그것이다. 이를 위해 '생명권 대 선택권'이라는 구도에 대해 다시 한 번 비판의 날을 세울 필요가 있다.

2012년 헌법재판소는 태아의 생명권이 모체의 선택권보다 중하다는 논리로 낙태죄 합헌을 선언했고, 2018년 지금 다시 그 위헌 여부를 다루고 있다. 언뜻 보기에는 이해관계가 충돌하는 양쪽 주체의 갈등으로 보이지만, 태아의 생명권을 옹호하고 있는 쪽은 태아가 아니라 국가이다. 이 논의는 국가가 과연 임신한 여성과 동등한 위치에서 이해관계를 경쟁하는 주체인가라는 의문에서 출발해야 한다. 생명권은 근대 인권 사상의 출발이자 핵심으로 매우 중요한 권리이고, 그 누구도 생명권의 예외가 되어서는 안 된다. 근대 인권 사상의 핵심에서 인권 보호의 책임이 일차

성적 권리

인권규범 안에서 성적 권리는 주로 건강권, 재생산권과 긴밀하게 관련된 것으로 이해된다. 그러나 성적 권리를 확보하기 위해서는 광범위한 관심과 노력이 필요하다. 성적 권리가 국가로부터 부당한 침해를 받지 않기 위해서는 사생활 권리의 일부가 되어야 하고, 성적 권리를 자유롭고 실질적으로 실행하기 위해서는 신체와 표현의 자유가 기초가 되어야 하며 결혼 여부, 임신 여부, 파트너 선택의 결정권이 확보되어야 한다. 성적 정체성과 성행동 여부와 방식에 대한 그 어떤 강압도 없어야 하며 모든 개인이 자신이 만족스럽고 안전하고 즐거운 방식으로 성생활을 추구할 수 있는 역량을 갖추기 위해 교육받을 권리, 정보 접근권, 의료 접근권을 비롯한 건강권, 나아가 노동권, 주거권이 보장되어야 한다.

인권으로서의 성적 권리는 아직 유엔총회에서 결의되지 못했다. 재생산 권리를 천명했던 카이로 국제인구개발회의(ICPD)에서 성적 권리는 명시되지 못했고, 1995년 북경여성대회에서 북경 선언 5년 이후의 행동 계획을 마련하는 과정에서 성과 재생산 건강과 권리에서 성적 권리를 구체화하려고 했던 시도는 실패했다. 성적 권리를 인권의 목록에서 빼고 싶어 하는 보수적인 종교계나 우파 정치 세력 등은 성차별적 구조에서 성적 권리를 확보하기 어려운 여성과 성소수자 등의 권리를 제한하고 싶어 한다. 이들은 남녀의 성적 관계에 있어 여성의 동의 능력을 의심하고, 여성의 사생활 권리, 행복 추구권, 파트너 선택권, 성적 표현과 행동의 자유 등을 제한하고자 하는 것이다. 더불어 그들은 성소수자의 정체성에 대한 (제도적) 인정을 불허하고 성적 표현과 출판의 자유를 규제하고, 교육권을 비롯한 평등권에 반대해야 한다고 주장한다.

한국에서는 형법과 가족법 등에서 여성과 청소년, 성소수자 등의 성적 권리를 제한하는 법 제도와 관행이 여전히 강고하다. 청소년은 학교에서 포괄적인 성교육을 받을 수 없고, 성적 권리에 관한 다양하고 실질적인 정보와 의료 접근성이 확보되지 않으며, 가족을 구성할 권리에도 심각한 차별이 존재한다. 또한 군인의 경우 성인 간의 동의한 성관계도 형사처벌된다. 이러한 문제를 해결하기 위해서는 성차별적 구조를 해체하고 성평등을 실현하기 위한 전 사회적인 노력이 뒷받침되어야 한다.

참고로 '십대섹슈얼리티인권모임'이 만든 청소년의 성적 권리의 내용은 (1) 자신의 몸을 긍정적으로 경험할 권리, (2) 본인이 원하는 관계를 맺을 권리, (3) 자신의 정체성을 자유롭게 탐구하고 존중받을 권리, (4) 본인이 원하는 노동을 할 권리, (5) 자신의 시간과 공간에 대한 권리 등으로 구성되어 있다.

적으로 국가에 있다는 점은 모든 개인에게 국가로부터 생명권을 박탈당하지 않을 권리가 있다는 것으로 이해해야 한다. 따라서 국가는 모든 생명을 보호할 책임을 수행할 뿐이며, 그 책임은 개인의 권리와 경쟁하는 관계가 아니다. 그런데 낙태죄는 국가가 여성을 상대로 생명권을 주장하게 하고, 마치 여성의 임신중단이 국가의 권리와 충돌하는 것으로 이해되게 하며, 공권력을 동원해 여성의 임신중단을 범죄로 구성하는 것을 용인한다. 국가의 인권 보호 책임과 개인의 권리에 관한 잘못된 설정이 '생명권 대 선택권' 구도의 핵심인 것이다. 우리가 낙태죄를 둘러싸고 심사해야 하는 것은 '국가가 모든 생명을 제대로 보호하고 있는가' '헌법 정신에 위배되는 불법화로 인해 침해되는 생명권이 없는가'이고, '태아를 비롯한 모든 개인의 실질적인 생명권을 보장하기 위해 국가가 져야 할 책임과 의무는 무엇인가'를 다시 질문하는 것이다. 이런 질문은 인권의 내용에 성과 재생산 이슈가 실질화되도록 만들고, 나아가 권리화를 가로막는 권력 구조와 적대의 관계들을 파악해 대응 전략을 짜는 것으로 이어지게 한다.

섹슈얼리티를 규율하는 법에 대한 투쟁

지금의 성과 재생산 이슈는 개인, 특히 임신과 출산의 당사자라고 여겨지는 여성의 몸을 국가가 성적 규범과 사회질서를 위해 관리하고 통제하는 관행과 정책을 어떻게 청산할 것인가와, 성별에 기반한 차별과 폭력이 만연한 사회에서 당사자가 어떻게 실질적인 권리를 확보할 수 있는가에 핵심을 두고 있다. 특히 낙태죄는 임신중단의 순간에 국가가 그 행위를 죄로 물음으로써 발생하는 단절적 사건이 아니며, 이는 형법을 통해서도 명시적으로 확인된다. 따라서 낙태죄의 핵심적인 문제를 파악하기 위해서는 형법상 규정하는 '성'과 관련된 죄가 어떻게 구성되어 있는가를 연속적으로 살펴볼 필요가 있다. 이는 결국 형법이 섹슈얼리티를 어떻게 다루고 있는가의 문제와 직접적으로 연결된다.

형법은 헌법에서 보장하는 개인의 자유를 국가 안보, 질서유지, 공공복리의 이유로 제한할 수 있는 근거가 되는 법률이다.[1] 그렇다면 형법상 낙태죄는 어떤 죄일까. 이를 통해 낙태한 여성이 처벌받는 죄인이 된다고 할 때 그 여성은 어떤 논리에 의해 범죄자가 되는 것일까. 근본적으로 여성이 스스로 자신의 몸에서 일어난 임신이라는 사건을 판단하고 지속의 여부를 결정한 것을 형법은 왜 질서유지와 공공복리를 해친 죄로 보는 것일까. 결국 여기에는 임신과 출산으로 이어지지 않는 섹슈얼리티가 정당하지 않다는 판단이 전제되어 있고, 이런 문제를 단죄하고 예방하는 효과를 꾀하기 위해 여성을 처벌하는 것이라는 해석에 다다

---

1 김성돈, "형법의 과제, 형법의 한계 그리고 리바이어던 형법: 국가폭력의 경우, 형법과 국가 및 개인의 관계에 관한 패러다임의 전환", 『형사법연구』 28권 4호, 2016을 참조.

른다. 이는 이 조항이 피임 방법이 개인이 선택할 수 있는 선택지로 주어지지 않았던 1953년이라는 역사적인 조건에서 만들어졌다는 점에서 다시 한번 명확해진다.

형법에서 섹슈얼리티를 다루는 다른 조항들을 살펴보자. 형법에서 강간, 강제 추행을 다루는 제32장의 제목은 1995년까지 '정조에 관한 죄'였고, 제297조 '강간죄'는 2012년까지 부녀만을 대상으로 했다. 성적 행동에 있어 개인의 자유를 제한하기 위해 국가가 개입했던 이유는 바로 "부녀의 정조를 침해하는 행위"가 말하자면 국가 안보, 질서유지, 공공복리를 침해한다고 여겼기 때문이다. 다시 말해, 제3자가 부녀의 정조를 침해함으로써 가부장적 질서, 부계 혈통의 질서가 위협받는다고 해석한 것이다. 이러한 법의 시각은 성폭력 문제를 피해자의 관점에서 파악하지 않기 때문에 피해자를 지원하는 현장에서 여전히 부딪치는 문제이고, 법이 요구하는 '피해자다움'이 성 역할에 기대어 만들어지고 강제력에 대해 피해자 스스로 입증해야 하는 관행들('꽃뱀' 논리)을 만들어 온 이유가 된다. 따라서 낙태죄는 당시의 강간죄를 보충하는 관계 속에 존재해 왔다. 강간죄는 부녀의 정조를 아버지와 남편의 소유물로 인식하기에 그 소유에 대한 침해에 대한 규제였고, 낙태죄는 소유자의 의사에 반해 여성이 스스로 임신중지를 판단한 것 혹은 '음행을 상습하는 부녀'[2]에 대한 정죄였다. 그간 성폭력의 문제를 자기결정권의 침해로, 여성 인권을 침해하는 문제로 만들고 특별법을 통해 그 가치를 실현하려고 노력해 왔던 여성운동의 역사를 생각해 보면, 낙태죄에 대한 너무 늦은 대응이 강간죄를 변화시키는 데에도 상당한 제약으로 작용해 왔다고 볼 수 있다.

　개인의 성적 자기결정권에 대한 국가의 과잉 통제에 대한 비판은 혼인빙자간음죄와 간통죄 폐지를 통해 일정 부분 이루어졌다. '혼인빙자간음'을 죄로 만듦으로써 법이 보호하려고 하는 대상은 "음행의 상습 없는 부녀의 성적 자기결정권"이지만, 2009년 헌법재판소는 이 조항을 위헌으로 결정했다. 혼인빙자간음죄로 인해 남성의 성적 자기결정권이 침해된다는 것과 여성을 보호의 대상으로만 보는 것을 여성 비하로 본다는 논리였다. 위헌 결정은 국가에 의한 과잉 통제가 위헌이라고 본 것이나, 국가가 여성에게만 부과했던 "음행의 상습 없는 부녀"라는 딱지에 대한 반성과 갱신은 이루어지지 않았다. 이런 한계는 간통죄에 대한 논의와도 연결되는데 형법이 전제했던 '정숙한 여성'과 '문란한 여성'을 다르게 판단했던 토대가 제대로 해체되지 않는 한 유지될 수밖에 없다. 간통죄 폐지론의 핵심적인 쟁점도 '건전한 성 풍속' 또는 '일부일처제의 혼인 제도' 보호를 위해 개인의 '성적 자기결정권'을 형벌로 제한하는 문제로 요약할 수 있다. 물론 간통

2 자세한 논의는 박정미, "음행의 상습 없는 부녀란 누구인가?", 『사회와 역사』 94집, 2012을 참조.

죄도 결국 사회에 끼치는 실질적인 해악에 반해 국가의 과잉 규제를 완화해야 한다는 의견이 대두되면서 폐지됐지만, 간통죄에 담겨 있던 성도덕의 가부장성은 제대로 청산되지 않았다. 이처럼 강간죄, 특히 낙태죄는 역사적 뒤안길로 사라진 혼인빙자간음죄, 간통죄를 유지해 왔던 논리와도 공명한다. 정숙한 여성과 문란한 여성을 구분하며, 정조를 잃은 여성에게는 실질적인 시민권을 박탈하고, 개인의 사적 생활과 자기결정권에 대한 과도한 통제에서 국가가 물러날 때는 그 결정권의 주체가 남성이 되고, 여성은 여전히 보호할 가치가 있을 때만 대상으로 포섭하는 논리 말이다. 이는 낙태죄에 대한 위헌 심사 과정에서도 드러난다. 2012년 헌법재판소는 성 풍속에 관한 다른 조항과 달리 낙태죄를 '국가로부터 성적 자유를 누려야 할 남성' 대 '음행의 상습이 없어서 국가로부터 보호받아야 하는 여성'이라는 구도로 놓지 않고, '공적으로 보호받아야 할 태아'와 '사적으로 자유를 누려야 할 여성'이라는 대비 속에서 태아의 생명권을 보호하는 것이 더 중요하다는 판단을 했다. 하지만 이런 구도는 낙태죄의 본질을 가린다. 애초에 낙태죄는 성 풍속을 유지하기 위한 기제[3]였

---

3 김은실은 낙태죄가 입법화되는 과정에서 낙태를 살인과 비견되는 범죄로 보는 인식, 인구정책적 문제의식이 있었으나 가장 중요한 논거가 되었던 측면은 성풍속의 유지였다는 점을 지적한다. 김은실, "낙태에 관한 사회적 논의와 여성의 삶", 『형사정책연구』 6권 2호, 한국형사정책연구원, 1991. 이는 당시 국회 기록

고, 낙태죄로 인해 법적·사회적 처벌을 받는 여성은 실질적으로는 혼외 관계에서 임신중단을 한 여성이다. 여성의 임신중단 결정이 가정 보호와 유지, 혹은 남성의 성적 자기결정권 행사와 부딪치지 않는다는 것이 확실할 때에만 비로소 범죄로 판단된다.

1973년에 제정된 모자보건법 또한 형법에 면면히 흐르고 있는 섹슈얼리티에 대한 관념, 낙태죄의 본질과 함께 사고되어야 한다. 낙태죄의 존치와 국가가 추구했던 산아제한 정책이 충돌을 일으키기 때문에 이를 해결하는 방식으로 '인공임신중지 허용 사유'가 제시되었다고 할 수 있다.[4] 임신을 중단하는 것은 형법상으로 허용될 수 없었지만, 가족계획을 성공시키기 위해 국가가 벌인 '강제적' 불임수술 행위를 허용하는 정당화 기제가 바로, 모자보건법이다. 한편으로 이 정당화는 매우 쉽게 이루어질 수 있었다. 애초에 임신중단에 대한 판단을 국가나 남편이 할 때,

---

을 통해서도 확인할 수 있다. 1953년 형법을 만드는 과정에서 낙태죄가 초안으로 제시되자 인구 조절의 필요성, 실수로 인한 임신의 결과를 제재하여 진정한 가정을 보호할 필요성, 혼외 출산으로 인한 여성의 부담과 생활난 등을 이유로 낙태죄를 삭제하자는 의견이 있었으나 "성도덕과 풍기를 바로잡고, 보건을 위해"(박순천), "간통죄의 필요성에 비추어 낙태죄 필요성 인정"(곽의경) 등으로 존치해야 한다는 주장이 우세했고, 결국 표결을 통해 낙태죄가 포함되어 형법이 마련되었다. "제2대 국회, 1953년 7월 6일 본회의, 형법안 제2독회 속기록".
4 "법의 명칭은 모자보건법이지만 그 실질적인 내용은 가족계획이라고 할 수 있으며, 가족계획 사업의 핵심에 속하는 낙태에 대하여 합법성을 부여하기 위한 목적에서의 입법이었던 것이다." 이인영, "낙태죄 입법의 재구성을 위한 논의", 『낙태죄에서 재생산권으로』, 사람생각, 2005 참조.

그것이 가정을 유지하는 데 도움이 된다면 국가는 이를 불법화할 의도가 없었기 때문이다. 따라서 모자보건법상 허용 사유를 늘리는 것, '사회경제적 사유'를 허용 사유에 추가하는 것으로는 여성의 현실을 법에 반영할 수 없다. 여성의 판단을 인정해 달라는 요구나 여성의 현실을 감안해 법 적용을 '현실화'해 달라는 요구가 성립할 수 없는 구조인 것이다.

낙태죄가 놓인 자리를 파악하는 것은 국가가 성과 재생산과 관련된 사람의 활동을 어떻게 국민의 의무와 역할로 만들어 왔는지, 국가가 유지하고자 하는 안보, 질서, 복리의 논리가 어떻게 가부장적 가치로 구성되어 왔는지, 형법이 다루는 성과 재생산의 이슈들이 어떻게 정조 관념, 추함, 수치심, 문란함, 가정 보호 등의 억압의 기제로 점철되어 있는지를 명징하게 드러내는 것이다. 이 점에서 낙태죄 폐지 요구는 더욱더 성적 권리를 어떻게 정초하고 확보해 나갈 것인가 하는 문제의식 속에서 다루어져야 한다. 왜 임신중단이 죄가 되는지 따져 묻고, 국가권력에 대항한다는 것은 그 권력이 지향하는 잘못된 질서에 대한 도전임을 명확히 해야 한다. 따라서 낙태죄 폐지의 요구는 국가의 성적 권리의 통제와 박탈에 저항하는 움직임으로 드러나야만 한다.

성과 재생산 권리의 박탈은 어떻게 일어나고 있는가

성과 재생산 건강과 권리를 찾기 위해서는 각 개인이 처한 나이,

장애, 질병, 신분, 성적 지향, 경제적 상황, 가족 상황 등을 두루 고려하고, 이를 실질적으로 보장할 수 있는 사회적 조건들을 만들어야 한다. 여러 상황들을 고려하는 이유는 성과 재생산 건강과 권리를 가로막는 요인들이 바로 이런 상황 안에 있기 때문이다. 따라서 상황을 고려하지 않는 '보편적인' 혹은 '일반적인' 권리의 확보라는 것은 성립될 수 없다.

1994년 카이로에서 열린 국제인구개발회의나 1995년 북경세계여성대회 등에서 재생산 권리가 인권이자 여성의 권리로 천명되면서 이 문제가 더는 사적인 차원이 아니라 국가가 개입하고 보장해야 할 영역으로 재인식되었다. 성과 재생산이 인구문제에서 인권의 문제로 이동하면서 성적 권리 또한 단지 폭력의 피해로부터 벗어나는 것이 아니라, 인권의 다양한 차원으로 고려되기 시작했다. 모든 사람은 강요와 차별, 폭력 없이 다음과 같은 성적 권리를 누린다. 이는 (1) 성과 재생산 건강을 위한 의료 서비스 이용을 포함해 최상의 성적 건강 수준을 유지할 권리, (2) 성에 관련된 정보를 구하고, 얻고 전할 권리, (3) 포괄적인 성교육을 받을 권리, (4) 신체적 완전함을 존중받을 권리, (5) 파트너를 선택할 권리, (6) 성 활동 여부를 결정할 권리, (7) 합의된 성관계를 가질 권리, (8) 합의된 결혼을 할 권리, (9) 자녀를 둘 것인지, 언제 가질 것인지를 결정할 권리, (10) 만족스럽고, 안전하며, 즐거운 성생활을 추구할 권리로 구체화된다.[5]

만족스럽고 안전한 성생활을 영위할 권리, 자신의 독립적인 생활과 자신이 선택하고 구성한 가족생활을 선택하고 실행할 권리가 부재한 상황에서 아이를 낳아 기르는, 말하자면 긴 시간을 조망하는 인생의 계획을 세울 수 있는 조건이 마련될 수 있을까. 넓은 의미의 재생산은 자신이 누군가를 낳고 기르는 것뿐만 아니라 자신의 삶이 지속 가능하고 미래를 계획해 나갈 수 있는, 즉 생활의 재생산이 가능한 구조에서 가능한 것이기 때문이다. 이런 점에서 장애인에 대한 차별이 만연하고 미래를 생각하기 어려운 사회에서 재생산 권리를 확보하고 장애를 가지고 태어나는 사람들 또한 환대받는 사회를 만든다는 것은 재생산 권리가 왜 인권의 관점에서 제기되어야 하고, 차별과 평등의 문제와 긴밀하게 연결되는지를 이해할 수 있게 한다. 장애인이 시설에 수용되는 것이 당연시되며 성적 행위에 대한 자기 통제권을 상실하는 것을 아무렇지 않게 여기는 것은, 그들의 현재 삶을 제한할 뿐만 아니라, 그들의 미래를 지우는 일이다. 따라서 장애인의 존재와 역사가 인류에게 재생산될 만한 가치 있는 것인가, 그것을 위해 어떤 권력이 재배치되어야 하고 어떤 목소리가 들려야 하는가를 질문하는 것은 재생산의 문제가 국가 인구정책에 머무는 것을 넘어서도록 이끈다.

나아가, 성과 재생산을 둘러싼 권리가 소수자의 상황과 만나

5 앰네스티, "성과 재생산 권리 바로 알기: 인권을 위한 프레임워크", 2012, 19-20쪽.

는 지점들을 구체적으로 살펴볼 때, 이 권리가 끼치는 광범위한 영향력들을 발견할 수 있다. 소수자의 경험과 관점으로 성과 재생산을 말한다는 것은, 성과 재생산을 둘러싼 정치, 권리에 대한 이야기가 단순히 임신-출산-양육의 문제로 수렴되지 않는다는 것을 뜻한다. 이는 생물학의 문제라기보다는 규범의 문제이다. 예를 들어, 장애인이나 10대, 트랜스젠더의 재생산 참여가 어려운 것은 생식능력이 부재해서가 아니라, 법적·문화적으로 '금지'되고 이를 어겼을 시에는 사회경제적인 '처벌'이 뒤따르기 때문이다. 이들의 경험을 통해 재생산 문제를 선택이나 능력의 문제가 아니라, '금지'의 문제로 사고할 수 있다.

하지만 이 '금지'의 문제를 선택이나 능력의 문제로 오해하게 만들고 왜곡하는 구조가 있다. '장애인은 좋은 부모가 될 수 있는가'라는 질문은 '좋은 부모란 무엇인가'라는 보편적이고 성찰적인 질문에 포함되지 않는다. 후자의 질문과 달리 전자의 질문은 장애인의 부모 됨의 자격을 심사하는 심판자의 목소리이기 때문이다. 모자보건법은 장애를 가진 이들이 인공임신중절 수술의 대상이라는 점을 명시함으로써, 장애인이 부모 됨을 포기하게 하는 사회적 조건 형성에 기여했다. 또한 많은 장애아들이 선택적 낙태의 대상이 되도록 돕는 역할을 하고 있다. 이런 선택은 국가가 허락한 범주 내에서 가능한, 선택 없는 선택이다. 여기에 해당하지 않는 낙태는 언제든 형사처벌의 대상이 될 수 있다는 엄중한 법적 현실이 동시에 존재하기 때문이다.

청소년에게는 순수성을 유지하라는 규범과 함께 동시에 능력을 유예시키는 권력이 작동한다. '10대는 좋은 부모가 될 수 있는 가' '청소년이 하는 성적 행위들은 정신적·신체적 건강에 유익한 가'라는 질문과 '아니다'라는 답은 선험적으로 주어지는 '금지' 위에서 정당화의 기제로 작동할 가능성이 많다. 왜냐하면 청소년의 성적 행위와 임신 – 출산 – 양육의 문제를 예외적인 문제로 만들면 만들수록, 실제로 이를 경험하는 이들의 삶을 더 좋게 만들 수 있는 선택지에 대해 생각할 수 없게 되기 때문이다. 성관계 금지, 임신 금지, 출산 금지라는 허들을 넘고 나면 그 이후부터는 예외적인 생명이 되며, '정상적'인 청소년의 삶과 역사에서는 지워지게 된다. 이런 상황에서 청소년의 성과 재생산 권리가 정말 건강과 능력의 문제 때문에 제한되고 있다고 할 수 있을까? 성과 재생산의 능력은 비장애인으로서, 성인으로서 부여받는 것이 아니다. 역량이 능력으로, 능력이 자격으로 전치되는 제도 속에서 소수자들의 역량은 오히려 박탈된다고 할 수 있다. 이 역량은 단지 섹스를 할 수 있는가, 없는가의 간단한 문제가 아니다. 역량이 '선택'으로 수렴될 때 사회의 역할은 단지 기회의 제공인 것으로 축소된다. 하지만 이 선택의 기회는 실패의 기회를 상정하지 않는다. 선택 이후의 결과, 책임, 효과가 오롯이 개인이 감당해야 하는 문제일 때 약자와 소수자들은 결코 평등해질 수 없다. 누군가 섹스 한번 '잘못'했다고 해서, 혹은 섹스를 여러 번 '잘'했다고 해서 삶이 흔들린다면, 흔들림 이후에는 이전의 삶으로 돌아가지 못하고 헤어 나올 수 없는 위기에 빠진다면, 이 상황은 권리가 확보된 것으로 평가할 수 없다. 선택 이후의 결과, 책임, 효과를 통제하고 관리할 수 있는 역량이 단지 특권으로 주어지지 않는 사회일 때, 우리는 비로소 평등에 대해 말할 수 있다.

트랜스젠더의 경우, 보다 비가시적인 상황에 있다. 법적 성별을 바꾸기 위해서는 생식능력이 제거되어야만 하기 때문에, 마치 재생산 권리에 있어 애초에 해당 사항이 없는, 발언의 자격조차 없는 존재로 만들어질 가능성이 많기 때문이다. 재생산 권리를 요구하려면 아마도 진정한 트랜스젠더인지 의심하는 질문들을 받게 될 것이다. 매우 제한적이지만 한국은 현재 본인의 요청으로 자신의 법적 성별을 바꿀 수는 있다. 하지만 자신의 가족 관계에서 아버지를 어머니로, 어머니를 아버지로 바꿀 수는 없다. 개인이 성별을 결정할 권리보다 가족 내 젠더 질서를 유지하는 것이 더 중요하다고 판단하는 것이다. 오직 가족 관계의 증명을 통해서만 존재를 확인하는 한국 사회의 신분제도 안에서 이렇게 트랜스젠더의 존재는 불화하게 되고 재생산 권리는 침해된다.

한편 임신과 출산, 양육을 둘러싼 상황으로 인해 불안정한 시민적 지위가 만들어지고 확증된다고 표현할 수 있는 이들이 있다. 한국 사회에서 결혼 이주 여성은 한국인 남성과 성과 재생산 차원의 관계를 맺고 난 후에야 비로소 존재의 의미가 밝혀진다.[6] 국가 차원에서 저출산 해결을 위해 시행된 다문화 정책이기 때문에 그 목적에 부합하지 않는 그 밖의 이주 행위, 그리고 그 행위자들의 성과 재생산 경험은 이들의 신분을 불안정하게 만든다. 미등록 이주민이나 난민이 낳은 자녀 또한 출생 등록을 할 수 없어 법 밖의 존재가 된다. 한국인 남성과 결혼했지만 자녀가 없는 상태에서 이혼하면, 예외적인 경우를 제외하곤 본국으로 돌려보내진다.[7] 이주 여성의 삶을 통해 재생산과 시민권 지위, 인권의 문제가 긴밀하게 연관되어 있으며, 생명이 국민국가 경계에 따라 위계가 매겨질 수 있다는 점이 여실히 드러난다.

남성과 여성의 혼인(의사)에 기초한 결합이 아니라는 이유로 동성 간의 관계나 트랜스젠더가 참여하는 커플이나, 성애적 결

---

6 이화선은 결혼 이주 여성 정책이 저출산 해결을 위한 인구정책으로 추진되면서 재생산 권리를 보장하기 어려운 한계가 있다고 지적한다. "결혼 이주 여성 정책은 다문화와 사회 통합을 표방하면서 개별 주체로서의 결혼 이주 여성이 아니라 가족 내의 결혼 이주 여성을 그 대상으로 하고 있다. 이는 결혼 이주 여성에 대한 통합 지원 방안이 저출산·고령화 사회에 대응하기 위한 방안으로서 그 기본 틀이 성립되면서 인구 대책으로서의 성격이 강하기 때문이다. 결혼 이주 여성은 한국 사회의 가족 위기와 돌봄 노동의 부재를 해결하는 대상으로서 우리 사회에 받아들여지고 있는 것이다. …… 현재 다문화 가족의 임신·출산에 대한 정책에 재생산권 보장과 관련한 정책은 거의 포함되어 있지 않다." 이화선, "결혼 이주 여성의 재생산권에 대한 고찰", 『미국헌법연구』 23권 1호, 미국헌법학회, 2012, 228-229쪽.

7 "이혼, 사별 이후 제도적 틀 안에서 한국 사회에 거주하는 결혼 이민자들은 결혼 기간 중 한국 국적을 취득했거나 한국 국적의 미성년 자녀가 있거나 남편의 귀책 사유로 인해 체류 기간을 연장할 수 있는 이들 정도이다. 하지만 이와 같은 기준은 이혼 및 사별 이후 결혼 이민자들이 경험하는 매우 다양하고 복잡한 상황을 모두 포괄하지 못하는 것이 현실이다." 정병호 외, "이주 인권 가이드라인 구축을 위한 실태 조사", 국가인권위원회, 2011. 158쪽.

합이 아닌 그 외 다양한 커플과 그들 자녀와의 관계가 부정되고 있다. 이들 사이에서 실질적으로 임신과 출산, 양육 행위가 이루어졌다고 하더라도, 서로의 생명과 관계를 유지하기 위해 필요한 법적 권리를 행사할 수 없다. 이런 관계에 놓인 존재는 공식적으로 인정되지 않음으로써 취약한 상황에 빠질 가능성이 높다. 어떤 위기의 순간, 법적 책임과 권한은 양육에 전혀 참여하거나 기여하지 않았더라도, 국가가 인정하는 친족 관계로 넘어간다. 실질적인 양육, 부양, 돌봄 행위와 책임을 나누는 관계가 공식적으로 인지될 수 있는 통로가 없다는 이유로 부정되는 상황은 성과 재생산 권리가 국가에 의해 침해되는 대표적인 사례이다.

한국에서 군인은 합의한 동성 간의 성행위가 군형법으로 처벌받고, 성적 지향과 성별 정체성에 따른 차별로부터 보호받을 수 있는 차별금지법이 부재한 상황이며, 동성 간의 파트너십이나 결혼 또한 보장되지 않는다. 따라서 성소수자의 인권은 국가 기조에 따른 인구와 노동력 재생산 확보, 이성애에 기초한 가족제도 유지에 대한 기여도에 따라 성과 재생산 행위가 허용되거나 불허되는 한국적 상황을 어떻게 타개해 나가는가의 문제이다.

동성 간의 성관계뿐만 아니라 특정한 질병이 있는 사람 간의 성관계도 처벌받을 수 있다. 그런데 성병이라고 부르는 질병만 해도 30여 가지가 넘고 HIV와 같은 바이러스성 성병의 종류도 여러 가지이지만, 유독 HIV와 관련해서만 '전파매개행위'가 되는 성관계 등을 처벌하는 법률이 존재한다. 그렇다면 HIV 감염인의 임신 또한 국가가 금지한 '전파매개행위'가 될까? 2009년까지 모자보건법상 HIV 감염인도 인공임신중절 수술의 허용 대상이었다는 점에서 금지의 대상이었다는 점을 알 수 있다. 항바이러스 치료를 통해 성관계나 임신·출산 과정에서 바이러스를 타인에게 전파시킬 수 없는 수준의 환경이 만들어졌음에도 불구하고, 이런 '전파매개행위' 금지 조항은 HIV 감염인의 성적 권리와 재생산 권리를 규제하고 통제해야 한다는 인식 가운데 유지되고 있다.[8] 발병 초기에는 예방법을 모르거나 치료제가 개발, 보급되지 않아 사망에 이르는 경우가 많았지만, 지금은 제때 적절히 치료받으면 평생 성관계나 임신·출산 과정에서의 전파 위험이 없는 수준으로 유지되는 질병이 되었다.[9] 하지만 에이즈

8 "모자보건법 시행령 15조 인공임신중절 수술 허용 한계 ③법 제14조 제1항 제2호의 규정에 의하여 인공임신중절 수술을 할 수 있는 전염성 질환은 태아에 미치는 위험성이 높은 풍진·수두·간염·후천성면역결핍증 및 전염병예방법 제2조 제1항의 전염병을 말한다"라는 조항은 2009년 "풍진, 톡소플라즈마증 등"으로 축소, 개정되었다. 2009년 개정까지는 전염병예방법에서 규정한 "감염병" 전체가 대상이었다가 의학적으로 태아에 미치는 위험성이 높은 전염성 질환으로 축소된 것이다. 현재는 HIV 감염인도 적절한 예방 조치를 통해 수직감염 없이 임신·출산할 수 있도록 상담, 지원받을 수 있다.

9 현재 세계의 HIV/AIDS 전문가(당사자 조직, 의료인, 법조인, 유엔 AIDS 등 국제 기구, 각국의 정부 기구 등)들은 U=U(Undetectable = Untransmittable), 즉 "바이러스 수치 미검출 = 감염불가" 캠페인을 하고 있다. 최근, 항레트로바이러스 치료를 받는 중이고 6개월 이상의 기간 동안 혈중 바이러스 미검출의 감염 수준을 유지한 HIV 감염인을 통해 HIV에 감염될 확률은 0에 가깝다는 점이 연구로 입증되었다. 치료가 감염을 막는 가장 과학적인 방법이라는 점은 감염인에 대한 낙인, 특히 성

발견 초기, 공포에 빠져 제정한 법률과 사회적 인식은 거의 개선되지 않았다. 우리는 여전히 정당한 근거 없이 공중보건을 보호한다는 명목으로 성과 재생산 권리를 박탈당하는 시대를 살고 있다.

국가권력에 대항하는 권리로

성과 재생산 권리는 모든 생명의 보호와 신분의 안정과 떨어질 수 없다. 앞서 살펴본 것처럼, 소수자들이 겪는 차별과 폭력은 성과 재생산이 어떠한 생명이 모체로부터 떨어져 나오는 출생의 순간에만 생명의 문제로 존재하는 것이 아니라, 죽음에 이를 때까지 언제나 함께하는 문제임을 새삼 일깨운다. 또한 사회를 보호한다는 목적으로 정당화되는 특정한 사람, 행위, 관계들을 불법화하는 문제도 성과 재생산 권리와 긴밀하게 연결되어 있다. 국가권력이 국가와 사회의 유지와 발전을 위해 '저출산'을 해결해야 한다고 하며, 가임기 여성에게 임신과 출산을 강요하고 강권하는 문제와도 멀리 떨어져 있지 않다. 언뜻 보면 이 모든 과정이 건강한 사회, 건강한 인구, 건강한 생식능력 등의 가치를 추구

관계에 대한 터부와 혐오에 대항할 수 있는 새로운 가능성을 넓히고 있다. HIV 예방에 있어, 적절한 치료를 받는 HIV 감염인은 가장 확실한 존재가 되었다. U=U 캠페인 공식 홈페이지. https://www.preventionaccess.org

하는 '중립적인' 것처럼 보이기도 한다. 그러나 건강이라는 개념이 국가와 사회 차원으로 논의될 때는 '정상성'과 거의 같은 의미가 된다. 이에 따라 강제력과 힘을 가진 국가가 나서 어떠한 존재나 행위를 '비정상적'이라고 규정하고, 국가와 사회를 병들게 한다면서 '불법화'하는 것이다. 따라서 '불건전한' 성적 행위와 '좋지 않은' '능력이 부족한' 재생산 행위를 처벌하고 제한하는 국가권력에 맞서는 작업은 성과 재생산 권리와 건강을 확보하고 증진하는 데 있어 핵심적인 작업이 되어야 한다. 이것은 소수자들이 왜 성과 재생산 권리가 생명의 문제이자, 인권의 핵심적인 쟁점이 되는지를 설명하는 이유이기도 하다.

성과 재생산 권리를 가로막는 진짜 범인은 아직 규명되지 않았다. 성과 재생산 권리를 가부장적 질서에 기초한 가족제도 유지에 복무하게 하고, 음란과 문란을 규제하기 위해 작동하는 형법의 논리로 특정한 성과 재생산 행위만을 합법화하며, 발전주의·신자유주의 국가의 기조 아래 생식능력을 도구화해 여성과 소수자의 삶이 취약한 상태에 빠지게 만드는 진짜 범인의 죄과를, 그들의 권력이 작동해 온 역사를 낱낱이 지목해야 한다. '낙태죄 폐지'라는 요구는 잘못된 권력의 개입에 대항하는 것이며, 역사적 죄과를 청산하는 작업이다. 한 번도 제대로 가보지 않은, 제대로 된 길을 내는 작업이다.

낙태죄가 폐지되면 무슨 일이 일어날까

'성과재생산포럼'의 구성원들이
낙태죄 폐지 활동을 하며 이 책을 준비해 온 기간 동안 한국뿐만
아니라 전 세계적으로도 중요한 변화들이 진행됐다. 아일랜드와
아르헨티나에서는 임신중지 합법화를 위한 행진이 전국을 뒤덮
었고, 마침내 아일랜드에서는 2018년 5월, 국민투표를 통해 66.4
퍼센트의 찬성으로 수정헌법 제8조를 폐지할 수 있게 되었다. 거
리를 온통 초록색 스카프의 물결로 가득 채웠던 아르헨티나에서
는 비록 상원 의회에서 합법화 법안이 무산되었지만, 이런 전국
적인 움직임을 만들어 낸 힘을 믿고 있는 활동가들은 이제 더 큰
변화의 움직임이 시작되었음을 자랑스럽게 평가했다. 한편, 폴

란드와 미국에서는 임신중지에 대한 제약을 더욱 강화하려는 우파 정부에 맞서 힘겨운 투쟁이 계속되고 있다. 현재의 아주 제한적인 허용 사유마저도 삭제하려는 정부의 시도에 맞서 2016년 '검은 시위'를 벌였던 폴란드는 여전히 투쟁 중이며, 미국에서는 최근 몇 년 동안 온갖 방법으로 규제 법안을 마련해 온 각 주 정부의 시도에 이어 '로 대 웨이드' 판결을 뒤집으려는 움직임이 계속되고 있다. 최대한 합법적 임신중지의 허용 주수를 앞당기려는 시도들, 상담 제도와 숙려 기간의 의무화로 오히려 결정 시기가 늦어지게 만드는 문제, 다른 병원들까지 인수하여 소위 인공임신중절의 '양심적 거부'로 여성 건강에 위험을 초래하는 가톨릭 재단의 병원들과, '태아에게 위험을 미칠 수 있는' 약물을 사용한 임산부의 범죄화, 보험 지원 예산 삭감, 유산유도약 가격의 터무니없는 인상 등 임신중지 합법화 이후에도 각국에서는 이에 제약을 가하기 위한 다양한 규제들이 발명되어 왔다. 그리고 이러한 문제들은 어김없이 사회경제적으로 취약한 이들의 몫으로 돌아온다. 나이가 어리고, 거주 지역의 경제적 여건이나 의료 인프라가 열악하고, 장애와 질병에 취약한 계층의 사람들일수록, 언어 사용이나 사회적 관계망이 취약한 이주민들일수록, 혼인 상태에 있지 않은 사람들일수록 임신중지뿐만 아니라 성교육, 성관계, 피임, 임신·출산과 관련된 대부분의 상황에서 협상력과 통제력을 가지기가 어렵고 결국 점점 까다로워지는 법적 제약 조건을 지키기가 어렵게 되는 것이다.

합법적인 인공임신중절은 사회 구성원의 재생산권을 보장하는 하나의 경로임이 분명하다. 그러나 안전하고 합법적인 인공임신중절이 재생산권 보장과 동의어는 아닐뿐더러, 상호 충돌하지 않는다는 보장도 없다는 사실을 우리는 기억해야 한다. 임신과 출산, 임신중지는 언제나 정치적이고 경제적인 문제였기 때문이다. 어떠한 인간 노동력이 얼마나 필요한지, 누구에게 그 자격을 부여할지, 섹슈얼리티에 대한 통제를 정치적으로 어떻게 이용할지에 따라 임신중지에 대한 처벌과 규제는 계속해서 변화해 왔다. 시스템의 효율을 위해 인구 통제와 생명 선별을 의도하면서도 한편으로는 임신중지를 법적·도덕적 심판의 대상으로 삼아 온 역사 속에서 '낙태죄'는 계급 문제이자 성적 통제의 문제이고, 새로운 인간 노동력의 생산과 재생산, 이를 위한 노동의 비가시화에 관한 문제였으며, 여기에 '자연으로서의 모성'과 생명에 대한 모순적 이데올로기가 동원되어 온 과정이었다. 그리고 이 관리와 통제의 과정은 정상 신체 중심주의ableism, 남성/이성애 중심주의, 성별 이분법을 통해 강화되어 왔다. 따라서 재생산권의 핵심은 장애, 질병, 연령, 경제적 상황, 지역적 조건, 혼인 여부, 교육 수준, 가족 상태, 국적, 이주 상태, 성적 지향, 성별 정체성 등 다양한 사회적 범주의 교차intersection에 대한 성찰 없이는 결코 해체될 수 없는 문제이기도 하다. 이 교차점에 놓인 다양한 사회 구성원들이 인간 재생산의 영역에서 경험할 수밖에 없는 차별과 폭력, 억압에 대한 근본적인 질문이기도 한 것이다. 한편, 적절하고 충분한 성교육을 받을 권리는 '임신을 중단할 권리' 이상으로 주요하게 논의되어야 한다. 성교육은 성과 재생산에 관련된 사안을 다룰 때 빠지지 않고 등장하지만, 성교육에 대한 정치적인 관점 없이 의례히 덧붙이는 수준에 그치기도 한다. 그러나 성교육은 '무엇을 성교육이라고 할 것인가'에 대한 정의에서부터 재생산권 실현을 위해 싸워 나가야 하는 장이라고 할 수 있다. 성교육의 내용에서 '성'이라는 보편은 무엇인가, 교육의 내용과 대상에서 비가시화된 존재는 누구인가, 교육이 의지하는 지식은 어떤 권위에 기반하는가, 누구의 어떤 성적 실천에 정상성과 자유를 부과하는가에 대한 투쟁적인 상상이 필요하다. 지금의 성교육은 어떤 존재에게는 순수성을, 어떤 존재에게는 공포를, 어떤 존재에게는 죄책감과 책임을 지시한다. '무엇을 교육해야 하는가'뿐만 아니라 교육의 대상과 주체, 교육의 방법과 기반에 대한 정치적인 의심과 시민사회의 개입이 필요하다. 성교육을 재생산권의 투쟁의 장으로 상정하지 않고서는 '임신을 중단할 권리'는 사회 구성원의 재생산권 실현에 그 어떤 변화를 만들지 못할 것이다.

2018년 10월 현재, 형법 제269조는 여전히 헌법재판소의 결정을 기다리고 있다.[1] 국가적 목표를 위해 오랜 시간 여성들에게

---

1 2019년 4월 11일, 헌법재판소는 낙태죄 헌법불합치 결정을 내렸고, 2020년 12월 31일까지 입법부에 개정 시한을 두었다.

선택의 책임을 전가해 온 한국에서 '나의 몸, 나의 선택'My body, My Choice이라는 주장의 맥락은 쉽게 미끄러진다. 만약 헌법재판소가 위헌 판결을 내린다면 그다음 우리가 해야 할 일은 어떠한 처벌의 가능성도 더는 존재하지 않게 만드는 일, 그와 동시에 누구의 몸도 선별적으로 통제되지 않도록 만드는 일이다. 임신중지의 문제가 '여성의 선택'이라는 초점으로 협소해질수록 국가와 사회의 책임은 상대적으로 부차화된다. 이제 우리는 국가와 사회가 더는 '여성의 선택'을 명분으로 책임을 방기하지 못하도록 해야 하며, 또한 불과 몇 개의 허용 범주 안에서 우리의 삶과 존재 여부를 통제하거나 승인하지 못하도록 해야 한다. 그리고 이를 위해 반드시 현행 모자보건법을 전면 폐지하고 성과 재생산 권리의 보장을 위한 새로운 법이 제정되도록 해야 한다.

무엇보다 모두의 성과 재생산 권리가 보장될 수 있도록 사회를 바꿔 나가는 일이 가장 중요하다. 여전히 서울을 제외한 지역에는 분만실이 있는 산부인과 병원 수도 적고, 비혼이거나 10대인 여성, 장애 여성들은 병원에 찾아가기도 쉽지 않다. 임신·출산이나 임신중지가 학교에서는 퇴학, 회사에서는 해고의 빌미가 되는 현실도 바꿔야 한다. 장애나 질병이 있다는 이유로 성적 실천에 제약이 가해지고, 불임수술, 산전 검사 등 소위 재생산 기술의 개발을 추동해 나가는 방향이 정상성을 강화하고 저출산 해결을 위한 도구로서 임신 당사자에게 강요되는 현실 또한 심각한 문제이다. 한국 남성과의 혼인 상태 유지 여부가 이주 여성들의 거주 여건과 임신과 출산, 양육 여건에 심각한 영향을 미치는 현실도 함께 변화시켜야 할 것이다. '낙태죄'가 인구 관리의 효율성과 정상 신체 중심주의, 남성/이성애 중심주의와 성별 이분법을 통한 체제 유지에 활용되어 왔음을 기억한다면, 동성 커플의 혼인과 양육, 트랜스젠더의 생식능력과 친권의 유지가 보장되는 사회를 만드는 일도 앞으로 우리에게 연결된 미래이다.

　모쪼록 이 책을 읽고 함께 싸워 나갈 모두가 우리의 연결된 미래를 함께 그리는 데에 단단한 길 하나를 만들어 낼 수 있기를 바란다.

2018년 10월

필자들을 대신하여 나영, 유림

찾아보기